物流管理
案例及解析

李联卫 编著

·北京·

本书分为基础篇、功能篇和战略篇三个部分,从微观到宏观,从实际运作到理论分析,深入浅出地让读者了解物流、熟悉物流、热爱物流。本书案例的选取具有代表性,如"双11"电商大战背后的物流、7-11的物流管理系统、海尔集团的物流信息系统建设等,通过这些案例使读者通过一个个活生生的企业运作实例,逐步了解并学习现代物流知识,不断提高物流业从业人员的业务素质。

本书不仅适合于高等院校物流专业的学生学习参考,还可用作从事物流管理及相关工作的人员阅读参考。

图书在版编目(CIP)数据

物流管理案例及解析/李联卫编著. —北京:化学工业出版社,2015.6(2019.5重印)
ISBN 978-7-122-23430-8

Ⅰ.①物… Ⅱ.①李… Ⅲ.①物流-物资管理-案例 Ⅳ.①F252

中国版本图书馆CIP数据核字(2015)第061800号

责任编辑:蔡洪伟　　　　　　　　　　　　　装帧设计:王晓宇
责任校对:宋　玮

出版发行:化学工业出版社(北京市东城区青年湖南街13号　邮政编码100011)
印　　刷:三河市航远印刷有限公司
装　　订:三河市宇新装订厂
710mm×1000mm　1/16　印张16½　字数320千字　2019年5月北京第1版第5次印刷

购书咨询:010-64518888　　　售后服务:010-64518899
网　　址:http://www.cip.com.cn
凡购买本书,如有缺损质量问题,本社销售中心负责调换。

定　　价:38.00元　　　　　　　　　　　　　　版权所有　违者必究

序

近十几年来,中国经济发展最显著的特点除了总量的猛增,更重要的是超乎想象的经济结构和业态的变化。十几年前最富想象力的人恐怕也没有预料到今天纷纷涌现的大量新产业、新行业、新职业。在这些年里,物流业就是中国经济、产业形态变革的代表性行业之一。物流并不是个全新的事物,甚至可以夸张地说,有了动物就有"物流"。不过,就在十几年前的物流业还只是表现为生产企业的一道工序,或独立的运输公司、保管仓库等,"物流"(logistic)也还只是个学术圈内的词。而如今路人都能脱口而出"物流园区"、"物流一体化"、"配送"、"供应链"、"托盘"、"冷链物流"等。物流业正在以令人吃惊的速度从传统产业中分离出来,成为一种独立的业态。更重要的是,中国的很多地区都把物流作为未来经济发展规划的重点或支柱性产业,物流的发展前景远大。

与之相伴,这些年来对物流的研究也在向系统化、理论化的方向提炼、发展。1994年北京物资学院开办国内高校第一个物流管理专业,是我国最早开设此专业的高校。但直到20世纪末物流的教育、研究还未大规模展开。2002年教育部首批允许八所高校招收物流工程专业,以后几乎一定层次的高校都开设了与物流相关的专业。现在每年仅高校物流专业的毕业生就有十几万人。

虽然对物流的研究红红火火,所谓的物流专业又如此广泛设于高等院校,不过在我看来这并不意味着物流已经成为一门相对成熟的学科或专业。成熟的学科或专业的特点是有自己比较完整的理论体系和系统的专业知识。我认为,无论是物流管理还是物流技术,尽管已产生了不少专业知识和比较成熟的技术,但并不属于理论性强的科学"学科",也不是应用性强的技术"专业"。正如大家经常说工商管理、市场营销"既是科学又是艺术",其特点主要是实践性,即"实践变成理论"而不是"理论变成实践"。物流可以说也同样"既是科学又是艺术"。无论是研究者、企业管理人员,还是要深造的学生,要增进对物流的理解，乃至能够应用于实践，多探究、多了解一个个具体的、活生生的案例，恐怕比看书研究理论更为奏效。我们都熟知，国内外不少著名的商学院是努力建立案例库，大量采用案例教学的。

　　我的朋友李联卫老师大学毕业后曾在几个不同类型的企业中工作过十多年。这些企业有生产型的，也有销售型的，他在里面接触过不同类型的物流工作。后来他又到学校当老师、教物流，到现在又有10年了。他对物流一直存有着浓厚的兴趣。因为来自实战，感同身受，一些先进的物流技术、企业的物流案例很容易引发他的感慨。他也常和我谈及他对这些别人的好做法的感叹。从他的这本书中选的案例，可以看出他对物流的作用和意义的认识是很透彻的。他做出了把物流实践理论化的努力。

　　书中编选的都是不同类型企业物流的非常具有典型意义的案例。比如，2013年11月极富戏剧性的电商"双11"大战既是一场商战大戏，也是一次网络狂欢。而对关注物流的人来说，很快又变成展现物流的重要意义，检验我国物流（准确说是快递）水平的一个典型事件。电子商务对于商业而言当然是革命性的，是有先进意义的，然而由于欠缺与之相配的高水平物流，"双11"的商业革命性意义被打了不少折扣。其实"双11"给物流暴露出的问题只是一次典型展示而已，我国物流水平相较社会经济要求的滞后状态，即便无此大戏也是众所周知的。这不仅需要提高物流的速度和技术，也需要降低物流成本。2014年5月马士基（Maersk）集团发布的《马士基集团在中国影响力报告》显示，中国的总物流成本占中国国内生产总值的18%，这一数据不仅高于众多发达国家，也高于亚太和南美国家的平均值。报告指出，在发达国家，物流成本平均占成品最终成本的10%～15%；在发展中国家，各种低效现象导致物流成本显著增高，占成品成本的15%～25%，甚至更高。中国的制造商物流成本可高达生产成本的30%～40%。因此，我国物流的发展空间仍然是巨大的。

　　科学是严谨的，而艺术需要想象力，需要超出"常理"。物流技术的改进、管理水平的提高，经常是来自于企业的实践中企业家和工作人员的想象力和创造性。他们的创新做法很可能会让关心关注物流的各方人士产生出各种奇思妙想，同时也很可能促使物流研究更加规范化、系统化、理论化。这本书中的案例比较全面地涉及了物流的主要方面和环节，从客服、采购、物流规划，到各种物流功能，到物流战略。用案例串起物流的各个方面，可以生动地使读者对物流产生全面、直观的认识。

　　另外，书中编选的麦当劳物流供货商阿尔法（Alpha）集团、联合包裹公司（UPS）、宜家家居（Ikea）、戴尔（Dell）、苏宁、海尔、宝供物流企业集团、日本的花王公司等案例，这些企业既是知名企业，又是在物流管理上很有特点的企业。宜家家居具有鲜明的产品物流特色，如全面采用平板包装好组装分开计价；要求供货厂商把大多数的货物直接送到自选商场，省略中间的仓储存放和搬运工作；针对特殊订单，成立地方性的服务中心等。宝供物流企业集团是我国著名的第三方物流企业，同时为多家大型企业提供高效的物流服务，以"双赢"的模式既为客户节约了成本，又获得了自己的生存发展空间。宝供可以算是我国第三方物流企业的一个典型代表。

  典型的意义在于其先进性、超前性，但又不是不可模仿的。全球最大的连锁便利店7-11不过是一个日常食品的零售连锁店，但其业务涉及二十个国家及地区，每日为接近3000万的顾客服务。7-11的做法是设共同配送中心，由中心统一集货，再向各店铺配送。地域划分一般是在中心城市商圈附近35公里，其他地方市场为方圆60公里，各地区设立一个共同配送中心，以实现高频度、多品种、小单位配送。实施共同物流后，店铺每日接待的运输车辆数量从70多辆下降为12辆。更重要的是7-11在考虑自己的物流时的确是树立了"顾客至上"的理念。除了实行一日三次配送制度，当预计到第二天会发生天气变化时还对追加商品进行配送，以便提供为消费者高鲜度、高附加值的产品。认识到物流的重要性，思顾客之所想，做到这一点并不需要很复杂的技术和理论。关键在于研究者和来自物流一线的人能否静下心虚心学习别人的成功之处。

  当然，这本书也不可避免存在着一些不足。在我看来，如对有的案例在具体做法上讲得还不够详细，难以让学习者"照此办理"；编选的基本上都是大型企业的案例，但我觉得适当选一些小企业的案例就会更有参考价值；物流战略方面的案例也有些薄弱，不如物流功能方面的案例更加生动。希望李联卫今后再接再厉，为我们拿出更多更好的物流案例。

刘来平
2014年11月11日于青岛

前言

屈指算来,我从事物流管理专业教学工作已经整十年了。十年来,秉承对物流管理专业的热爱,我一直在不断努力学习并传授物流管理知识,同时也在思考如何让学生能够更有兴趣、更加容易地学习物流管理知识。

我对物流的热爱要追溯到20世纪90年代末期。那时我在某外企从事销售管理工作,当公司提出要进行产品的直达配送时,感觉就是天方夜谭,因为当时的网络还没有普及,许多经销商连电脑都没用过!而后来的实践证明,公司的策略是极具前瞻性的,先进的物流配送系统成为公司提高市场竞争力的"利器"。正因为亲身经历了现代物流在企业的实际发展历程,所以我对现代物流带给企业直至顾客的巨大利益感受深刻。相关的从业经验使我在从事物流管理专业的教学过程中,能够旁征博引,用生动的案例来讲解看似枯燥的物流管理知识。这使我对案例教学产生了浓厚兴趣,并在教学过程中一直努力搜集整理相关的物流管理案例。

运用物流管理案例进行物流管理专业人才培养是时代的需要。21世纪以来,我国现代物流业从起步到快速发展,已成为我国经济发展的重要产业,一批新型的社会化、专业化、网络化的现代物流企业不断成长,在国民经济和社会发展中发挥着重要作用。随着科学技术的迅猛发展和经济全球化趋势的增强,现代物流业的发展也面临着前所未有的机遇与挑战。国务院于2014年9月印发了《物流业发展中长期规划(2014～2020年)》,部署加快现代物流业发展,提出到2020年要基本建立布局合理、技术先进、便捷高效、绿色环保、安全有序的现代物流服务体系,而加快物流人才培养就是其中的一项重要保障措施。

物流人才,特别是高素质高技能物流人才的短缺严重制约着现代物流业的发展。而如何让基础薄弱的学习者能够有兴趣学习现代物流专业知识,并熟练掌握物流管理技巧,就成为一个非常重要的问题。通过阅读案例,学习成功经验,分析物流运作背后的理论依据，就是一个行之有效的办法。

本书是我根据多年的工作经验和教学经验整理而成，分为基础篇、功能篇和战略篇三个部分，从微观到宏观，从实际运作到理论分析，希望能够深入浅出地让读者了解物流、熟悉物流、热爱物流。案例的选取力争具有代表性，使读者能够通过一个个活生生的企业运作实例，逐步了解并学习现代物流知识，不断提高物流业从业人员的业务素质。特别希望读者能够在学习案例的基础上，通过进一步的思考与分析，将成功经验运用到实际工作当中，进而促进企业物流管理水平的不断提高。

本书参阅吸收了大量物流文献资料，参考了很多专家学者的研究成果，列于书后的参考文献中，对相关作者表示衷心感谢。同时，非常感谢我的好朋友刘来平博士为本书作序。此外，在本书编写过程中，李学波、薛世森、王勤和李燕慧等给予了大力协助，在此一并表示感谢！

由于时间仓促和水平有限，不足之处在所难免，恳请读者批评指正。

李联卫

2014 年 11 月 12 日于淄博

目录 CONTENTS

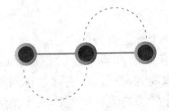

第一篇 基础篇

第1章 现代物流与物流管理 ··· 2
- 1.1 "双11"电商大战背后的物流 ································· 2
- 1.2 中储公司西安分公司从仓储企业到现代物流中心的嬗变 ····· 4
- 1.3 西南仓储公司发展区域物流之路 ································· 8
- 1.4 德尔费公司的物流活动 ··· 10
- 1.5 经销商生产运营中的物流管理漏洞 ··························· 12
- 1.6 奥运村背后的可视化物流管理 ··································· 15
- 1.7 朝日啤酒公司"鲜度管理" ······································· 19

第2章 物流客户服务 ··· 24
- 2.1 麦当劳物流供货商阿尔法集团的服务秘诀 ··················· 24
- 2.2 永不满足的顾客 ·· 27
- 2.3 佛山物流的非常之道 ··· 28
- 2.4 企业服务标准两例 ··· 30
- 2.5 "美国经济的主干架"——联合包裹公司 ····················· 33
- 2.6 心怡科技物流——如何做让客户依赖和信任的好客服 ····· 36
- 2.7 邮局老树开新花 ·· 38
- 2.8 客户服务热线的投诉处理 ·· 41

第3章 物流系统的规划与实施 ······································· 46
- 3.1 企业大了,物流该怎么管理 ······································· 46
- 3.2 宜家家居的物流系统 ··· 48
- 3.3 德国的地下物流 ·· 51
- 3.4 中国企业现代物流的发展方向 ··································· 54

3.5　皇家加勒比海巡航有限公司的物流活动 ················· 58
　　3.6　苏宁的魔力 ························· 60
　　3.7　亚马逊在物联网时代的智慧系统解密 ················· 63

第4章　采购与供应 ························· 66
　　4.1　三种"采购现象"背后的观念对碰 ················· 66
　　4.2　洛杉矶市政府不头疼了 ························· 69
　　4.3　S汽车制造公司的采购流程 ················· 72
　　4.4　上海石化招标采购的具体做法 ················· 75
　　4.5　解析戴尔的"零库存" ························· 79
　　4.6　全球热交换器股份有限公司的采购失误 ················· 83

第二篇　功能篇

第5章　包装与装卸搬运 ························· 90
　　5.1　包装引发的国际商务纠纷 ················· 90
　　5.2　泡沫填充袋保障运输 ························· 92
　　5.3　包装技术支持福特汽车的精益生产 ················· 95
　　5.4　日本包装减量化的典型案例 ················· 97
　　5.5　某食品公司对产品的多重包装处理 ················· 99
　　5.6　联合利华的托盘管理 ························· 101
　　5.7　适合装卸作业的货物仓库布局方式 ················· 103
　　5.8　楼层库装卸搬运系统设计分析 ················· 104

第6章　仓储管理与库存控制 ························· 108
　　6.1　英迈公司的仓储管理 ························· 108
　　6.2　家乐福仓储作业的启示 ························· 111
　　6.3　晋亿公司的自动化立体仓库 ················· 113
　　6.4　四川长虹公司的仓储信息化管理 ················· 117
　　6.5　德国邮政零件中心仓库的建立与管理 ················· 122
　　6.6　新华公司的库存管理 ························· 125
　　6.7　雀巢公司的VMI管理系统 ················· 128

第7章 运输管理 ... 132

- 7.1 丹麦的物流发展战略 ... 132
- 7.2 青岛啤酒的"新鲜度"管理 ... 134
- 7.3 日本花王公司的复核运输体系 ... 136
- 7.4 DHL 助力美国家族企业打拼国际时尚市场 ... 138
- 7.5 强生集团怎样做物流 ... 140
- 7.6 运输方式的选择以及运输决策 ... 144
- 7.7 韩国三星公司合理化运输 ... 149

第8章 流通加工 ... 152

- 8.1 来自厄瓜多尔的玫瑰花 ... 152
- 8.2 钢铁物流之流通加工 ... 155
- 8.3 流通加工的效果实例 ... 160
- 8.4 日本南王公司的流通作业 ... 163
- 8.5 松江出口加工区物流发展优势分析 ... 166
- 8.6 阿迪达斯公司的组合式鞋店 ... 169

第9章 配送与配送中心管理 ... 171

- 9.1 沃尔玛的配送中心 ... 171
- 9.2 广药公司的货物配送 ... 174
- 9.3 上海联华生鲜食品加工配送中心物流配送运作 ... 176
- 9.4 日本配送中心管理 ... 180
- 9.5 雅芳公司的多元化配送模式 ... 183
- 9.6 7-11 的物流管理系统 ... 186

第三篇 战略篇

第10章 物流信息系统 ... 194

- 10.1 联邦快递核心竞争优势——现代物流信息技术 ... 194
- 10.2 海尔集团的物流信息系统建设 ... 197
- 10.3 华联超市腾飞的双翼——物流技术与信息技术 ... 198

10.4　杭烟的物流信息系统 …………………………………… 203
　　10.5　双汇集团的信息化物流 …………………………………… 208
　　10.6　纯净水突破了瓶颈 ………………………………………… 212

第11章　第三方物流 …………………………………………………… 216
　　11.1　联邦快递发展之路 ………………………………………… 216
　　11.2　第三方物流企业对制造商的"零库存"管理 …………… 219
　　11.3　宝洁公司成功应用第三方物流 …………………………… 221
　　11.4　冠生园集团的物流外包 …………………………………… 224
　　11.5　美国通用汽车公司的物流业务外包 ……………………… 226
　　11.6　某箱包企业的物流管理 …………………………………… 228
　　11.7　宝供集团发展第三方物流的做法 ………………………… 229

第12章　现代物流的发展趋势 ………………………………………… 234
　　12.1　三个国家的绿色物流对比 ………………………………… 234
　　12.2　让公路水路走上"环保路" ……………………………… 236
　　12.3　亚马逊为何物流促销纵横天下 …………………………… 238
　　12.4　惠普——供应链上的巨人 ………………………………… 243
　　12.5　麦当劳的冷链物流 ………………………………………… 246
　　12.6　北京奥运食品物流冷链里程碑 …………………………… 248

参考文献 ………………………………………………………………… 252

第1篇 基础篇

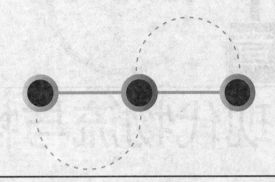

流通是经济领域里的黑暗大陆。

——彼得·德鲁克

第1章 现代物流与物流管理

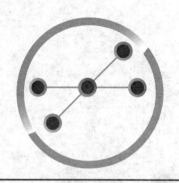

1.1 "双11"电商大战背后的物流

2013年"双11",各大电商平台陆陆续续交出成绩单。阿里系一马当先,350亿销售额无人能敌;京东双11网站流量是平日的2.5倍……一时间,电商大好河山一片飘红。线上红红火火,乐坏了也累坏了快递行业。之前预计全国双11期间将新增4亿快件,现在统计实际数据约为3.6亿。但是,3.6亿件,要送多少天?

越来越慢的"快递"。

去年就有不少消费者在网上抱怨:"双11购买的货物送了一个月还没到!"为什么?就是因为"双11"将前后两周的销量集中在一天,形成名副其实的"网购春运",让仓储、客服、特别是物流环节遭遇严重瓶颈。堆积如山的发货量、远大于平日的退单数,都带给物流公司巨大压力,直接影响大部分单子的送货速度。电商,比拼的是从前台到线下的综合实力,服务体验尤为重要。物流的问题,该如何解决?

无法解决的物流问题。

天不逢时。沿海地带又闻台风。由于台风"海燕"的影响,将不可避免地影响物流配送速度。更糟的是,大量包裹累积爆仓、甚至露天堆放,经受大雨洗礼后，退货与投诉必将蜂拥而至。

地大不利。中国地大物博，也导致物流配送线拉的极长。现有的海、陆、空交通体系无法满足疯狂增长的电商销量。地理条件限制，交通基础薄弱，将制约国内第三方物流的成长。

人为主因。最根本的原因在于人：再大的快递公司也抵不住网友疯狂购买的热情啊！根据阿里后台数据，"双11"当日（截止到24点），申通1210万单，圆通1110万单，韵达1027万单，中通1020万单，EMS407万单，顺丰316万单，汇通270万单，天天195万单，邮政小包106万单，2012年"双11"当日：申通600万件，中通330万件……对比两年数据，流量全部翻倍，"三通"一达日处理已过千万。

综上所述，天猫淘宝的第三方物流，"双11"节前、节中漂漂亮亮，节后必将怨声载道。这个情况随着"双11"每年增长的数据还将进一步恶化。

解决方案："24小时不到免单"？

在"爆仓"、"延迟发货"、"不包7天退换"等词频繁出现的"双11"，传统企业品胜电子竟推出"凡双11期间天猫旗舰店下单，24小时送不到免单"的活动，着实让人吃惊不已。

据了解，品胜电子做出免单承诺，完全依靠类似京东、苏宁一般的自建物流体系，100多个城市的接近400家专卖店收到指令，马上就近配送。

价格低了，服务谁来做？

线上购买毕竟只是电商的一部分；由发货、送货、仓储组成的物流体系在电商闭环中至关重要。正如实体店的历史发展一般，人们迟早会对只有"便宜"一个优势的电商平台有正确认识。物流、售后这些不起眼却至关重要的服务产品，将在未来电商日子里占据至关重要的一环。物流大战，才刚刚开始……

（来源：中国商业电讯 http://www.prnews.cn/press_release/61647.htm 2013-11-13）

案例分析

阿里巴巴旗下的天猫、淘宝两大公司不断刷新中国电商行业发展的纪录。电子商务的出现，在最大程度上方便了最终消费者。他们不必到拥挤的商业街挑选自己所需的商品，而只要坐在家里，上网浏览、查看、挑选，就可以完成购物活动。但试想，他们所购商品迟迟不能到货，或商家送货非自己所购，那消费者还会上网购物吗？物流是电子商务实现以顾客为中心理念的最终保证，缺少现代化物流技术与管理，电子商务给消费者带来的便捷等于零，消费者必然会转向他们认为更为可靠的传统购物的方式上。本案例就说明了物流对于电子商务发展的重要意义。

在商业活动中，商品所有权在购销合同签订的同时，便由供方转移到了需方，而商品实体并没有因此而到达需方。在电子商务条件下，顾客通过网络购物，完成了商品所有权的交割过程，但电子商务活动并未结束，只有商品和服务真正到达顾客手中，商务活动才告终结。在整个电子商务中，物流实际上是以商流的后续者和服务者的姿态出现的。没有现代化的物流，轻松的商务活动只会退化为一纸空文。

无论在传统的贸易方式下，还是在电子商务下，生产都是商品流通之本，而生产的顺利进行需要各类物流活动的支持。生产的全过程从原料的采购开始，便要求有相应的供应物流活动将所采购的材料到位，否则，生产就难以进行；在生产的各工艺流程之间，也需要有原材料、半成品的物流过程，即所谓的生产物流，以实现生产的流动性；部分余料、可重复利用的物资的回收，也需要所谓的回收物流；废弃物的处理需要废弃物物流。可见，整个生产过程实际上包含了系列化的物流活动。合理化、现代化的物流，能通过降低费用从而降低成本、优化库存结构、减少资金占压、缩短生产周期，保障了现代化生产的高效运行。相反，缺少了现代化的物流，生产将难以顺利进行，无论电子商务是多么便捷的贸易形式，仍将是无米之炊。

在电子商务和物流业互动成长的过程中，物流业开始发生前所未有的变化，从卖家发往买家的一个个包裹，或将引导行业发展的走向。引入信息化处理技术，增加物流业的技术含量；扩大覆盖范围、提高配送效率的同时，一个个增值服务被创造出来；电商自建物流的加入，更是加剧了整个行业的竞争程度。

1.2 中储公司西安分公司从仓储企业到现代物流中心的嬗变

近几年，中储发展股份有限公司西安分公司全面落实科学发展观，积极拓宽经营思路，坚持全方位发展，注重多种经营并举，不断走出一条自我发展之路，目前公司已由原来一个普通的仓储企业发展成一个集仓储、运输、货运代理、现货市场、信息服务、流通加工、物流质押（金融）等于一体的综合性大型现代化物流中心，同时带动了周边地区小型物流运输、连锁经营、餐饮服务等相关产业的发展，成为推动陕西区域经济发展繁荣的起动机和助推器，引领着陕西乃至西北地区现代物流企业的快速健康发展。

一、企业发展现状

中储发展股份有限公司西安分公司（原西安中储物流中心）隶属国资委所属国有企业集团之一的中国诚通集团下属的中国物资储运总公司。经过多年的市场洗礼，企业已发展成为集仓储、运输、货运代理、流通加工、物流质押（金融）、经销、信息服务、现货市场等于一体的第三方综合性大型物流企业。公司占地面积40万平方米，拥有4条铁路专用线，库房30多栋，10万平方米，货场15万平方米，各种起重、装卸、运输设备100多台（辆）。物资吞吐量每年在240万吨以上。目前公司主要客户资源以钢材、家电为主，另有有色金属材料、纸品、装饰建材、食品等。现有客户600多家，遍及全国各地；有家电客户有60多家，格力、春兰、新飞、荣事达、澳柯玛、西门子、小天鹅、志高、科龙等已成为公司的长期服务对象。近年来公司加快城市快速消费品业务拓展，先后引进了雪花啤酒、茅台酒、美特斯邦威、李宁服饰、西北国药、双汇等品牌客户。企业发展已步入快车道。

二、经营理念转变

随着物流业在我国的兴起，许多企业纷纷以"现代物流的旗号"相继进入人们的视线，一时间，发展现代物流成为一个热门话题。公司作为西北大型物流企业，敏锐地看到这一变化，他们努力发挥自身储运优势，积极尝试从传统储运向现代物流转变。坚持全方位发展、注重多种经营并举，给一度大量闲置的库房和场地带来无限生机，实现了经营理念的跨越，彻底打破了原来的流通体制，极大地满足了客户的个性化消费需求。他们不断整合社会闲散资源，对周边个体运输户进行整合，充分利用现代物流理念对车辆进行管理，以达到满足客户需求，降低社会总成本的目标。

三、培育物流市场

仓储不是物流，它仅是物流的一个环节。物流具有系统化特性，只有把保管、运输、配送、分拣、包装、加工、装卸、信息服务等环节加以系统的考虑，才能使物流活动达到效率化、快速化和整体最优。

多年来，公司凭借15万平方米货场和10万平方米库房、4条铁路专用线和完善的起重运输设施，以及中储在全国物流组织网络的优势，紧密联系我国国情，结合地区实际，坚持"本土化"经营。同时借鉴国内外先进物流业经验，奋力开拓市场，积极寻求发展机遇。在拓展配送业务过程中，重点开展家电产品销售物流服务。根据客户商品特点，先后购置十多辆箱式货车充实运力，满足配送需要。现在，格力、春兰、荣事达、新飞、志高、雪花啤酒等近20家家电客户及生活资料客户已与公司进行深层次物流配送合作，配送规模也由单一配送转向共同配送，运输成本大大降低。配送形式以B2B为主，负责向陕西地区各大超市和商店及西北五省运送。在深入市场调研基础上，公司了解到许多客户在发展过程中遇到了资金瓶颈问题，通过论证，公司开发了物流质押（金融）业务，延伸物流服务链条，与银行合作为客户解决资金短缺问题。通过此项业务的开展，实现了公司、客户和银行"多方共赢"。

四、提高服务水平

信息化是现代物流的灵魂，没有信息化就没有物流的现代化，他们在中储总公司的指导下，根据公司实际，首先对业务流程进行了改造优化，开发引进了仓储管理软件。目前公司仓储业务基本实现计算机管理，客户登陆中储物流网即可查询库存动态，对库存进行有效监控。同时，还可以通过公司中心网站进行信息广告发布，实现信息共享交流。完善了办公局域网，管理层可以运用计算机对生产经营动态随时进行控制，极大地提高了工作效率。

此外，还对起吊设备进行信息化改造，每钩货物都可以在起吊过程中准确测出重量，极大方便了客户。在治安安全方面投资30多万元进行技防布控，在办公区、生产作业区和安全重点防范区域安装了监控设备、红外线感应系统等高科技安全监控设施，有效保证了公司物资、财产和人员的安全。

发展现代物流人才是关键，要发展现代物流，还需要大量的现代物流理念和理论知识做基础。公司积极采用各种办法加大对员工的培训力度，除经常选派一些生产、管理干部外出学习参观，积极参加物流论坛会外，还加强对员工服务理念教育。经常开展多种形式的优质服务活动，使员工服务意识得到大幅提升，形成了"以客户为中心、为客户创造价值"的服务理念，"优质高效、便捷周到"的中储服务品牌已经贯穿于工作的各个方面。

随着公司内部改造、整合完成，并进一步加大传统储运设施的改造、技术改造和项目投资，中储股份西安分公司将成为一家更为规范、设备先进、功能齐全、管理科学、服务一流的现代物流企业。

（来源：物流天下网，http://www.56885.net，2007-3-22）

案例分析

传统物流往往只注重仓储或运输，而现代物流具有系统化特性，只有把保管、运输、配送、分拣、包装、加工、装卸、信息服务等环节系统加以考虑，才能使物流活动达到效率化、快速化和整体最优。传统物流企业的改造、发展任重而道远。

现代物流是人类进入信息经济时代而适应全球经济一体化的产物，可以说现代物流是现代社会经济正常运行的主动脉。它是泛指原材料、产成品从起点至终点伴随相关信息有效流动的全过程，包含了产品生命周期的整个物理性位移的全过程。现代物流将运输、包装、仓储、装卸、加工、整理、配送与信息等方面有机地结合起来，形成完整的供应链，为用户提供多功能、一体化的综合性服务。

从20世纪初到50年代，物流概念处于孕育与产生阶段。对物流这种经济活动的认识，在理论上最初产生于1901年John F.Crowell（约翰·F·克罗威尔）在美国政府报告《农产品流通产业委员会报告》中第一次论述了对农产品流通产生影响的各种因素和费用，从而揭开了人们对物流活动认识的序幕。1915年，美国市场学者阿奇·萧（Arch.W.Shaw）在他的由哈佛大学出版社出版的《市场流通中的若干问题》（Some Problem in Marketing Distribution）一书中提出物流的概念，称为"Physical Distribution"。1933年行业团体美国市场营销协会（AMA）最早给物流（Physical Distribution，PD）下定义的是，"物流是销售活动中所伴随的物质资料从产地到消费地的种种企业活动，包括服务过程"。第二次世界大战期间，美国根据军事上的需要，率先采用了"后勤管理"（Logistics Management）一词。战后"后勤管理"的概念被引入到商业部门，被人称之为商业后勤（Business Logistics）。1927年Ralph Borsodi（拉尔夫·布索迪）在《流通时代》一书中，用Logistics来称呼物流，为物流的概念化奠定了基础。

1963年美国物流（PD）管理协会成立，从管理的角度定义物流。经过20多年的实践，物流向一体化方向发展，美国物流管理协会于1985年更名，将PD更换为Logistics，并对物流重新定义：物流是对货物、服务及相关信息从起源地到消费地的有效率、有效益的流动和储存进行计划、协调和控制，以满足顾客要求的过程。在物流实践中，20世纪80年代末和90年代初期，市场经济的快速发展、欧美和日本等国家运输管制放松、信息技术日新月异、质量理念不断创新、合作伙伴和战略联盟等的新型市场组织形式的发展推动了物流的发展，使物流管理发展到供应链管理的新阶段。

目前国内讲的这个"物流"概念，是从日本引进并直接使用了日文中的"物流"。物流热在日本的兴起是在1955年末到1965年，这是"二战"后日本经济从复苏转向高度发展的时代。当时的日本组团赴美国调查"流通技术"（Distribution Techniques），他们把Physical Distribution（PD）的概念带回日本，向政府提出了重视物流的建议，并在产业界掀起了 PD 启蒙运动。20 世纪 60 年代，日本物流专家把 Physical Distribution 译为"物的流通"，1970 年以后简称为"物流"，沿用至今。1987 年，在李京文教授等人主编的《物流学及其应用》一书中，物流被定义为："物质资料在生产过程中各个生产阶段之间的流动和从生产场所到消费场所之间的全部运动过程。"1995 年，王之泰教授在《现代物流学》一书中，将物流定义为"按用户（商品的购买者、需求方、下一道工序、货主等）要求，将物的实体（商品、货物、原材料、零配件、产成品等）从供给地向需要地转移的过程。这个过程涉及到运输、储存、保管、搬运、装卸、货物处置和拣选、包装、流通加工、信息处理等许多相关活动。"1996 年，吴清一教授在《物流学》一书中，将物流定义为："指实物从供给方向需求方的转移，这种转移既要通过运输或搬运来解决空间位置的变化，又要通过储存保管来调节双方在时间节奏方面的差别"。1997 年，何明珂教授在《现代物流与配送中心》一书中，定义物流是"物质实体从供应者向需要者的物理性移动，它由一系列创造时间和空间效用的经济活动组成，包括运输（配送）、保管、包装、装卸、流通加工及物流信息处理等多项基本活动，是这些活动的统一"。

2007 年 5 月 1 日实施的《中华人民共和国国家标准物流术语》（GB/T 18354—2006），将物流定义为："为物品及其信息流动提供相关服务的过程。"这个定义是对 2001 年 8 月起实施的第一版《中华人民共和国国家标准物流术语》（GB/T 18354—2001）中物流定义的进一步明确："物品从供应地向接收地的实体流动过程。根据实际需要，将运输、储存、装卸、搬运、包装、流通加工、配送、信息处理等基本功能实现有机结合。"

1.3 西南仓储公司发展区域物流之路

西南仓储公司是一家地处四川省成都市的国有商业储运公司，随着市场经济的深入发展，原有的业务资源逐渐减少，在企业的生存和发展过程中，也经历了由专业储运公司到非专业储运公司再到专业储运公司的发展历程。

在业务资源和客户资源不足的情况下，这个以仓储为主营业务的企业其仓储服务是有什么就储存什么。以前是以五金交电为主，后来也储存过钢材、水泥和建筑涂料等生产资料。这种经营方式解决了企业仓库的出租问题。

那么，这家企业是如何发展区域物流的呢？

一、专业化

当仓储资源又重新得到充分利用的时候，这家企业并没有得到更多利益，经过市场调查和分析研究，这家企业最后确定了立足自己的老本行，发展以家用电器为主的仓储业务。一方面，在家用电器仓储上，加大投入和加强管理，加强与国内外知名家用电器厂商的联系，向这些客户和潜在客户介绍企业确定的面向家用电器企业的专业化发展方向，吸引家电企业进入。另一方面，与原有的非家用电器企业用户协商，建议其转库，同时将自己的非家用电器用户主动地介绍给其他同行。

二、延伸服务

在家用电器的运输和使用过程中，不断出现损坏的家用电器，以往，每家生产商都是自己进行维修，办公场所和人力方面的成本很高，经过与用户协商，在得到大多数生产商认可的情况下，这家企业在库内开始了家用电器的维修业务，既解决了生产商的售后服务的实际问题，也节省了维修品往返运输的成本和时间，并分流了企业内部的富余人员，一举两得。

三、多样化

除了为用户提供仓储服务之外，这家企业还为一个最大的客户提供办公服务，向这个客户的市场销售部门提供办公场所，为客户提供了前店后厂的工作环境，大大提高了客户的满意度。

四、区域性物流配送

通过几年的发展，企业经营管理水平不断提高，企业内部的资源得到了充分的挖掘，同样，企业的仓储资源和其他资源也已经处于饱和状态。资源饱和了，收入的增加从何而来？在国内发展现代物流的形势下，这家企业认识到只有走出库区，走向社会，发展物流，才能提高企业的经济效益，提高企业的实力。发展物流从何处做起？经过调查和分析，决定从学习入手，向比自己先进的企业学习，逐步进入现代物流领域。经过多方努力，他们找到一家第三方物流企业，在这个第三方物流企业的指导下，通过与几家当地的运输企业合作（外包运输），开始了区域内的家用电器物流配送，为一家跨国公司提供物流服务，现在这家企业的家用电器的物流配送已经覆盖了四川（成都市）、贵州和云南。

（来源：中国大物流网，http://www.all56.com）

案例分析

现代物流依靠为企业提供增值服务增强竞争力，通过专业化、个性化的服务满足客户需要。西南仓储公司通过系统的顶层设计，开展一系列的变革，逐步进入现代物流领域，其经验值得借鉴。近一个世纪以来，无论是美国，还是后来居上的日本，物流的内涵和外延都在不断放大，物流领域获得了持续创新。

所谓现代物流（Contemporary Logistics）是军队的后勤学理论（Logistics）被广泛应用于民用产业、继而深入商业化和职业化的结果。现代物流的兴起，与产业发展史上的运输成本上升、生产效率饱和、库存理念变革、产业组织一体化、规模经济和计算机与信息技术的广泛使用密切相关。

传统物流一般指产品出厂后的包装、运输、装卸、仓储等的单项功能，而现代物流提出了物流系统化或叫总体物流、综合物流管理的概念，并付诸实施。具体地说，就是使物流向两头延伸并加入新的内涵，使社会物流与企业物流有机结合在一起，从采购物流开始，经过生产物流，再进入销售物流；与此同时，要经过包装、运输、仓储、装卸、加工配送到达用户（消费者）手中，最后还有回收物流。可以这样讲，现代物流包含了产品从"生"到"死"的整个物理性的流通全过程。

传统物流与现代物流的区别主要表现在以下几个方面。①观念不同：传统物流以物流企业为中心，现代物流以客户为中心。②目的不同：传统物流只提供简单的位移，现代物流则提供增值服务，以降低物流成本并满足客户需要为目的。③管理重点不同：传统物流是单一环节的管理，侧重点到点或线到线服务，现代物流是整体系统优化，构建全球服务网络。④服务标准不同：传统物流无统一服务标准，现代物流实施标准化服务。⑤运作手段不同：传统物流使用相对落后的物流设施设备，主要实行人工控制，现代物流则最大程度地使用先进的搬运机械和基础设施并实施信息化管理。⑥业态不同：传统物流是被动服务、相对静态，现代物流是主动服务、强调动态。

1.4　德尔费公司的物流活动

总部设在美国阿拉斯加的德尔费（Delphi）公司，生产深海鱼油和各种保健品。虽然它在产品设计和开发方面始终保持优势，但德尔费公司却由于其复杂、昂贵和无效率的物流系统而面临着利润下降。德尔费公司发现对过多的承运人和过多的系统正在造成全面失去管理控制。

为了重新获得控制，德尔费公司不得不重新组织其物流作业。德尔费公司新的物流结构的实施是以其将全部的内部物流作业都转移到联邦速递（Federal Express）的一家分支机构——商业物流公司（Business Logistics）为开端的。商业物流公司的任务是要重新构造、改善和管理在德尔费公司供给链上的货物和信息流动的每一个方面。

在重新组织之前，公司有6个大型仓库、8家最重要的承运人和12个互不联系的管理系统。其结果是从顾客订货到向顾客交货之间存在漫长的时间、巨大的存货，以及太多的缺货。如果一位顾客向德国一家仓库寻求一种销售很快的商品，他会被告知该商品已经脱销，新的供应品要在几个月后才会运到。与此同时，该商品却在威尔士的一家仓库里积压着。按平均计算，所有的生产线中有16%的产品在零售店脱销。

德尔费公司认识到它需要重新分析其现有设施的地点位置。其建议是，除一家外，关闭所有在美国的仓库，它们将从仅为当地顾客服务转变为向全球顾客服务。单一的地点位于靠近美国的制造工厂现场，成为一个世界性的"处理中心"，充当着德尔费公司产品的物流交换所。虽然这种单一的中心概念有可能要花费较高的运输成本，但是德尔费公司认为，这种代价将会由增加的效率来补偿。在过去，意想不到的需求问题导致更高的存货，这是因为需要依靠高库存来以弥补不确定性和维持顾客服务。

公司知道，单一的服务地点与若干小型的服务地点相比，会有更多可以预料的流动，现在随机的需求会在整个市场领域内普遍分享，使得某个领域的水平提高就会降低另一个领域内的需求水平。

运输成本通过存货的周转率得到弥补。事实上，德尔费公司发现，由于减少了交叉装运的总量，单一中心系统实际降低了运输成本。从美国仓库立即装运到零售店，虽然从订货到送达的前置时间大致相同，但是产品只需一次装运，而不是在许多不同的地点进行装运和搬运。

德尔费公司得到的认识已超出了仅仅降低成本的范围。该公司现在正瞄准机会增加服务和灵活性，它计划在24～48小时之内，向世界上位于任何地点的商店进行再供货。先进的系统和通信将被用于监督和控制世界范围的存货。联邦速递的全球化承运人网络将确保货物及时抵达目的地。德尔费公司还计划开发一项邮购业务，其特色是在48小时内将货物递送到世界上任何地点的最终顾客的家门口。它当前的1000万美元的邮购业务已经变得越来越强大，但是直到如今，该公司还必须限制其发展，因为它难以跟得上不断扩大的订货。新的优越的地点网络将会使这种发展成为可能并有利可图。

案例分析

现代物流的发展对于降低物流成本、提高企业利润有着不可估量的重要作用,同时对于提升企业的整体竞争力也起到了积极的作用。德尔费公司充分发挥第三方物流企业的作用,重新构造、改善和管理在供给链上的货物和信息流动的每一个方面,增强了企业的竞争力。

物流的职能包括:①克服供需之间物资的空间距离,通过运输、配送等方式,将供应者手中的物资转移到需求者手中,创造物资的空间效用;②克服供需之间物资的时间距离,通过储存、保管等方式,将供应者手中的物资转移到需求者手中,创造物资的时间效用;③克服供需之间物资形状性质的距离,通过流通加工的方式,将供应者手中所具有的形状性质的物资改造成具有需求者所需要的形状性质的物资,创造物资的形质效用。

现代物流目前的分类尚未形成统一的看法,为了研究的需要,这里按照物流系统的作用、属性及作用的空间范围的不同,进行不同的分类。①按照物流系统涉及的领域分类,可分为宏观物流、中观物流、微观物流。②按照物流系统的作用分类,可分为供应物流、销售物流、生产物流、回收物流、废弃物流。③按照物流系统的空间范围分类,可分为国内物流、国际物流、区域物流。④按照物流系统性质分类,可分为社会物流、行业物流、企业物流。

1.5 经销商生产运营中的物流管理漏洞

一个企业在生产运营过程中不可避免地接触现金流、物流、商流、信息流四个系统,这也是经营管理工作中非常重要的组成部分。很多企业也都在理顺和管理好这几个系统方面狠下工夫。我在和经销商朋友谈起这方面的系统管理的时候,有些经销商朋友会说,我的企业很小,没那么多事,什么事一眼望到底。人力资源、信息流咱没有那么专业,不好控制,现金有老婆管,肯定没问题。物流?送货呗,送到就行。别给我耽误事就行,简单。

物流简单吗?

前几天我走访市场,正好搭上了经销商去郊县连锁店送货的车。等把货送完已经是下午了。我也把该了解的市场情况收集上来了,我想尽快回去,但司机说,不着急,歇会。后来我才知道,如果这个时候回去,如果再有出车任务的话，就要加班，不可能准点下班。这时一个人过来问，有点东西帮忙捎回市里行吗？到哪？到××。我一听离经销商的公司很远，而且很绕道。司机开始回绝，后来经过讨价还价，那人给了160元，司机便去另外一个地方拉上了十几件货。这样，最少要比正常时间回公司多用了一个半小时，多跑了很多路。

还有一次，我跟经销商的车去走访市内C类终端，同车的除了司机还有一名业务主管。途中，业务主管竟然让司机开车到了一个废弃的工厂，让司机教他开车。可以看出，司机教得非常认真，结果他整整练了2个小时的车！

这两件事情我碍于情面都没有向经销商说起，但肯定有老板怀疑自己的司机去趟县城怎么这么长时间？为什么拉着10件货也能在市里转一天？真的是"将在外君命有所不受"吗？为什么老板不问一问？表示对下属的信任？为什么老板问了，他们也总能有很充足的借口搪塞？

有些老板意识到这个问题，对于用车制度进行了改革，如物流对外承包，按配送件数提成等。但前提是要有一定的配送量，业务量相对较少的经销商还是做不到。难道真的没有办法了吗？

实际上，造成物流成本增加、费用流失的主要原因有以下几种。

①时间无管理：出车多少时间没有人管理；②目的无管理：为出车了出车，没有明确的目的；③效果无管理：出车带来的利益什么；④成本无管理：每次出车的费用是多少无规定；⑤效率无管理：工作效率是高是低？是否可以再提升？没人知道。

根据管理目的应该制订了一些物流管理方案。很重要的一条就是，《出车登记表》的使用。

《出车登记表》的主要作用就是收集历史数据、观察工作效率、实施成本监督、反映工作问题、提供提升依据。

一个经销商在使用《出车登记表》的初期，为了数据的详尽准确，利用半个月的时间亲自跟车把公司所有的配送路线走了一遍，可见他对物流费用流失问题的深刻认识。实践证明，现在这位经销商的出车表格管理非常成功。所以《出车登记表》的使用成功前提是：详尽、准确的配送资料！

其实，把司机或配送人员的工资和配送成本结合起来，会取得不错的效果，但是当配送增加的收益小到不能激发司机和配送人员的"公司利益第一"的思想认识的时候，结合《出车登记表》的管理，就非常有必要了。

当然，还有很多好的制度管理方法，正所谓，"寸有所长，尺有所短"。要让任何一种管理方法真正发挥它的积极作用，要结合自身情况加以融会贯通，并要求不懈地坚持。把制度执行成习惯，才能达到无为管理的至高境界。

（来源：物流天下网，http://www.56885.net）

 案例分析

由于物流管理的复杂性，很容易造成物流成本增加、费用流失。理顺和管理好企业生产运营过程中的现金流、物流、商流、信息流四大系统，对于企业的经营管理具有重要作用。

总的来说，物流活动可以分成物流作业活动与物流管理活动两大类（见图1-1），物流作业活动又可以分为运输、储存、流通加工、包装、装卸搬运、配送、信息处理共七种，它们分别属于动、静、静动状态三种类型，并且按不同目的实行不同的集成，分别组成不同的集成化的物流活动。

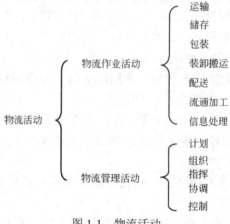

图1-1 物流活动

管理是指一定组织中的管理者通过实施计划、组织、人员配备、指导与领导、控制等职能来协调与他人的活动，使别人同自己一起实现既定目标的活动过程。因此，物流管理是对物流作业的管理活动，是为了以最低的物流成本达到用户所满意的服务水平，根据物质资料实体流动的规律，应用管理的基本原理和科学方法，对物流作业活动进行计划、组织、指挥、协调、控制和监督。被国内教材广泛引用的美国物流管理协会（Council of Logistics Management，CLM）对物流的定义是：为满足顾客需要，对于商品、服务及相关信息从产生地到消费地高效、低成本流动和储存而进行的规划、实施与控制过程。这实际上是对物流管理的定义。

《中华人民共和国国家标准物流术语》（GB/T 18354—2006）将物流管理定义为："为以合适的物流成本达到用户满意的服务水平，对正向及反向的物流过程及相关信息进行的计划、组织、协调与控制。"现代物流管理的特征包括以下五点。①现代物流管理以实现顾客满意为第一目标。在现代物流中，顾客满意目标的设定优先于网络其他各项活动。具体来讲，物流体系必须做到：物流网络的优化；信息系统的优化；物流作业的优化；物流组织的优化。②现代物流管理的范围包括整个社会再生产过程。以往我们认为物流存在于企业生产阶段和产品销售阶段，而现代物流管理的范围不仅包括生产和流通过程，还包括消费过程。现代物流不仅关注资源开采商—制造商—分销商—用户的正向物流，也关注退货物流、废弃品物流、回收物流等逆向物流。③现代物流管理的对象除了物品还包括服务和信息。物流的名称易使人误以为只针对实物运动。现代物流的对象，早已超越了实物商品。美国物流管理协会对物流的定义也反映了这一变化。20世纪60～70年代的定义只涉及实物（原材料、零配件、成品、废弃物）；而到80年代以后，扩大到服务及其相关信息。④现代物流是效率和效果的统一。在许多场合，效率与效果是有矛盾的，如运输速度与运输费用、标准化（实现低成本）与差异化（导致较高的顾客满意度但会提高成本）等。解决办法是战略匹配，即针对顾客的不同偏好或优先顺序，提供不同的物流战略，求得效率与效果的统一。⑤现代物流管理是对商品、服务及相关信息的一体化管理。在实践中人们发现许多问题无法通过单一功能的改进得到解决，而必须将包装、运输、储存、搬运等相关要素结合起来，进行整体设计和处理。因此，局部问题仅从局部考虑无法得到根本解决，必须从物流全过程出发，进行一体化管理和设计，才能得到彻底的解决。

1.6 奥运村背后的可视化物流管理

对于任何一届奥运会，奥运物流对于成功举办奥运会有着举足轻重的作用，但奥运村客户群体比较复杂，物资需求品种多、数量大，奥运村内的空间单元多、物资进出频繁、作业集中程度高、运行周期长等诸多因素使得该项工作变得并不是那么轻松。

从第25届巴塞罗那奥运会开始，历届奥运会的主办者就在不断加大对物流的管理力度。但是，单纯地增加管理人数并不能从本质上简化这一繁琐的任务，因此在这次北京奥运会上，为保证奥运村物流项目的高效有序运行，就要做到物资进入、移动、运出的准确、高效、有序，库存的合理控制和管理。

北京奥组委采用一种全新的数字化的方式来对奥运村的物流和空间规划进行管理，帮助奥组委后勤保障部门能够最快速地响应、满足来自各个国家运动员、官员，来自入住方面的要求和需求，并且提供更好的服务体验。

一、奥运村物流管理更具挑战性

奥运村共有42栋公寓楼、1万多间客房，它要在奥运会期间接待来自于204个国家和地区的近16000名运动员和官员，而这204个国家和地区的16000名运动员和官员，因为他们宗教信仰、生活习惯的不同，对很多房间具体的布置都有一些特定的要求。

残奥会运动员代表有7000多名。奥运会结束之后，整个奥运村要从奥运会居住环境转移到适合残奥会使用的环境，而残奥会运动员因为不同的身体情况，他们的要求更加复杂。这就意味着整个奥运会后勤保障部门要在规定的时间内对几千多间客房实现快速转换，进行物资的移入和移出。

运动员整个入住的时间其实是非常短，在这个过程中，他们的需求是实时的变化。他们一旦提出更改需求之后，后勤保障部门要能够根据他们的要求快速地响应。比如说房屋内设备的变更、移入、移出，这后面将产生大量的人力物力的投入、大量物资变更的要求。

另外，各个职能部门在奥运村里面的空间需求不一样，布局、物资需求也不一样。各代表团和运动员的需求是多种多样的，这些信息怎么把握？这是一个难题，要把它记录下来，如果需要修改也可以修改更新，并且能够实时地反映到数据库资料里，就节省了大量的人力物力做录入工作和统计工作。这些情况在每届奥运会都会遇到，无论悉尼也好，雅典也好，而上述城市的转换期都不低于一周，而北京却只用了26个小时。

北京奥运村管理的挑战还在于，参与各方面的项目的人很多，工作人员的构成来自各行各业，所以需要一个非常直观、非常简单的信息交流系统。

二、全新的数字化体验

整个奥运村有12个居民服务中心，各个代表团和运动员有了需求就到居民服务中心去提。村里设有一个后勤客户服务中心，负责收集由各居民服务中心上传到客户服务中心的需求信息并向后勤各运行团队下达工作单指令。

当某个运动员发现房间的桌子坏了需要维修时，到居民服务中心告诉工作人员，居民服务中心的工作人员再电话通知后勤客户服务中心；接到电话后，后勤客户服务中心工作人员录入一个工作单，并自动发送到相关的职能部门；职能部门会派人做服务，服务完之后在工作单里会销掉。

这一看似简单的过程，但是奥运会这种环境下，要确保"零投诉"背后却有很多复杂的工作要做。面对复杂的奥运村物业管理的需要，奥运村空间规划和物资信息管理系统采用了 Autodesk（美国欧特克公司）最新的 3D 设计及数据库技术和协同作业技术，将奥运村空间规划及设施以 3D 图形方式创建 BIM（建筑信息模型技术）数据，实现了在虚拟的世界中进行现实的奥运村的物流管理，显著提升了庞大物流管理的直观性、降低了操作难度，得以让奥运村物流管理在物资品种多、数量大、空间单元复杂、空间单元及资产归属要求绝对准确、物资进出频繁、作业集中度高的情况下高效、有序和安全地运行。

这个系统的核心功能是图形与数据库同步联接，自动生成数据表。比如前期的移入工作，一万多个空间单元、几十万件家具电器，这些物件需要一个完备的信息和方案，这就是通过这个系统完成的。每个空间单元一图一表，每一张图都是三维立体图，对应一张数据单，然后安排人贴在相应的空间单元上，家具供应商据此做移入的工作，后面的核查也按此进行，统计数据自然生成。

这些工作单不是简单示意图，而是根据真实环境模拟的三维模型图。三维信息模型核心点是，所有的数据都是数字化导入的，比如说房间的格局，房间的模型，所有物资器材信息都是数字化导入进去。如 A 厂商生产的办公桌和 B 厂商生产的写字台在这里面体现是不一样的，所有的物资都被数字化的导入到真实的基于真正奥运村房间布局和楼宇布局的三维模型中去。这里有一个协同的平台，他们需要协同完成，不同的管理方，比如水电的、设备的或是其他后勤部门，不同的管理方必须通过这个平台交换数据，通过各个部门的协作，最终让这房间无论从各个方面都符合代表团官员和运动员的要求。

三、奥运"遗产"可以复制

奥运村空间规划和物资信息管理系统已经不是传统意义上的信息管理系统，它可以让非专业人员非常直观、可视化地看到所服务目标的各种变化带来的影响和要求。

由于数据中心、建筑规划信息、建筑模型的信息都数字化在这个系统当中整合在一起，可以根据对这个活动或者整个物业的要求去模拟它，模拟动态情况。例如，运动员大概会提什么样的要求，如果提出这样的要求能否应对，如何调整后面物资的配比，如何安排物资的分布、物资的配送，等。奥运村服务人员在可视化的界面下，根据模拟出来的结果进行实时的分析，大大提高了判断的能力和响应的速度。

奥运村可视化物流管理是一次性项目，但是这种需求应该是一个普遍性和广泛性的，特别是在城市化越来越多的时候，有大量的商业活动、居民的活动都会与此相关，其运用面是非常广泛，其成功的经验可以复制到目前面临的各种相关需求中。

（来源：物流天下网，http://www.56885.net，汪兴洋）

案例分析

北京奥组委通过采用现代信息技术手段对奥运村的物流和空间规划进行管理，实现了奥组委后勤保障部门的最快速响应，满足了奥运村复杂客户群体的需求、提供了更好的服务体验。复制北京奥运会的成功经验，对于组织好大型的商业活动具有积极的作用。

物流管理经历了一个多世纪的发展历程。西方国家，包括美国，一般将物流的发展过程划分为以下三个阶段。第一阶段，实体分配阶段（20世纪初至60年代，PD）。对物流的研究局限与销售领域，随着市场由卖方市场变为买方市场，促使生产企业开始把注意力集中到产成品的销售上。在这一阶段，物流管理的特征是注重产成品到需求者的物流环节。第二阶段，综合物流阶段（20世纪70～80年代，Integrated Logistics Management）。20世纪70年代以后，国际经济一体化的进程加快，国际间的竞争加剧，企业逐渐认识到把物流系统中的各个环节统一为一个连续的过程，可以有效地进行运作，大大提高物流的效率。第三阶段，供应链管理阶段（Supply Chain Management，SCM）。20世纪80年代后期，许多企业特别是大型的跨国公司开始把注意力放在物流活动的全过程，即不仅着眼于本企业自身的物流合理化，还把眼光延伸到了上游的原材料供应商和下游的产品分销商的物流活动。从而形成了所谓的供应链的概念。对物流活动的全过程的有机整合是这一阶段的特点。以上三个阶段中，第一阶段基本上只是创造降低单个节点中物流活动成本的机会，忽略了整个物流活动各个环节之间的联系。第二阶段把顾客服务和订单处理明确地整合起来，并能够方便地提供综合性服务。服务的改进最终能导致收入的增加。尽管到了第三阶段增加利润的余地扩大了，但是第三阶段主要是具有战略利益，因为它包括存货和资产的减少等，资产的生产率和利用率都提高了，因此，对投资的回报产生积极的影响。

外国专家学者关于物流发展进程阶段划分的观点各有特点，但都局限于对本国物流发展进程的分析，还不能从世界范围内把握物流发展的过程。我国学者翁心刚教授在其所著《物流管理基础》中对物流发展历史阶段的划分，从总体上介绍了物流管理发展的过程和趋势。

从发达国家企业物流管理发展的历史来看，物流管理的进程可以划分为以下五个阶段，如表1-1所示。通过对物流管理阶段的划分，既可以清晰地反映出物流管理的发展进程，也为判断企业物流的先进性提供了一个标准。

表1-1 物流管理发展阶段（物流概念的演变）

阶　　段	特　　征
第一阶段	物流功能个别管理（Transportation and Warehouseing）
第二阶段	物流功能系统化管理（Physical Distribution Management）
第三阶段	管理领域扩大（介于PD和Logistics之间）
第四阶段	企业内物流一体化管理（Logistics Management）
第五阶段	供应链物流管理（Suppiy Chain Logistics Management）

1.7 朝日啤酒公司"鲜度管理"

啤酒业是个看天气吃饭的脆弱行业，啤酒的生产和销售受气候影响很大。近几年，由于日本国内进行的消费税率改革及经济不景气等原因，使啤酒行业大受影响。日本朝日啤酒株式会社从1988年开始，为了给顾客提供新鲜的啤酒，公司开始推行"鲜度管理"。它的经营观念是"追求顾客满意，为人类健康以及丰富社会生活作出贡献"。

为了进一步提高啤酒的物流效率，他们将啤酒厂—零售店—消费者的物流流程作为一个整体进行管理，并将"鲜度"作为顾客满意的目标。为此，公司于1998年9月设置了物流系统本部，开始大力实施"鲜度管理"方案。

一、鲜度管理战略的导入

朝日啤酒公司于1986年导入了企业形象识别系统（CIS），同年开始推行"鲜度交替的管理"战略。其具体内容是：对产出20天后才出厂的啤酒进行回收。

公司设立了"鲜度管理"目标，1994年该目标上升为5天内出厂。从1997年起开始实施包含全流通阶段在内的鲜度管理，即从生产到门市共8

天时间的"总鲜度管理"目标。鲜度管理委员会的最大任务是进行计划管理，由以前的从工厂出货日开始算起设定回收日的结果管理，转变为减少啤酒在库天数的计划管理。

当"总鲜度管理"成为管理目标后，零售店也成为要考虑的环节。因为要实现生产8天内送到顾客手里的目标，必须考虑批发商的库存，如果工厂控制在5天以内，批发商必须在3天内出手，否则无法达到目的。因此，公司在考虑批发商的库存等因素后决定控制出货量。为此，公司研究了啤酒的保存方法。木桶（装酒用的）虽保存于冷藏库中，但运输过程非常关键，因此公司决定采用保温配送的方法；同时，公司也对啤酒不适于照射紫外线，在夏季日晒后容易变质的问题采取了相应对策。为了实施鲜度管理方案，公司调整了管理体制。业务部门的目标是准确预测需求，制订计划，当生产计划与实际的动态产生偏差时，就迅速采取措施，使预测精度上升。同时，生产部门制定了相订的弹性生产计划，以应对变化的市场和小批量生产订单，物流部门为了减少在途库存而及时向生产部门提出生产建议，将产地和销售有机联系起来，可以有效地减少库存；业务部门根据物流部门提供的库存动态信息调整业务计划；生产部门高速生产计划等。

此外，公司还对业务人员进行业务培训以及品质保证培训，并在分公司、分店中选出鲜度管理者对库存啤酒进行经常检验，对特约店也通过发行鲜度管理手册来贯彻鲜度管理方案。这样，业务、生产、物流部门全都参与鲜度管理工作，并由全体人员进行鲜度管理计划的制订、修改和评价。

二、扩大厂家直送比重

1987年以后，随着啤酒销售额的增大，公司将重点放在了生产量的增长上。生产规模扩大后一时间只顾设立新配送中心、租赁新的仓库，没有注意控制库存，导致了库存的增加，后来公司就开始解决这一问题。

啤酒的配送有两种方案：一种是啤酒从工厂—配送中心—特约店，配送线路多，因此需要更多的在途库存，使总库存增加；另一种是从工厂—特约店，由于中间环节缩减，库存得到降低。因此，公司决定实施第二方案。其好处如下：

第一，减少工厂配送车辆的滞留时间，关键作业是拣货。为了提高效率，公司导入了自动分拣装置，以夜间为主体，将手工分拣改为自动分拣，将16名检货员缩减到5名，装货时间也缩短了。

第二，公司改进了对配送车辆装车的调度和指挥。以前是对配送车辆作业进行示意，凭司机的直觉来拣货，现在研究出了配送车辆自动引导系统。该系统的运作程序是：首先进行库存分配的模拟实验；然后对产品从入门到出门进行管理，尽量在一个场所完成一辆配送车辆的装车作业。使用这一系统可缩短装车时间。

第三，公司还对配送中心的管理进行了改革。公司决定在维持现有服务水平的前提下，对啤酒进行集中配送，采取的办法是逐渐减少租赁其他公司的仓库。如果公司的配送中心有余力还可招揽生意，为其他公司提供配送服务，这样来减少啤酒配送所用的实际空间。进行这些改革后，从工厂直送的比例由1992年的64%上升为1997年的75%。为了削减库存水平，必须根据市场需求来确定订货。市场信息的收集、需求量的预测等是提高销售计划紧缺度的保证。为了作好销售计划，公司根据业务、生产、资材、物流各部提供的信息，每周召开市场需求与供给分析会议，每周重新评估和修订生产、运输和配送计划方案。

1996年公司建立了生产、销售、物流集成信息系统，各部门都利用这一信息平台进行信息交换。并且各部门之间的计划制订公开化，比如，销售部的计划由生产、销售部门共同确定；生产部门的计划是在销售计划确定后与销售部门一起来制订。

物流部门的职责是根据集成信息系统各主干数据库提供的信息，根据销售计划、生产计划调整各集团库存及配送计划，向各地区的物流部门传送数据。由于各部门共用同样的数据库，这样，整个生产、销售和物流系统的不确定因素大大减少。

由于将各个环节的信息系统进行集成，公司有条件对库存进行严格管理，公司导入了库存管理系统。配送中心虽一般存有3天的库存，但根据模拟实验的结果，发现一般的品种只要有1.6天的库存就不会引起缺货，因此公司制订了将库存控制在1.5～1.6天的方案。这一目标的实现，直接减少了配送中心的库存，也减少了所需配送中心的数量。这一方案的实施结果是，库存天数由1992年的8天变成1996年的5天，如果将销售端的时间计算在内，也实现了8天这一目标。公司"总鲜度管理"方案实施以后，物流效率指标（即，销售额的增加值与物流量的比率，基准值100）从1992年开始一直下降，但1997年开始增加。从1997年起，公司一直在对储存饮料的临时仓库、啤酒仓库、自动仓库的增设、新工厂的建立等问题进行尝试。现在，公司正在研究新的鲜度管理方案，打算推出新的"鲜度管理"体制，同时考虑ECR以及SCM等新概念提出的要求，准备向未来挑战。

（来源：经理人世界网，http://www.3719.cn）

案例分析

根据顾客的需求提供个性化的物流服务是现代物流的重要特征之一。日本朝日啤酒株式会社为了给顾客提供新鲜的啤酒，建立物流系统本部，系统整合物流流程，有效提高了啤酒的物流效率。其中生产计划和运输方式的改进、库存管理系统的应用都发挥了重要作用。

根据企业物流活动的特点，企业物流管理可以从三个层面上展开。①物流战略管理。企业物流战略管理就是站在企业长远发展的立场上，就企业物流的发展目标、物流在企业经营中的战略定位以及物流服务水准和物流服务内容等问题作出整体规划。②物流系统设计与运营管理。企业物流战略确定以后，为了实施战略必须要有一个得力的实施手段或工具，即物流运作系统。③物流作业管理。根据业务需求，制订物流作业计划，按照计划要求对物流作业活动进行现场监督和指导，对物流作业的质量进行监控。

物流管理的目的，是实现物流的合理化。物流合理化就是要使构筑成物流活动的运输、存储、装卸、搬运、包装、配送、流通加工、信息处理等各种活动能够实现合理化，使其以各环节的合理化，最终构成物流的合理化。

物流合理化目标是使物流系统最优化，从而使整个物流最优化，主要包括以下六个方面。①距离短。物流是物质资料在空间上的移动，这种移动最理想的目标是距离短。物流合理化的目标，首先是距离短。②时间少。是指产品从离开生产单位达到最终使用者手中的时间，包括从原材料生产单位到加工的这段时间，即产品在途中的时间少。③集合好。物流系统强调的是综合性和整体性。只有这样，才能充分发挥物流系统的优化作用，降低费用成本，提高效益。④质量高。质量高是物流系统合理化目标的核心，既包括为客户服务的质量高，也包括物流系统管理的质量高。⑤省费用。在物流合理化目标中，既要求距离短、时间少、质量高，又要求省费用。一个最优化、合理化的物流系统完全能够做到高效率、低成本。⑥安全、准确、环保。安全、准确是物流过程中的一个基本要求，在物流过程中必须保证安全，准确保证货物准时、准地点，原封不动地送到目的地，送到客户手中；同时，必须尽量减少废弃、噪声、震动等影响，符合环境保护的要求。

对物流系统合理化的建设或改造物流系统，是使其达到最佳运行状态的根本保证。在建立和设计物流系统时应遵循计划化、大量化、短距离化、共同化、标准化、信息化和社会化的原则。计划化是实现物流合理化的首要条件，也是提高物流服务质量的一个重要标志。通过一次性处理大批量货物，可以提高设备设施的使用效率和劳动生产率，以达到降低物流成本费用的目的。短距离化就是在物流作业中，以有效的配送，尽量减少中间环节，特别是注意减少在物流系统中流程环节，以最短的线路完成商品的空间转移。共同化是指物流作业中，把发往同一地区，同一方向的货物，在计划化的基础上，通过企业之间的协作，实施共同物流，即协作混装进行集中配送。物流系统的标准化，应包括信息的标准化、作业的标准化以及相关作业工具设备的标准化等。物流信息使物流各环节能够工作更加协调，更有利提高效率，改善服务质量，增进同客户的关系，并且能够为企业的决策者提供参考与支持。物流社会化是指第三方物流的产生与发展，是物流专业化水平的提高，是物流服务范围延伸和物流高级化的产物。依靠第三方完成物流活动，使得生产企业专心于核心业务，集中精力，强化主业，降低物流成本，扩大企业业务能力。第三方物流对于企业自身开展物流来说，具有专业、服务质量、信心、管理和人才五大优势。

第 2 章 物流客户服务

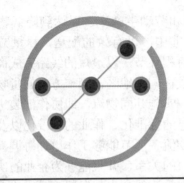

Chapter 02

2.1 麦当劳物流供货商阿尔法集团的服务秘诀

麦当劳集团能雄踞欧洲市场三十多年,背后作支持的物流服务供货商实在功不可没。欧洲 31 国共 3900 间麦当劳餐厅所有货品及服务,便是由德国阿尔法集团旗下的 WLS GmbH 公司中 23 个配送中心、超过 2600 名员工所提供,负责管理麦当劳集团泛欧洲市场整个物流配送系统,并发展全球网络。究竟阿尔法集团有什么秘诀,让集团及麦当劳同时在物流服务及饮食市场上稳占领导地位。

一、顾客永远是第一

阿尔法集团所提供的服务,客户范围牵涉广泛,并非单单是物流。集团旗下的信息科技公司包括阿尔法软件公司及 MDIS,便为集团及麦当劳集团处理复杂的信息科技项目。另外,S.T.I. 货代公司则负责组织泛欧洲地区的卡车运输,为麦当劳于欧洲的连锁餐厅提供每月三千五百车次的配送和货运服务。而国际推广物流 GmbH 公司主要为麦当劳发放相关的广告及推广物料,并与 S.T.I. 货代公司紧密合作,组织海陆两路的货运服务。阿尔法集团就是依靠能提供不同种类的服务范围,加上与客户间彼此建立信任、携手合作的优势,让客户及集团同时在市场中屹立不倒。

现时 WLS GmbH 公司不但可满足麦当劳集团的要求,更已全权控制全德国甚至国际性层面上,麦当劳餐厅的销售及需求评估。在需求评估的研究方面,必须对食品如汉堡包、牛肉、鸡肉等作出非常准确的预测。而阿尔法集团的工作,便是要管理整个欧洲地区的麦当劳餐厅供应链中,管理层间的信息流通、产品及资金流动,当中包括由个别餐厅至原材料供货商,再由供货商至餐厅内部的整个物流过程。

二、提供高水平服务

麦当劳餐厅需要混合冷冻、冷藏及恒温的货品,因此在阿尔法集团配送中心内的仓库亦因应不同货品而划分为三大区域:冷冻储存(-23～-20℃);冷藏储存(-3～1℃);干货储存(5～25℃)。集团以客户可负担的价钱,为不同的货品特别修改卡车设计,在整个运输过程中可调节及控制温度,令货品在付运途中仍能保持质量。从麦当劳集团角度而言,为降低经营成本,货品交收时间及人手调配必须调度得宜。因此阿尔法集团提供可控制温度的卡车,便可减少运载次数、降低燃油成本开支。此外,集团更将各间餐厅的付运距离列入考虑之列。例如一百公里的短距离路程,使用短拖车较公路汽车更为经济,因为可节省重新接驳或解开拖车的时间,从而降低客户的经营成本。

三、不断创新客户受惠

自2002年四月起,WLS GmbH公司已采用双层挂接拖车负责运载货品。虽然这些新式货车并非首次应用于物流服务,但这种货车与传统挂接车辆不同之处,是其车轮不是焊接在主车轴上,而是每个车轮独立装置在货车底盘,因此在每个车轮间有更多额外储存空间,运载更多货物。阿尔法集团创新之处还表现在货车上层内置冷冻库,使货车在上层运载冷冻货物的同时,下层仍可运载干货。另外,利用遥控机械货车,以加快及简化货车下层的装卸作业,提高货运效率。

现时阿尔法集团不同部门积极发展新方向,保证让麦当劳集团及其他客户均可享受更多新物流服务及高价值高质素的配送系统。

(来源:《市场周刊:新物流》,2003年第7期)

 案例分析

WLS GmbH公司深谙客户服务之道,深知"顾客永远是第一"的客户服务原则,为客户提供满意服务,乃至成功探索、挖掘到客户的潜在需求,使其业务能绵延不断。在交易前期、中期、后期各项客户服务要素中,WLS GmbH公司始终坚持稳定且高水平的服务,节约了客户的时间、降低了客户成本。

服务(Service)是指满足顾客的需要,供方和顾客之间接触的活动以及供方内部活动所产生的结果。具体包括:供方为顾客提供人员劳务活动完成的结果;供方为顾客提供通过人员对实物付出劳务活动完成的结果;供方为顾客提供实物实用活动完成的结果。客户服务是企业致力于满足顾客的需要,并超越顾客期望的活动过程。客户服务是企业与客户交互的一个完整过程,包括听取客户的问题和要求,对客户的需求作出反应并探询客户新的需求。客户服务不仅仅包括了客户和企业的客户服务部门,实际上包括了整个企业,即将企业整体作为一个受客户需求驱动的对象。

客户服务的目的包括以下几项。①通过提供更多满足顾客需要的服务,扩大与竞争对手之间的差距,从而通过销售额的增大来获得企业的利益。②取得社会公众的理解和支持,为企业的生存、发展创造必要的内部与外部环境。客户服务能够帮助市场营销策略的成功实施,通过有效地获取并保留客户,满足企业长期利润和投资收益的目标。

客户服务的原则包括以下几项。①视客户为亲友。企业与客户交往中,不能单纯将企业与客户的关系视为"一手钱、一手货"的金钱交换关系,而应该认识到企业和客户之间还存在相互支持、相互促进、相互依赖、相互发展的非金钱关系。现代企业只有用高质量的情感服务来对待每一位客户,才能使客户以更大的热情购买更多的服务来回报企业。②客户永远是对的。"客户永远是对的"的服务思想,不是从一时一事的角度界定的,而是从抽象意义上界定的。具体实践中,企业要把"客户"作为一个整体来看待,为整体的客户服务,不应该挑剔个别客户的个别言行,更不能因为个别客户的个别不当言行影响到企业对整体客户的根本看法。③客户是企业的主宰。企业把客户视为企业主宰,既是从企业经济属性的角度来决定的,同时又是从企业的社会性质决定的,是奉献与获取经济利益相统一的服务理念的具体体现。具体实践中,应将尊重客户权利作为企业的天职,认真履行应尽的义务;根据客户的需要决定企业的经营方向,选择企业的经营战略;建立客户满意的服务标准,并依据标准增加服务投入,增加服务项目,改善服务措施,建立全面服务质量保证体系,使企业各部门都围绕"使客户满意"这个目标开展工作,最终保证企业服务质量得以全面提高。

客户服务的方式,是"内外结合、双向沟通"。客户服务管理,一方面要吸取社会公众的意见,以不断完善自身;另一方面,要有效地与外界沟通,使客户认识、了解自己,最后获得客户的信任和喜欢。

2.2 永不满足的顾客

这是一个晴朗怡人的周三下午，但是 Doug 的心里却很混乱。Diane Merideth，奥林巴斯北美地区的市场主管走进他的办公室，Doug 从她脸上可以看出她不是很高兴。她对 Doug 说："Doug，我们遇到问题了，我刚刚和 Goliath 的全球副总裁 Sarah Hartley 通过电话，我们似乎错过了给他们公司在达拉斯的交叉货仓送货的时间。我知道货物准时离开了我们的仓库，但我没法追踪货物，Goliath 是我们最大最重要的顾客，Sarah 跟我提到这些，她对我们的服务非常不满意。"

Doug 叫进信息系统小组的 Tameka Williams，让他检查一下奥林巴斯整体的送货表现，Tameka 统计了送货数据，确认奥林巴斯的送货准时率达到 98%，接近刚刚定下的 99% 的目标。他补充道："我们现在正在线路和调度软件上面的投资已经开始获得回报，效率得到了提高，服务水平也相应提高了。"

Diane 对于 Doug 和 Tameka 的评估结果并不是十分满意。她说："你可能在平均水平上改善了绩效，但是我们并没有满足 Goliath 的要求，惩罚条款让我们为此付出了很高代价。我们在服务上的失败也破坏了我们的运作联盟。Sarah 提醒我说我们公司并不能满足 Goliath 的要求，而且我们其他的顾客也是很挑剔的。他们会跟随着 Goliath 一起要求更高的服务水平。你应该知道，在一月份，Goliath 会将他们的送货时间限定得更紧，他们也希望我们在具体的货物的促销包装、可入库标签以及订单标注方面负起责任。而且我们持续改进的条款规定下一年他们只给我们他们订单的不到 5%。"

Doug 承认必须要将服务水平提高到更高层次，我们最好的顾客需要的越来越多，但是支付的却越来越少，他们需要我们的服务满足他们的要求，但是他们看上去并不愿意和我们进行有意义的合作。我们需要重新考虑我们和顾客之间的关系，并改造我们的设置以支持这种新的关系。我们需要知道问什么问题并知道怎么回答他们。

 案例分析

客户服务是一个不断提升的过程，在这个过程中需要付出不懈的努力。本案例中奥林巴斯北美地区市场主管 Diane Merideth 的烦恼是公司发展中经常遇到的情形。只有根据客户的需要不断改进工作才能令客户满意。

物流客户服务是以客户的委托为基础、按照货主的要求，为克服货物在空间和时间上的间隔而进行的物流业务活动。从本质上讲，物流业属于服务业。物流客户服务解决的是如何把产品和服务有效地传递到客户手中的流程的问题。物流客户服务是一种过程，它以高效、低廉的方法给供应链提供了增值的利益。

物流客户服务的宗旨是满足货主的要求，保障供给、降低成本，即在适量性、多批次、广泛性上，安全、准确、迅速、经济地满足货主的要求。现代物流客户服务的核心目标是在物流全过程中以最小的综合成本来满足顾客的需求。

物流客户服务是实现客户利润可能性的保证，包含着备货保证、输送保证与品质保证，其最终目的是使顾客满意。物流客户服务的基本内容主要包括包装、装卸搬运、运输、储存与配送、订单履行、物流信息、存货预测等以及相联系的活动。（1）包装。商品包装是为了便于销售和运输保管，并保护商品在流通过程中不被毁损，保持完好。企业所选择的运输方式会影响运送商品时的包装要求。（2）装卸搬运。装卸搬运是伴随运输和储存而附带产生的物流客户服务活动。装卸搬运对有效储存操作是很重要的，装卸搬运在运输、保管之间起到桥梁作用。（3）运输。运输是物流系统非常重要的组成部分。由于商品生产者与消费者在空间距离上的相互分离，需要通过运输完成商品在空间的实体移动。（4）储存与配送。储存和运输是一种效益背反关系。库存管理是物流客户服务的一项重要的内容；同时，配送中心的建立，能够根据客户的需要为终端提供配送服务。（5）订单履行。有效的订单管理是有效运营和客户满意的关键，企业的订单管理能力将有助于产生竞争优势。订单管理主要得益于计算机和信息系统的发展。（6）物流信息。利用计算机进行物流服务数据的搜集、传送、储存、处理和分析，迅速提供正确和完备的物流服务信息，有利于及时了解服务进程，正确决策，协调各业务环节，有效地计划和组织物资的实物流通。（7）存货预测。准确预测存货要求（原材料和零部件），对有效控制存货十分重要。尤其对使用JIT和物料需求规划（MRP）方法来进行存货控制的企业来说就更为重要。此时，物流管理人员应当通过预测来确保准确、有效的控制。在以上内容中，运输、储存与配送是物流客户服务的中心内容，其中运输与配送是物流客户服务体系中所有动态内容的核心，而储存则是唯一的相对静态内容。它们的有机结合构成了一个完整的物流客户服务系统。

2.3 佛山物流的非常之道

佛山物流是佛山物流业第一家企业，每年以50%的速度发展，目前，年营业收入达 1.2 亿元，管理的资产总额达 4.5 亿元，成为佛山物流业的旗帜企业。多年来，佛山物流都锁定食品物流这一块来经营，为多家企事业提供了先进一流的物流一体化服务，积累了丰富的经验。

其中最为成功的一个案例，就是为海天调味公司提供的仓储配送业务。佛山物流是海天味业唯一为其提供物流一体化服务的合作伙伴。海天调味公司的产成品从生产线下来，直接通过大型拖车进入佛山物流仓库。海天公司通过信息系统跟踪货物库存信息、出入库管理、业务过程管理、运输监控，并能自动生成各种数据报表，与海天调味品公司实行实时信息共享，满足了海天调味品公司"安全、及时、准确"的配送要求。确保产品最优流入、保管、流出仓库。通过佛山物流仓储配送服务海天可以集中发展主业，将精力集中于生产上，增强了企业在该行业中的核心竞争力。通过佛山物流先进的物流信息管理系统，海天调味品公司可以快速、正确、简便地下单，确保配送计划、库存计划等的顺利完成。

佛山物流公司，在产品逐渐趋向无差异化的情形下，最佳做法就是突显服务的差异。物流服务对于物流公司来说至关重要，也正是佛山物流安身立命之所在。

2001 年佛山物流通过 ISO9001 质量管理体系认证，这是对佛山优质服务的一种肯定。"优质的管理，优质的服务，优质的服务态度，这是佛山物流公司对客户的承诺。"该公司有一套很完整的管理细则和操作规范，并根据每一个客户个性化的要求，确定服务方针。有时候因客户原因造成的责任，他们也会主动去解决问题，不会去推卸，不会去找理由。他们不但关注直接客户的服务，而且也关注客户的客户，这对直接客户的业务会起到很关键的作用，也因为这一点客户都对佛山物流非常满意，他们的业务量也就多了起来。

（来源：中国物流与采购网，http://www.chinawuliu.com.cn/xsyj/200506/20/134186.shtml）

 案例分析

佛山物流首先确定了自己的服务领域，其后确定了服务内容，这样就确保其把握顾客的真实需求，在其物流全过程中能以最小的综合成本来满足顾客的需求。同时，佛山物流利用先进的物流信息管理系统，将自己的服务内容专注于仓储配送业务，使其能更好地为顾客提供专业的第三方物流服务。物流客户服务的因素包括交易前要素、交易中要素和交易后要素。

物流客户服务的交易前要素倾向于非日常性、与政策有关，是指将产品从供应方向客户实际运送过程前的各种服务要素。交易前客户服务的具体要素包括以下内容：①列出关于客户服务政策的书面陈述；②创建实施客户服务政策的组织机构；③制订应急服务计划，保持系统的灵活性；④提供管理服务，为客户提供培训和技术手册等。

　　物流客户服务的交易中要素是指在将产品从供应方向客户实际运送过程中的各项服务要素。主要包括以下内容。①缺货水平。缺货水平是对产品供应情况的一种测度。②订货信息。订货信息是指为客户提供关于库存情况、订单状态、预期发货和交付日期以及延期交货情况的快速和准确的信息能力。③订货周期。订货周期是指从客户开始发出订单到产品交付给客户过程的总时间。④加急发货。加急发货是指那些为了缩短正常的订货周期时间而需要得到特殊处理的货物。⑤转运。转运是指为避免缺货，产品在地区之间的运输，运输通常是根据客户订单的预测来进行的。⑥系统的准确性。系统的准确性（包括订货数量、订购产品和发票的准确性）对于制造商和客户来说都是很重要的。⑦订货的方便性。订货的方便性是指一个客户在下订单时所经历的困难的程度。⑧产品的替代性。当一个客户所订购的产品被同一种但不同尺寸的产品或另一种具体同样性能更好的产品所代替时，产品替代就发生了。

　　物流客户服务的交易后要素是指产品销售和运送后，根据客户要求所提供的后续服务的各项要素。主要包括以下内容。①安装、质量保证、变更、修理和零部件。②产品跟踪。产品跟踪是客户服务的一个要素，为了避免诉讼，企业必须能够在发现问题时就收回存在潜在危险的产品。③客户赔偿、投诉和退货。企业政策应规定如何处理索赔、投诉和退款。④临时性的产品替代。客户服务的最后一个要素是临时性的产品替代。当客户在等待接受采购的物品或等待先前采购的产品被修理时，为客户提供临时性的产品替代。

2.4 企业服务标准两例

一、佛山市好来客食品有限公司农产品配送服务标准

（1）服务承诺

① 任何时候不出售假冒、伪劣、过期变质产品，如发现假冒伪劣产品以一罚五十。若所送货物引起食物中毒事件，属我公司责任的，由我公司承

担所有经济和法律责任。

② 保证送货品种齐全、数量准确，所有送货数量以客户验收为准。

③ 每天的供货时间由客户指定，如超过规定时间 30 分钟罚款当次金额 10%，超过 1 小时罚款 30%。

④ 在尊重市场实际行情以及良性竞争规则下，明码实价，双方协商定价，保证最优惠的价格。

⑤ 我方可以派专车和专人，提供全天候的跟踪服务，保证客户的任何需要都得到即时的落实。

⑥ 每个客户配备专职客户服务代表，全天候受理各类咨询、投诉，并上门服务，第一时间解决业务往来中出现的各种问题。

（2）食品运输与控制

① 运输车辆内外必须清洁干净、无污渍、无异味、保持通风良好。

② 肉类、鱼类、熟食类、半成品类必须包装严密，与蔬菜及其它副食品隔离。

③ 送货器具（菜筐、油桶）保持干净，无污渍。

④ 运输冷藏食品及易腐食品，应当采取保鲜措施。

⑤ 运送熟食类制品及糕点类制品，应用带盖的专用密封箱盛装。

⑥ 运输车在运输食品前，必须进行消毒。

（来源：佛山市好来客食品有限公司网，http://www.haolike.com）

二、联想电脑售后服务标准

（1）售后服务特点

① 报修方便。热线电话：在工作时间内为客户提供一条专线电话作为报修及咨询热线。7 天 ×24 小时电话支持：最大程度地保证客户报修顺畅。

② 专人专业。联想承诺在服务期内安排资深工程师提供客户日常的维护、维修及咨询服务。工程师均接受过系统、严格的培训、考核和认证，并长期从事 IT 服务工作，经验丰富，服务规范、热情。

③ 内容丰富。软件咨询：客户在使用过程中出现任何困难，都可拨打热线电话寻求帮助。

（2）服务实施标准

① 服务方式：除电话可以解决的软件问题外，均提供现场服务。

② 服务时间：现场服务时间：每周五天（星期一至星期五），每天八小时（8:30 ～ 17:30）。

③ 电话咨询服务提供时间：每周五天（星期一至星期五），每天八小时（8:30～17:30）。

④ 修复标准：故障排除后，保证机器能正常运行，正常上网；在承诺的服务范围内的软件均可以正常使用。

⑤ 备件标准：联想承诺临时更换的全部备件均为业界使用的通用标准备件，性能不低于原设备所配部件性能。

（3）特殊紧急事件处理措施

① 紧急情况分析：和用户共同分析紧急情况出现的方式，制订相关方案，做到心中有数。

② 事前准备：对客户所使用的设备储存备件、备机。

③ 预先通知：客户在举行重大活动时，提前通知工程师对可能出现的异常情况做好准备工作，尤其做好人员的储备工作。

④ 及时响应：对客户提出的服务请求，电话响应不超过30分钟，2小时内到现场，4小时内修复故障，用最快的速度排除故障，否则提供备机服务，保证客户正常工作。

（来源：联想集团有限公司网，http://www.lenovo.com.cn）

 案例分析

好的客户服务标准是吸引客户的重要举措，它既体现了对客户的尊重也体现了物流企业的自信以及对服务的承诺。标准的执行在实施层面往往会受到突发事件的干扰，如果没有相关的处理机制，再好的标准也将会是一纸空文，制订好突发事件的处理预案也是制定服务标准非常重要的一环。

决定物流客户服务标准是构建物流系统的前提条件。制定合理或企业预期的物流客户服务标准是企业战略活动的重要内容之一，以确保企业收益的稳定和长期发展。在制定客户服务标准时，应确定明确的目标，客户服务的标准必须是具体的、可衡量的、可实现的，如"所有订货的完成率和准确率必须达到97%，货运必须在24小时内送达"。

物流客户服务标准包括：①从顾客递交订单到顾客获得订货的期限；②顾客订货可以直接从库存中得以完成的百分比；③收到订货单据到订货装载运往客户的时间；④正确提取和送达客户订货的百分比。常见的客户服务量度标准包括：①订单完成及时率；②订单完整率；③送达货物完整无缺的比率；④订单完成的准确率；⑤账单的准确率。

制定客户服务标准的注意事项包括：①谨防采用易于实现的绩效指标，标准过低无实际价值；② 100%代表了一种态度，设定一个100%的质量水平会鼓励更好的绩效;③应当通过咨询客户来制定客户服务政策和标准;④应当编制出衡量、监督和控制客户服务质量的程序。

2.5 "美国经济的主干架"——联合包裹公司

1907年,美国人吉米·凯西创立了联合包裹公司(UPS)。创业初期仅有一辆卡车及几部摩托车,主要为西雅图百货公司运送货物。现在,联合包裹已发展到拥有15.7万辆地面车辆,610架自有或包租飞机,全球员工33万多名,年营业额270亿美元的巨型公司。它每个工作日处理包裹130万件,每年运送30亿件各种包裹和文件。

联合包裹提供的服务已经成为美国人日常生活中须臾不可离的东西,成为"美国经济运行中一只几乎无处不在的手",每年装载了美国国民生产总值的6%。1997年,联合包裹卡车司机罢工事件不仅使得这一"美国经济的主干架"几近瘫痪,对当年美国经济的打击也很大。据说,当年美国国民生产总值曾因此下降几个百分点。

1997年的罢工风潮使联合包裹的国内竞争对手美国国家邮政和联邦快递坐收渔利:罢工的15天内便抢去了3.5亿美元的营业额,而且联合包裹公司也因此损失了至少2亿美元,并丢掉了大批老客户。但UPS并没有就此一蹶不振,相反它自此励精图治,不仅努力修补与卡车司机工会及客户的关系,并打破百年封闭式经营的保守传统,1998年在华尔街上市(上市金额高达55亿美元,创下了美国历史最高纪录),同时涉足电子商务领域,大踏步向以知识为基础的全球性物流公司迈进。

过去10年,联合包裹公司共投资了110亿美元,用于采购主机、PC、手持电脑、无线调制解调器,建立蜂窝无线网络,雇佣4000名电脑程序员和技术人员。这一浩大的投资活动不仅使得联合包裹公司实现了对包裹运送每一步的紧密跟踪,而且使之在电子商务大潮中占据了有利地位。

如果说,联合包裹公司过去是一家拥有技术的卡车运输公司,那么现在,它是一家拥有卡车的技术型公司。如果联合包裹是一家纯粹的电子商务公司,那么它可能只是徒有虚名,净利润为零;但强大的物质实力使得它盈利状况十分可观。1999年和罢工前的1996年相比,联合包裹公司的净利润翻了一番,达23亿美元,营业额也增长了21%。

联合包裹公司的电子跟踪系统,跟踪每日130万件包裹的运送情况。公司的卡车司机(同时也是送货人)人手一部如手持电脑大小的信息获得器,内置无线装置，能同时接收和发送送货信息。客户一旦签单寄送包裹，信息便通过电子跟踪系统传送出去。客户可以随时登录联合包裹公司的网站，查询包裹运抵情况。有时当客户上网查询到包裹已经送达收件人手中时，卡车司机可能还没有回到车座上呢。电子跟踪系统有时还随时发送信息给卡车司机，告诉司机将经过的路段路况，或者告诉他某位收件人迫切需要提前收取包裹。联合包裹还使用全球定位卫星，随时通知司机更新行车路线。

实际上，UPS的服务还不止于此。它在新泽西和亚特兰大建立了两大数据神经中心，1998年还成立了联合包裹金融公司（UPS拥有流通现金30亿美元），提供信用担保和库存融资服务，所有这些使得UPS在电子商务活动中同时充当中介人、承运人、担保人和收款人四者合一的关键角色。

目前UPS为Gateway公司运送包裹，从收件人那里收取现金，然后这笔款项将直接打入Gateway公司的银行账号。这种业务现已占到该公司业务的8%。Gateway公司毕竟是已经建立起市场信誉的公司，如果客户从某个拍卖网站或者电视广告中看中某件商品，尽管价格十分具有诱惑力，但还没有见到实物前，让客户掏钱毕竟有所顾虑。UPS的担保业务恰好解决了电子商务活动中现金支付和信用问题。

UPS的这种技术手段在国际贸易中更显示出威力。比如，它可以直接到马来西亚的一个纺织原料厂收取货物并支付现金，然后将这些原料运抵洛杉矶的制造商，并从这家公司手中收取费用。这远比信用证顶用。因为UPS既提供了马来西亚原料厂急需的现金，又保证了洛杉矶的商人得到了更可靠的货物运送。

UPS最近宣布准备增加机队数量，年内将有7架空中客车A300交货，同时投资10亿美元扩建其设立在肯塔基州路易斯维尔的航空枢纽。所有这些，将为UPS的物流业务奠定了扎实基础。路易斯维尔航空枢纽附近的物流部门正在为惠普等计算机公司提供这种服务：每天晚上在三到四小时的一段时间内，一共90架飞机降落在占地面积500公顷的这一航空枢纽。从这些飞机上卸下有故障的电脑部件以及笔记本电脑等，并以最快速度运到离枢纽只有几英里远的物流部门。在那里，60名电脑修理人员能利索干完800件活，并赶在UPS的头班飞机起飞前完工。

通过物流业务，UPS还顺势跨上了互联网零售业的快车。据调查公司统计，1998年圣诞节期间，UPS公司几乎垄断了美国互联网零售公司的承运业务，美国人在此期间网上订购的书籍、袜子和水果蛋糕大约有55%是由这家公司送去的。

耐克公司注册的网上零售公司Nike.com成了UPS的最大客户。UPS在路易斯维尔的仓库里存储了大量的耐克鞋及其他体育用品,每隔一个小时完成一批定货,并将这些耐克用品装上卡车运到航空枢纽。UPS 设在圣安东尼奥的电话响应中心专门处理 Nike.com 的客户订单。这样,耐克公司不仅省下了人头开支,而且加速了资金周转。而 UPS 的另一公司客户——最近刚成立的时装网站 Boo.com 甚至连仓储费都不用掏:UPS 将这家公司的供应商的货物成批运到物流中心,经检验后,打上 Boo.com 的商标,包装好即可运走。

UPS1976 年即进入欧洲,耐心等待了 22 年之后,它的国际业务方开始赢利。在欧洲,它收购了不下几十家地面及空中运输公司。每天,全欧洲有 300 架次的 UPS 货运班机降落,有 1.7 万辆卡车在这个旧大陆来回穿梭。

UPS 的企业形象可以从卡车司机为形象看出来。UPS 的卡车司机(兼送件人)不能留长发,蓄胡须,外套只能打开最上方的第一个纽扣。在客户面前不能抽烟。送件时只能疾行,不许跑步。皮鞋只能是棕色或黑色,而且必须始终光可鉴人。司机必须始终用右手尾指勾住钥匙串,以免满口袋找钥匙时耽误时间。登车后,必须用左手系安全带,同时马上用右手将钥匙插入油门发动引擎。司机每天工作前必须经过三分钟的体能测试,这一传统从公司创始人开始保留至今。飞行人员头天工作完毕必须清理桌面,以免第二天凌晨登机时耽误时间。高层经理人员每人工作桌下常备擦皮鞋用具。所有这一切细枝末节,都将保证公司的高运营效率,在客户面前树立值得信赖的良好形象。

UPS 的员工队伍相当稳定,稳定率保持在 90% 以上,许多人一干就是几十年。高层管理人员有的就是从司机、装卸工一步步升上来的。公司首席执行官凯里的衣橱里至今还挂着 28 年前在联合包裹兼职当司机时穿的棕色套装。UPS 上市后,一下造出了数百名百万富翁。这就更增强了员工对公司的向心力。

(来源:中国物流与采购网,http://www.chinawuliu.com.cn,2007-5-17)

案例分析

随着信息的获取变得越来越容易,客户都变得越来越聪明和挑剔,现代的物流客户服务如果只是停留在传统业务上,只会使企业故步自封失去活力,UPS 的成功既是传统业务的成功,也是信息化条件下物流服务创新的成功,不得不使人深思。企业的竞争力取决于企业满足客户需求的能力,客户不仅是购买产品和服务,他们购买的是一系列通过购买、使用产品以及售后服务所带来的满足感,这也是为什么那么多消费者会选择 UPS 的原因。

物流客户服务的本质是达到顾客满意。服务作为物流的核心功能,直接使物流与营销相联系,为用户提供物流的时空效用,因而衡量标准只能看顾客是否满意。物流客户服务有三个层次,即基础服务(初级层次)、延伸服务、高级服务。物流供应商首先从提供基础服务开始,展示他们有能力把这些服务做得最好,随后才开始提供高附加值的服务。即使基础服务的利润率比较低,但只有通过把这些服务做好,才能说服客户外包更复杂的整合的供应链管理。

基础服务(初级层次)是将物流客户服务作为企业满足客户需求必须完成的特定任务。如订单处理、收款、开票、产品返回及索赔处理都是这一层次的服务。它仅仅是满足客户需要的一种处理,是一项活动。延伸服务(中级层次)是初级层次的延伸。它强调利用绩效指标衡量服务情况。关注物流客户服务的绩效指标是非常重要的,因为它提供了物流系统运行情况的评价方法。如完成订单及时运送的百分比、在可接受的时间限制内订单处理数量等。这种评价提供了测量改进的基准,企业必须检查绩效指标以确保服务工作取得客户的满意。高级服务(高级层次)不再仅仅把服务看成是某一项活动,而是将其上升为整个企业的活动,它渗透于整个企业及其所有活动中。企业通过提供较高水平的物流客户服务取得竞争优势。

John Coyle、Edward Bardi 及 John Langley 在《The Management of Business Logistics》一书中将满足客户要求提供客户服务定义为"客户服务是为了使最终用户的总价值最大化而提供竞争优势并增加供应链价值的方法"。

2.6 心怡科技物流——如何做让客户依赖和信任的好客服

① 不断积累日常客服档案,尽可能地熟知客户,尽可能地挖掘客户信息和需求;在此基础上总结经验,汲取教训,以灵活应万变,灵活处理客户的每一个需求。

当我们回访某一个客户时,电话接通时,在听到客户"喂……"时,我们就能说出"您好,吴小姐或林先生",这样可以拉近与客户的距离,让客户愿意跟我们聊,愿意跟我们反映问题,哪怕只是小问题,哪怕是与物流服务不相关的问题,而不是等到问题一发不可收拾时由客户投诉爆发出来。这里我可以举一个例子:2012 年 6~7 月份深圳某客户,公司因刚刚更换供应商,送货不是很及时,当时客户打电话投诉货物没有按时送达。经过深入了解得知,是因为客户的儿子高考,他要赶回珠海陪儿子。得知这一情况后,我就将客户的情况记录下来存档,提醒自己。后来,我又专门打电话询问了儿子高考的情况（考得不错），并送上祝福，客户很高兴。后来在去深圳拜访他时还跟他聊了他儿子。这样的话客户觉得我们都很关心他。所以从那之后，虽然客户的货物偶尔也有延迟的时候，但是他基本上没有主动投诉过我们。

② 让客户知道我们的存在，并信任我们，有问题时第一时间愿意找我们。

记得好像是 2011 年，某客户货物延迟送达，且到货破损严重，送货人员态度恶劣。当时客户投诉给客服人员，后来客服人员帮助叶老师处理此问题，在沟通过程中相关客服人员将自己手机号码告诉客户，特别是只要有该客户的订货，客服人员都专门跟进，特别询问一下最近服务情况，随时整改。这样一来二去，客户特别信任客服人员，有什么事情都喜欢跟客服人员联系，愿意找客服人员帮忙，一直到现在都是这样，有事没事会联系一下。

（来源：心怡科技物流，http://www.alog.cc/news/d239.aspx）

案例分析

在日常工作中，建立客服档案，积累客户资料，熟悉客户的同时，不断积累客户服务技巧，这样经过自己总结出来的经验、技巧，要比经过别人培训来的深刻得多。所以，要想轻松应对客户的需求，提高客户满意度，那就从建立客服档案、积累客户资料开始吧。此外，良好的客户回访制度是联系、维护客户的重要手段，也体现了物流客户服务的水平。

做好物流客户服务对于企业发展具有积极而重要的作用。

1. 对经济增长的促进作用

（1）降低流通成本，提高流通效益。据有关资料显示，在我国目前工业企业生产中，直接劳动成本占总成本的比重不到 10%，而物流费用占总成本的比重约为 40%。我国全社会物流费用支出约占 GDP 的 20%，美国则为 10% 左右。可见，发展现代物流在降低流通成本方面的潜力相当可观。

（2）加快流通速度，提高流通效率。在商品整个生产销售中，用于加工制造的时间仅为 10% 左右，处于物流过程所占用的时间几乎为 90%。因此，发展现代物流对于缩短流通时间，加快资金周转，具有极大的潜在经济意义。

（3）满足客户日益多样化、个性化的物流需求。"一切为客户服务"成为现代物流企业最重要的经营理念。五个准确（Right）服务，即把准确的商品（the right product）、在准确的时间（at the right time）、准确的地点（in the right place）、以适当的数量（in the right quantity）、合适的价格（at the right price）提供给客户，已成为物流企业优质服务的共同标准。

2. 在企业经营中的作用

物流客户服务主要是围绕着顾客所期望的商品、所期望的传递时间、以及所期望的质量而展开的,在企业经营中有相当重要的地位;特别是随着网络的发展,企业间的竞争已淡化了领域的限制,其竞争的中心将是物流客户服务的竞争。

(1) 在细分市场营销时期,物流客户服务成为企业销售差别战略的重要一环。长期以来,物流并没有得到人们的高度重视。在大众营销阶段,物流从属于生产和消费。但是,进入细分市场营销阶段,市场需求出现多样化和分散化,只有不断迅速、有效地满足各种不同类型、不同层次的市场需求,才能使企业在激烈的竞争和市场变化中求得生存和发展。而差别化经营战略中的一个主要内容是顾客服务上的差异。所以,物流客户服务成为差别化营销的重要方式和途径。

(2) 物流客户服务方式的选择对降低流通成本具有重大的意义。低成本战略历来是企业营销竞争中的重要内容。合理的物流方式不仅能够提高商品的流通效率,而且能从利益上推动企业发展,成为企业利润的第三大来源。特别值得注意的是,最近由于消费者低价格倾向的发展,使一些大型的零售企业为降低商品购入和调低物流成本,改变原来的物流系统,转而实行由零售主导的直供配送、JIT配送等新型物流客户服务,以支持零售经营战略的展开。这显示了物流客户服务的决策已成为企业经营战略不可分割的重要内容。

(3) 物流客户服务是有效连接供应商、批发商和零售商的重要手段。现代企业的竞争优势不是单一企业的优势而是一种网络优势。因此,企业经营网络的构造是当今竞争战略的主要内容,物流客户服务作为一种特有的服务方式,一方面以商品为媒介,打破了供应商、厂商、批发商和零售商之间的隔阂,有效地推动商品从生产到消费全过程的顺利流动;另一方面,物流客户服务通过自身特有的系统设施(POS、EOS、VAN等)不断将商品销售、库存等重要信息反馈给流通中的所有企业,并通过知识、诀窍等经营资源的蓄积,使整个流通过程能不断有效、地适应市场的变化,进而创造出一种超越单个企业的供应链价值。

2.7 邮局老树开新花

一、CRM 能给企业带来什么

CRM 的思想在 10 多年前就出现了,当时,CRM 与中国邮政之间的距离,恐怕至少是以"光年"来计算的。但是,自从中国邮政 1999 年提出

"8531"的扭亏计划（第一年国家补贴80亿元，随后几年分别为50亿、30亿、10亿，逐年减少）以后，中国邮政这个被圈养多年的庞然大物，蓦然被推进了一个完全陌生的"市场化原始森林"。于是，一切都改变了。

邮政系统内部有句话："全国看北京，北京看东区。"北京东区邮局，在中国邮政系统中确实是一个很特别的点。在这几年扭亏的压力下，去年实现了2.5亿元的收支差，6.8亿元的营业额，这种业绩在全国邮政系统中没有人可以做到。

不过，这个"风水宝地"并不是由它独享的。近年来，小到私营的同城快递公司，大到美国的UPS、FedEx（联邦快递）这样的世界级物流企业，没有一天不在瓜分邮局的高利润业务。

据统计，在全国范围内，中国邮政只占有同城速递20%的市场，国际业务的市场占有率不到30%。只有国内异地投递业务，中国邮政还占有60%的市场份额，但是，其中的高收入部分也在不断被别人蚕食。有人说，这样下去，除了赔钱的普通服务（平邮投递），中国邮政就什么都没有了。

有一组数据可能更有说明问题，1999年中国邮政的包裹投递总数是9725.9万件，其中国内包裹9655.5万件，而2000年这两个数字分别为9586.9万件和9502.5万件。换句话说，除了业务量很小的国际包裹业务有一定的增长外，其他的业务都在下降。

"必须要留住客户，让客户对我们的服务满意，让客户为我们带来更多的业务，让客户为我们提供更多的收入。"当1999年东区邮局的领导说出这句话的时候，东区邮局对CRM产生了强烈的认同。

显然，在进入买方市场的时候，东区邮局发现客户已经成了自己的命根子。不过，"抓住客户"的目标很简单，实现过程却非常复杂。不单单要有邮局已经理解的"微笑服务"、"上门取信"，更重要的是要具有深度了解客户需求和客户价值的"市场智能"，而CRM系统，就是一个可以增进市场智能的工具。

东区邮局的CRM项目已经实施了将近四年了。一个传统的国企竟然走在了业界潮流的前面，几乎是史无前例的事情。这似乎也说明了，充分的市场竞争可以激活任何企业，哪怕是中国邮政这样一个存在这种体制弊端，与现代企业制度相距甚远，长期养尊处优的国有企业。这就是市场的力量。

那么，东区邮局是如何实施CRM项目的？CRM又为东区邮局带来了什么改变？CRM的力量又有多大？

二、实施客户关系管理的来龙去脉

早在 1997 年,虽然邮局接触面特别广,天天都有很多投递员、揽收员在接触客户,但当时没有人对这些信息收集整理。而开发市场最基本的就是通过开发潜在客户来增加邮寄量。原来邮政做业务的基本方式就是"守株待兔",邮件来了就做,没有就不做。

那时,IBM 公司是东区邮局商函中心的老客户,经常让邮局给他们做直邮。受到这个启发,后来商业信函制作中心被注册成立一个直复营销公司,把以前单一的邮件加工提升到了"制造邮件";也就是说,要利用邮政系统掌控的名址信息提供增值服务,搞数据库营销。这样一来,既造出了新的投递量,也开发了市场。

这个直复营销公司出来以后,很快就把商函中心的收入在一年内从 300 万元提高到了 1200 万元。在东区邮局中,这种 300% 的增长几乎被称为一个奇迹。商函中心从直复营销理解了数据库营销的概念,从而也开始接触到了更系统的 CRM 理念。

东区邮局实施 CRM,最主要就是做了一个工作——客户信息的收集和数字化;也就是把自己的客户是谁、他们与自己的交易记录、客户经理的日常走访记录等与客户有关的信息,动态地记录到 CRM 系统里面。虽然看起来很初级,但未来的一切都要依靠它们。东区邮局的 CRM 实施分为:客户信息录入;客户信息内部共享;销售自动化;局内协同销售;最终实现智能数据挖掘。

三、实施 CRM 的前景展望

有人称,实施 CRM 主要有来自两个方面的动力:一是企业要保持不断的高速成长,所以需要依靠实施 CRM 来整合资源,提高客户的真诚度,实现客户价值最大化;二是企业想避免销售业务滑坡,从而导入 CRM 系统,希望能够分析客户信息,对客户给予关怀,进而能够挽留客户,借以力挽狂澜。

那么,是何种原因导致东区邮局实施 CRM 的呢?很显然更接近第二种。东区邮局的 CRM 到底实施到了什么阶段?是否成功呢?CRM 的理念告诉我们,成功的关键在于具备一种能够获取信息并加以运用的能力,而这些信息必须是最新的、相关的并且是以接触为依据的。物流是交叉销售,还是客户生命周期管理,或者是客户价值最大化的发掘,无一不是建立在充分的客户信息的拥有和分析上。

虽然目前东区邮局的 CRM 项目仍然处于基础建设阶段,客户信息的收集和数据库的建设仍然是这项工作的重中之重,或者说,CRM 最高境界的智能市场决策距离他们还很远,但是东区邮局有了客户信息收集的习惯和足够数量的积累的时候,走向智能决策,就并不是一个很难解决的技术问题了。

东区邮局的 CRM 实施就像一场长跑,现在,应该说已经挺过了第一个极限。这个成绩,在国内同时进行着的 CRM 项目中,也并不落后。相比仅仅上了一个 CRM 模块就宣传 CRM 实施成功的企业,东区邮局从销售自动化出发,以智能市场决策为目标的战略更完整,也更接近于 CRM 的精髓。

 案例分析

客户服务的核心思想之一就是把握客户需求,为客户提供价值的提升,但是在传统手段上,客户的需求往往是多变且难以琢磨的,东区邮局的 CRM 实施恰恰利用信息化手段敲开了客户需求这扇大门。

提高客户满意度是客户服务的核心。客户满意度是客户对所购买的产品和服务的满意程度,以及能够期待他们未来继续购买的可能性,它是客户满意程度的感知性评价指标。在物流中,客户的满意主要表现在及时交货、准时发货、库存配备完全、收费低廉等方面。

事实上,客户服务水平直接影响了顾客的满意程度。影响客户服务的因素有很多,从物流的角度看,影响客户服务水平因素主要有:时间性、可靠性和灵活性。

(1)时间性。从买方的角度,时间因素通常以订单周期表示;而从卖方的角度则是备货时间或是补货时间。影响时间因素的基本变量有:订单传送时间、订单处理时间、订单准备时间、订单发送时间。

(2)可靠性。对有些客户来说,可靠性比备货时间更为重要。可靠性包括可靠的周期时间、安全交货、订单的正确性。

(3)灵活性。从物流作业的角度看,仅有一个或少数几个对所有客户的标准服务最为理想,但是客户的要求是多种多样、千差万别的,所以在物流作业中要认识并尽量满足客户的不同要求。

2.8 客户服务热线的投诉处理

一、成功处理的投诉

日前,某储运公司客户投诉管理部门接到一老客户打来的投诉电话,称：在近期储运公司运送来的货物中存在着货物毁损问题，该批货物价值总额为30万元，商品完好率为70%，缺损商品价值为9万元，客户要求赔偿。客户投诉管理部门受理投诉，登记客户投诉记录表，然后将投诉记录交货运部；货运部收到投诉记录后马上开展调查分析，并获得两方面的资料。

第一，缺损货物中有10%货物因轻微碰撞而变形，修理后不影响使用和销售，预计修理费用为3000元；其余部分毁损严重，无法恢复其价值和实用价值，这部分货物的价值总额为8.1万元。第二，货物毁损原因查明，是因为储运公司对货物的包装强度过低，导致货物在运输途中出现事故。

经有关管理部门研究，并征得客户的同意，提出解决问题的方案。

第一，支付商品的维修费用，赔偿经济损失，共计4000元。

第二，补发毁损货物。

储运公司相关部门按要求支付赔款和发运货物；客户投诉管理部门定期回访该客户，了解到货情况，赢得了客户的信任。

这是一起由储运公司对货物包装不当造成的客户投诉案例。在这一事件中，储运公司应该对货物的损失承担全部经济责任，并赔偿客户的经济损失。整个事件处理过程中，储运公司客户服务人员的工作态度、工作效率、赔偿的主动性直接关系到对客户的挽留与客户的回头。

二、处理不当的投诉

某配送中心为当地某超市（简称客户）配送一批价值50万元的货物。日前配送中心客户投诉部接到客户的投诉，称：近日配送中心送来的货物中存在着诸多问题。

第一，货物毁损。缺损商品价值为20000元，客户要求赔偿。第二，部分货物的品种规格与合同要求不符，因这部分货品是用来做赠品促销的，所以要求配送中心承担因此造成的主产品销售损失50000元。第三，送货时间不正确，影响了超市的正常工作。

客户投诉部受理投诉后，记载客户投诉内容，将投诉记录交货运部；货运部展开调查分析，调查结果如下。

第一，货物损坏直接责任不在配送中心。原合同约定的到货时间为×月5日下午14:00，因故使得到货时间提前两个小时；而客户的装卸员工人手不足，导致货物在卸货过程中出现散落、损伤。经分析，损坏的货物中一半无严重的质量损害，重新整理后不影响销售，预计整理费用为2000元；其余部分货品的损失无法挽回，损失金额10000元。第二，部分货物确实存在品种、规格与合同要求不符的现象，这部分货物的价值为1000元。

配送中心管理部门根据调查结果，与客户反复磋商后，提出解决意见。

第一，因货物损坏的直接责任不在本公司，所以无法承担其经济损失；但考虑到客户关系的维持和自身的过失，本公司愿主动负担货品的整理费用，或直接从货款中扣除整理费用2000元，或代其整理，或派出员工协助整理。第二，错发的货物，有两种解决办法，其一，补发货物，并按合同规定承担损失200元；其二，不再补发货物，直接从其货款中扣除该货物价款及赔偿金1200元。至于主产品的销售损失，其合同中并未指明货物的用途，也未明确相关损失的赔付问题，所以不予赔偿。

客户投诉部将配送中心的最后意见转达客户，但客户坚持认为货物损坏的直接原因是配送中心的违约和超载，拒不接受配送中心的协商意见，并意欲诉诸法律。

这一起客户投诉的原因有两个：第一，因超市对货物的装卸搬运操作不当造成投诉，其主要责任在超市，但超市将之归咎于配送中心送货时间的不合理；第二，配送中心配货出现差错，导致客户投诉。

在这一事件中，配送中心本着友好协商、风险（损失）均担的原则，主动承担责任的姿态，提出了解决纠纷的意见和方法，负担了部分本不该承担的损失。但客户仍坚持己见，拒不接受对方意见，并意欲诉诸法律，由此可见该客户是十分挑剔的。在整个事件的处理过程中配送中心的真挚、诚恳的工作态度固然重要，但保护自身利益，积极应对诉讼也是必要的。

三、案例比较

两个案例的处理步骤相同，但后一个案例与前一个案例相比所不同之处如下：

第一，面对客户的不合理要求，要保持冷静，体谅客户的心情，体会客户的感受，表现出更大的耐心、热情和诚意。

第二，面对纠纷，要能够提出多种处理纠纷的方案，同时做一点必要的牺牲和让步，以赢得客户的理解和信任。

第三，必要的防范。面对极端利益注意着，企业也不可一味退让，合理的防范也是必须要有的。

总之，客户投诉是企业拓展业务、发展创新的源泉，客户投诉处理应遵循预防原则、及时原则、责任原则和记录原则；客户投诉的处理应及时、稳妥，应尽力消除客户不满、平息客户愤怒、弥补服务之不足，才能稳定客户资源，重塑企业信誉，赢得客户的满意。在顾客服务的日常工作中，要注重与客户的沟通。沟通是客户服务的第一步，是人与人之间交流意见、增进感情的重要方式，也是经济组织之间在销售商品、提供劳务过程中互通信息的主要形式。沟通在形式上表现为企业服务人员与客户的语言交流。在沟通中服务人员是企业形象的代言人，要想树立良好的社会形象和获得最佳的沟通效果，就要注重客户服务人员形象的整合和服务语言的规范。沟通的基础是倾听，倾听应该做到：专心致志、听与分析相结合、持续倾听和积极回应。

案例分析

　　正确、合理的投诉处理是在企业可能失去客户前赢得客户的信任、挽留客户、争取客户回头的重要手段。储运公司客户服务人员的工作态度、工作效率、赔偿的主动性都证明了这一次投诉处理的成功。客户的要求有时是挑剔甚至是不合理，但是作为客服部门与客户之间的良好沟通至关重要，投诉问题的解决都应在沟通中化解，配送中心客服的意见不能谓之错，但是导致客户由投诉上升为诉讼，这样的结果令人深思。

　　客户投诉至少可以对企业产生如下四个方面的积极意义：客户抱怨有利于企业进步；客户投诉是企业维护老客户的契机；客户投诉是企业建立忠诚的契机；投诉隐藏着无限的商机。因此，要重视客户投诉的处理，并致力于增加客户满意度，具体措施包括以下两个方面。

　　1. 树立客户服务意识

　　要增强顾客的满意度，必须以客户为中心，提高为物流客户服务的水平。(1) 理解顾客要求。要是顾客满意，首先要知道他们需要什么，想要什么，这样才能通过提供合适的产品和服务满足他们的需要。以下三个步骤可以确定顾客需求：①理解顾客的业务、买方和用户；②确定顾客的需求和期望；③与顾客探讨需求和和期望的变更性，测定顾客对支持服务的愿望。(2) 提供针对性服务满足顾客的特定需要。了解顾客需要的服务和服务水平以后，就可以根据顾客的要求提供针对性服务。比如有的顾客要活很急，就可以实行当天送货；有的顾客希望收到的产品以稻草包装，就可以在箱子里填充稻草。(3) 在顾客要求的基础上创造服务。为了满足顾客需求，并超出他们的期望，物流运作中应该提供增值性服务。供应商要着眼于顾客对价值的认识，力图提供增值性服务，从而创造竞争优势。

　　2. 建立客户关系管理机制

　　随着供应链管理的发展，客户服务逐步向客户关系管理转变。从狭义角度可以将客户关系管理（Customer Relation Management，CRM）定义为：企业在政策、资源和流程的基础上，应用信息技术获取并管理客户知识、创造客户忠诚度和客户价值的所有活动，从而产生并保持长期成本和利益优势以及可持续竞争优势。客户关系管理更多地体现为一种功能，通过以客户为中心管理思想的渗透，充分挖掘客户信息，建立有效的、快速反应的客户服务网络，获得更具竞争优势的客户份额。客户关系管理通过对客户资料数据的搜集、整理和挖掘，能够实现如下四种功能：①挽回已流失或将要流失的客户；②提高现有客户的忠诚度；③实现交叉销售和深度销售；④有效地发展新客户。实施客户关系管理战略的步骤如下。①明确业务计划。企业在考虑实施CRM系统实现的具体业务目标，即企业要了解CRM系统所能产生的价值。②建立CRM组织。为了成功地实现CRM方案，管理者还必须对企业业务进行统筹考虑，并建立一支有效的CRM组织。③评估销售和服务过程。在评估一个CRM方案的可行性以前，使用者需要详细规划和分析自身具体业务流程，评估销售和服务过程。④明确实际需要。在充分了解企业业务运作状况的基础上，从销售、服务人员的角度，分析CRM的实际需要，确定需要完成的功能。⑤选择方案提供者。确保所选择的方案提供者能充分理解企业所要解决的问题，并及时与方案提供者交流，了解其解决方案。⑥进度安排。CRM方案的设计，需要企业与提供者的密切合作，并按项目管理的要求，精确安排项目计划进度。

第3章 物流系统的规划与实施

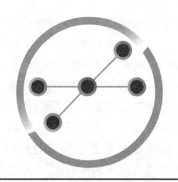

3.1 企业大了,物流该怎么管理

广东某一知名的大型电器制造企业,每天产品的销售量在3000～4000立方米,目前企业的销售物流的运作模式是业务员和客户自己找运输企业或找车完成运输任务,运费有厂里代付的,也有货到之后客户付的;即,只要是客户下了订单之后,企业就不负责从产品出仓库后到客户的仓库这段距离所存在的风险,都由客户自己承担风险。近年在运输途中屡次出现的事故,许多运输企业和车主对小事故的赔偿都能解决,但对比较大的事故(损失货物价值在几十万或上百万元),有些运输企业和车主往往就没有承担的能力,在一定程度上给客户造成了损失,客户心中对此意见较大。由于企业对物流缺乏统一管理,不仅对客户造成了影响,同时也对企业本身的管理造成了难度。

这种的销售物流运作状况,存在着很多隐患,如由于运输途中事故造成货物的损失无法得到理赔或者客户的订货周期不稳定而客户的丢失。由于企业对物流缺乏管理,企业无法直接掌握客户对物流服务反馈直接的信息,对客户的实时需求,企业无法直接了解,也就无法知道客户丢失的真正的原因;同时,订货周期的不确定性造成了库存的积压,库存的积压就造成了资金的积压,银行利息负担增加,同样也就减少了资金利用效率。从总体来看,这种物流运作模式,不仅影响了企业效益,而且无形中也增加了客户的成本,如果遇上行业的不景气,这种的负效应就会放大,严重地阻碍了企业的发展。

针对上述情况，企业的管理层决定成立物流管理部门，对销售物流进行统一管理。其目的是通过对销售物流的统一管理，减轻销售部门的负担，方便客户；同时，最重要的是通过对企业的内部和外部的资源的整合利用，为企业、为客户降低成本。现代的企业间的竞争，要求企业须具很强的优化配置资源的能力。

企业的物流管理部门，对企业的内外部的物流运作情况进行分析，形成以下不同意见。

A 方认为应把企业的销售物流发包给大型的一家第三方物流，这样我们的物流管理部门，在人员与管理成本上都能减少。B 方认为企业的销售物流应按区域分包给具有不同区域优势的十家不等的第三方物流企业，这样虽然人员与管理成本增加了，但产品的物流费用差异远远超过了人员与管理成本的增加，同时也能规避外包潜在的风险。

（来源：锦程物流网，www.jctrans.com，2008-6-11）

案例分析

面对计算机技术与互联网等信息技术的飞速发展，企业要适应目前消费者不断变化的需求与外部市场环境的变化，我们必须对消费者的需求作出快速的反应，这就要依靠企业强有力的现代化的物流系统来支撑，而要企业有现代化的物流系统，我们就要对企业的各物流环节进行科学的、统一的管理，特别是企业的销售物流，是企业物流管理的重点内容。上述案例中 A、B 双方的观点都有一定道理，但是 A 方的观点更符合目前企业集中优势资源、培植核心竞争力的发展趋势。

要做好企业的物流管理，还需要从系统的角度认识物流。所谓系统是指由两个以上有关联的单元组成，根据预先编排好的规则工作，能完成个别单元不能单独完成的工作的有机综合体。"系统"一词来源于古希腊语 Systems 一词，有"共同"和"给予位置"的含义。在系统中，每一个单元都可以称为一个子系统，系统与系统之间的关系是相对的，一个系统可能是另一个系统的组成部分，而一个子系统也可以分成更小一级的系统。在现实中，一个人工厂、一个部门、一个项目、一套规章制度等，都可以看成是一个系统。系统无论大小，都具有以下特征：①有两个或两个以上的要素组成；②与其他要素之间相互联系，使系统保持相对稳定；③具有一定的结构，保持系统的有序性，从而使系统具有特定的功能。

系统是相对外部环境而言的，并且和外部环境的界限往往是逐步模糊过渡，所以严格来说系统是一个模糊的集合体。外部环境向系统提供劳力、手段、资源、能量、信息,称为"输入"。系统具有的特定功能,将"输入"进行必要的转化处理,使其成为有用的产成品,供外部环境使用,称为系统的输出。输入、处理、输出是系统的三要素。如一个工厂输入原材料,经过加工处理,得到一定产品作为输出,这就成为生产系统。外部环境因资源有限、需求波动、技术进步以及其他各种变化因素的影响,对系统加以约束或影响,称为环境对系统的限制或干扰。此外,输出的结果不一定是理想的,可能偏离预期目标,因此,要将输出结果的信息返回给输入,以便调整和休整系统的活动,称为系统反馈,如图3-1所示。

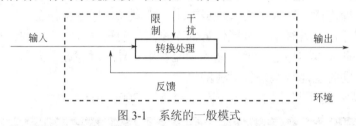

图 3-1　系统的一般模式

系统工程就是用科学的方法组织管理系统的设计、建立和使用,通过有效地组织人力、物力、财力,选择最优途径,从而使工作在一定期限内收到最合理、最经济、最有效果的成果。系统研究就是以科学的方法从整体观念出发,通盘筹划,合理安排整体中的每一个局部,以求得整体的最优规划、最优管理和最优控制,使每一个局部都服从一个整体目标,做到人尽其才、物尽其用,以发挥整体的优势,力求避免资源的损失和浪费。

现代物流系统是以信息系统为中心构成的一个综合性有机整体。物流系统内部是由若干相互联系、相互依赖、相互作用和相互制约的各部分要素组成的。在各要素的综合作用下,形成一个具有特定结构、功能与性质的有机整体。因此,在整体物流系统中,要做到各要素的最优化,从而实现整体物流系统的合理化和高效化,进而提高系统的服务水平,降低整体物流系统的成本,增强竞争力。

3.2　宜家家居的物流系统

宜家家居(IKEA)以其质量可靠、价格适中、服务周到而享誉全球。从1943年创始,宜家家居发展到如今遍布13个国家和地区,近150家分店和20家宜家商场为宜家集团之外授权特许经营店,员工达到44000人,成为国际知名的家具公司。

宜家家居目前在全球 55 个国家和拥有约 2000 家供应商，在 33 个国家和地区设立了 40 所贸易代表处（TSO），2000 家供货商为宜家生产宜家目录册和宜家商场内的所有产品。其中，大部分产品、生产商来自环境工作发展较高的国家和地区。同时，宜家也在一些环境工作尚处于起始阶段的国家进行部分产品的采购。在 2000～2003 年的几个财政年度期间，宜家环境工作的一项主要任务就是帮助改善部分供货商的生产环境条件。目前，这些厂商的生产活动对于环境造成的影响是最迫切得到降低和改善的。具体措施是宜家向这些厂商提供有关基本要求的文件材料，然后对于要执行情况进行随后的跟踪检查。

宜家供货商的数量在不断增加，主要在欧洲，还有一部分在亚洲。生产厂家对于制作材料和生产工艺的选择在相当大程度上取决于宜家提供的产品规格文件。文件内容包含了所有有关限制性规定，例如，对于某种化学成分、金属材料或其他原材料的指定使用；此外，宜家同时对环境管理制度进行了简化修订。

宜家家居具有鲜明的产品物流特色，如全面采用平板包装好组装分开计价等。宜家家具在降低物流成本方面采用新的物流理念，可以分为以下三个方面。

一、减少仓储设备

宜家家居要求供货厂商把大多数的货物直接送到自选商场，省略中间的仓储存放和搬运工作，目前这个比例已经达到了 60%～70%，未来的一年里将达到 90%，针对必须转运的货物，处理次数可以达到 8 次，目标降低到 2.5 次。同时，宜家家居加大力度，提高家具超市的面积，降低仓储面积。

二、采用密集运输以降低成本

2000 年，宜家货物运输量达 2100 万立方米，船舶运输占 20%，铁路运输占 20%，公路运输占 60%。宜家经过考察后发现改变送货方式可以降低物流成本。以德国境内的宜家为例，它共有 1600 个供应商，其中 1500 个分布在远东、北美、北欧和东欧，这些供应商将货物直接送到 Werne 和 Erfurt 的集中仓库，其余 100 个供应商把货物直接送到展销中心。按照货物的体积计算，约有 50% 的货物是由供应商送到集中仓库中心，从那里每星期再分送到展销中心，另外 50% 的货物由供应商直接送到展销中心，例如大型床垫或者是长木条等体积较大的货物。主要的送货方式有三种。

① 快速反应。根据展销中心的需要，直接在计算机上向供应商下订单，货物会在一至两周内由集中仓储中心送到展销场地。

② 卖方管理存货。供应商每天收到其所产生的货物的存货情况，决定捕获时间、种类、和数量。

③ 直接通过计算机网络向国外的供应商订货，用40英尺的集装箱集中海运到汉堡，然后由码头运输到各展销中心。宜家所有产品都采用平板包装，可以最大程度地降低货运量，增加货运能力。目前，宜家不仅关注货品的单位包装数量，同时尽量多采用船舶和火车作为货运方式。因此，所有宜家仓库现在已连接至直通铁路网或货运港口。

三、降低整体运作成本

宜家家居针对特殊订单，成立地方性的服务中心。货物集中到离顾客最近的服务中心，然后再送到顾客手中。宜家没有自己的车队，其运输全部由外包负责，由外部承运代理负责运输。所有宜家承运代理必须遵从环境标准和多项检查，如环境政策与行动计划、机动车尾气排放安全指数等，必须达到最低标准要求。为了减少公路运输尾气主要成分二氧化碳的排放，宜家设法增加了产品的单位包装数量，并采用二氧化碳排放量少的货运方式。目前，宜家已建立铁路公司，以确保铁路承运能力，提高铁路货运比例。增加产品单位包装数量是宜家的一项永无止境的工作，不仅是在集装箱内增加单位装箱数量，同时要考虑提高产品集合包装的数量。

高效的外包物流系统和不断优化的运输方式，使宜家家居的物流能够顺应业务的发展，从而使得宜家的发展欣欣向荣。

案例分析

宜家家居通过对企业物流系统的整体优化和不断改进，不仅大大地降低了物流成本，而且帮助改善了部分供货商的生产环境条件，有效改善了企业形象。

物流系统（Logistics System）：由两个或两个以上的物流功能单元构成的，以完成物流服务为目的的有机集合体（《中华人民共和国国家标准物流术语》，GB/T 18354—2006）。物流系统的目标可以归纳为如下几点：①将商品按照规定的时间规定的数量送达到顾客手中；②合理地配置物流中心，维持适当的库存；③实现装卸、仓储、包装等物流作业的省力化、效率化；④维持合理的物流成本；⑤实现从订货到出货全过程信息的顺畅流动。

尽管物流系统的目标可以归纳若干条，但最重要的有以下两点。首先，物流系统必须按照市场的需要保证商品供应。物流系统的作用是将市场所需要的商品，在必要的时候按照必要的数量供应给市场，保证这个作用的发挥就是物流系统最根本的目标。其次，对物流系统的概念要明确的是构成要素的有机结合体。物流系统的构成要素分为两大类：一类是节点要素；另一类是线路要素。也就是说，仓库、物流中心、车站、码头、空港等物流据点以及连接这些据点的运输线路构成了物流系统的基本要素，这些要素为实现物流系统的目的有机结合在一起，相互连动，无论哪个环节的哪个要素的行为发生了偏差，物流系统的运行就会发生紊乱，也就无法达成物流系统的目的。

3.3 德国的地下物流

"我们飞行在空中，我们航行在水上，我们奔驰在路面，我们行驶在轨道，"德国波鸿大学的教授斯坦恩说，"但未来的交通还有其他选择。"

近年来，随着城市交通量的日益增长，城市货运的通达性和质量受到了严重制约，尤其在人口密集的区域。面对严峻的城市交通形势，仅靠现有各种交通基础设施的扩充和改善已无法解决根本问题。况且由于城市的土地和空间资源已严重短缺，再加上历史文化古迹保护等方面的需要，不可能持续地大幅度扩充城市道路设施。

据统计，地面上载货车辆大约占总车辆的60%，如果采用地下物流系统将这些货物转到地下运输，将会极大缓解地面交通状况。

德国波鸿大学的地下物流专家斯坦恩教授表示：除公路、铁轨、空中、水域的四种交通渠道之外，未来的交通还有其他选择——地下货物自动运输渠道。

一、第五类物流系统兴起

城市地下物流系统（Underground Logistics System，ULS）作为一种具有广阔应用前景的新型城市物流系统，具有速度快、成本低、全自动化、准确性高等优势，是解决城市交通拥堵、减少环境污染、提高城市货物运输的通达性和质量的重要有效途径。

地下物流运输系统是除传统的公路、铁路、航空及水路运输之外的第五类运输和供应系统。由于近年相关技术的不断成熟（如电子技术、电子商务、地下管道的非开挖施工技术等），该领域的研究也越来越受到重视，西方许多发达国家正积极开展这方面的研究。目前，日本、荷兰等国家正在筹划地下物流系统的实际运用。荷兰正在进行连接阿姆斯特丹机场、世界上最大的阿斯米尔花卉市场（Aalsmeer）和 Hoofd dorp 铁路中转站的地下物流系统可行性研究，整个系统在地下运行，仅在花卉市场和铁路中转站升到地面。此外，伦敦早已开始使用地下物流系统。英国皇家邮政从20世纪初开始就建成一条37公里长的专门用于传输信件和邮包的轨道，这条在伦敦大街地面下21米的管道，每天运营19小时，每年286天，在其最高峰时每天处理9个州400多万信件和包裹，现在正计划利用该系统向牛津街上大超市和商店配送货物。

以上应用实例只能看作是管道物流的初级形式，美、荷以及日本的研究主要集中在管道的水力和气力输送以及大型地下货物运输系统（UFTS），德国波鸿鲁尔大学斯坦恩教授领导的课题组在1998年得到北莱茵威斯特法伦州政府的资助开始研究地下管道物流配送系统。

1998年，地下物流国际研讨会执行委员会委员斯坦恩教授组建起了一个15人的跨学科研究小组，开始研究地下货物运输的新途径，这个项目被命名为 Cargo-cap。

二、解决大城市交通瓶颈

利用地下管道来运输货物的主意在波鸿诞生绝非偶然。波鸿所在的德国鲁尔区内，城市密集，企业集中，人口众多，贯穿鲁尔区的高速公路其实已经成为一个将近350万人口大都市的市内公路。交通堵塞是鲁尔区的家常便饭，鲁尔区的A40高速公路被戏称为世界上最长的停车场。交通堵塞同时还给城市居民带来噪声和废气污染。根据德国汽车之友协会ADAC的统计，每年德国因为交通堵塞造成的经济损失达到1000亿欧元之巨。

斯坦恩教授和他的波鸿大学研究小组认为，Cargo-cap 的地下管道运输方案，是解决大城市和卫星城镇交通瓶颈的一个理想手段。目前鲁尔区内的公路承载过重，人货运输混杂，但由于环境保护问题，高速公路无法无限扩建。另外，近年来发展迅速的电子商务也给物流业带来新的挑战：顾客通过网络预订的货物体积变小，数量增多，运送的频率加快，而运送距离也加大。

按照 Cargo-Cap 的设想，在鲁尔区内大城市和工业园区之间的地下建造一条运输管道，管道直径不超过1.6米，这样可以不影响地面交通。这一系统应该是目前管道物流系统的最高级形式，运输工具按照空气动力学的原理进行设计，下面采用滚轮来承受荷载，在侧面安装导向轮来控制运行轨迹，所需的有关辅助装置直接安装于管道中。管道内由一种外型类似药丸的输送箱来运送货物，输送箱内可以运载两个欧洲标准载货板。输送箱由传统的三相电机驱动，在无人驾驶的条件下在直径约为1.6米的地下管道线路中运行，同时通过雷达监控系统对其进行监控。在系统中单个输送箱的运行是自动的，通过计算机对其进行导向和控制；尽管输送箱之间不通过任何机械的方法进行连接，在运输任务较大时，也可以使它们之间的距离很小，进行编组运输，其最小间距可以通过雷达控制系统控制在2米。在正常情况下，通过这种系统可以实现每小时36～50公里的恒定运输速度。

整个管道内的运输由计算机控制，无人驾驶。这种地下管道快捷物流运输系统将和传统的地面交通及城市地下轨道交通共同组成未来城市立体化交通运输系统，其优越性在于：可以实现污染物零排放、对环境无污染，且没有噪声污染；系统运行能耗低、成本低；运输工具长寿命、不需要频繁维修；可实现高效、智能化、无中断物流运输；和其他地面交通互不影响；运行速度快、准时、安全；可以构建电子商务急需的现代快速物流运输系统，不受气候和天气的影响，是一种持续性发展的交通手段。

三、地下物流的成本"结"

输送管道内之所以没有使用磁悬浮技术，是因为这样造价会成倍上升，而目前的设计主要是利用已经成熟的技术来取得最大的经济效益。Cargo-cap需要的管道只有1.6米的直径，利用目前已经成熟的钻井技术，在6～8米深的地下作业，可以不用太多的竖井，每天可轻松进展20米，不用打开地面，其建造成本比高速公路便宜。Cargo-cap运行成熟后，目前用卡车运输的80%的货物都可以通过Cargo-cap来运送。根据斯坦恩教授提供的数据，在德国鲁尔地区，Cargo-Cap每公里造价约为300万欧元，而在鲁尔地区每公里双车道的高速公路造价达1300万～1500万欧元，市中心建造隧道的每公里造价则更是高达6千万欧元，德国高速铁路每公里造价也达到1500万～1800万欧元，相比之下Cargo-Cap是最为经济的解决交通瓶颈的方法。

该系统的最终发展目标是形成一个连接城市各居民楼或生活小区的地下管道物流运输网络，并达到高度智能化。根据斯坦恩教授的设想，未来的家庭可以在客厅内电脑前按下鼠标，在网上订购中意的货物，而在一个小时或者更短的时间之内，地下管道便已经把货物直接送到住房的地窖里。据介绍，欧宝汽车公司在波鸿的工厂也正在考虑将Cargo-Cap的概念运用于厂区内物流系统，这样，零配件甚至可以通过管道直接输送到流水线上。

链接：城市地下物流系统，又称城市地下货运系统，就是将城外的货物通过各种运输方式运到位于城市边缘的机场、公路或铁路货运站、物流园区（City Logistics Park，CLP）等，经处理后进入ULS，由ULS运送到城内的各个客户（如超市、酒店、仓库、工厂、配送中心等）。在地下物流系统中，以自动导向车为运载工具，集装箱和货盘为基本运输单元，通过自动导航系统实现高度自动化和准确化。

（来源：《成功营销》，2005年第5期）

  案例分析

城市地下物流系统作为一种具有广阔应用前景的新型城市物流系统，是未来交通对现有公路、铁轨、空中、水域等四种交通渠道的补充，具有速度快、成本低、全自动化、准确性高等优势，是解决城市交通拥堵、减少环境污染、提高城市货物运输的通达性和质量的有效途径。

物流系统的特征包括如下几点。(1) 物流系统构成的多单元性。物流系统的构成单元包括信息、运输、包装、装卸、加工等，这些单元可以成为子系统，这些子系统当中任何一个或几个结合起来都可以构成一个物流系统，而且，这些子系统往下又可以按空间或者时间划分成更小的子系统单元，这些不同的单元共同构成物流系统不同的具体内容和功能。(2) 构成单元的关联性。物流系统中的不同层次的单元既是不同的单元，又彼此相互联系着。由于它们的相互区别性，可以各自发挥自己的特长。由于它们的相互关联性，又可以起到相互协作，互相补充的效果。这样共同构成物流系统，就可以发挥系统协调整合的优势。(3) 物流系统功能的特定性。每个物流系统的结构不同，功能也就不同。这些功能，可以是信息、运输、储存、包装、装卸、加工等单个专业化功能，也可以由它们中的几个或者是全部结合起来的综合功能。(4) 每个物流系统不是一个组合体，更不是一个凑合体，系统各单元之间是一种相互联系、不可分割的关系，只有这样才能互相协调提高效率，使系统的整体功能大于各个单元功能之和。(5) 物流系统结构的层次性。每一个物流系统从结构上看都是一个等级层次，相互之间以其相关性互相联系起来，形成一个既各自发挥作用，又相互约束的功能共同体。(6) 物流系统都处在一个更大的环境系统中。每一个物流系统所处的更大的系统就是物流系统的环境。因此，每一个物流系统都如同一般系统，都具有一个系统环境。物流系统的环境是物流系统赖以生存发展的外部条件，物流系统必须适应外部环境才能够生存、发展。

3.4 中国企业现代物流的发展方向

随着现代市场越来越规范化，企业对于供应链的改造步伐加快，对于市场链流程的再造与创新成为新的利润来源点，而物流则是企业流程再造过程中最关键的因素。我们经常在谈论产品如何推广，市场如何细分，但是对于物流市场的管理流程，具体应该怎样去做，大多数的企业不得而知，企业物流的经营管理策略及运营技巧在这里是一个空白区域。

由于行业的限制，企业不可能在物流中投入大量资金、人力和物力建立整套的运作体系和反馈机构，所以不可能将商品的库存、配送详细情况及时的通知总部，导致商品在出了生产基地的成品库之后，无法准确地知晓其情况（数量、型号、损耗、销量）。这些情报反馈工作的延误，使得企业无法准确地安排其生产，但又要保持成品库的库存基数来被动地判断产量、品种，从而造成成本的增加。即使成品库在生产基地做到了库存合理化，但会将库存转嫁到地区中转库，丧失对于成品的控制权和情报来源。

而现代物流的最终目标就是使制造企业的物流彻底地与企业核心业务分离出来，使生产企业能够集中资金、人力和物力投入其核心制造领域。把原来企业内部的运输、仓储等物流业务交给专业化的物流公司，是社会产业分工越来越细的发展规律的体现。企业选择了一个很好的物流伙伴，不仅能实现内部资源的最佳整合和最大限度地利用，开辟新的利润增长点，还可以在市场开拓、信息处理、财务咨询和战略决策上增加一个重重的砝码。

对于中国企业物流管理，首先应了解一下国外物流的基本模式，借以调整自己物流的脚步。

一、国外物流的基本模式

（1）美国的物流中央化

物流中央化的美国物流模式强调"整体化的物流管理系统"，是一种以整体利益为重，冲破按部门分管的体制，从整体进行统一规划管理的管理方式。第二次世界大战时美国的物流中央化被完善地贯彻在战争后勤中，并最终取得战争的胜利。

美国沃尔玛的配送中心是典型的物流中央化的体现。山姆·沃顿依靠物流先行的原则造就了世界零售第一的沃尔玛。

（2）日本的高效配送中心

在日本，物流是非独立领域，由多种因素制约。物流（少库存、多批发）与销售（多库存、少批发）相互对立，必须利用统筹来获得整体成本最小的效果。物流在日本被解释为高效、精细化。对于提高物流的速度和效率，新技术是日本物流引以为荣的。EDI标准在日本国内已广泛应用，道路信息管理通信系统（VICS）、不停车自动缴费系统（ETC）、现代安全汽车（ASV）、交通管理系统（UTMS）、无线移动识别技术，传感信息系统、EDI标准所配套的物流作业通用标签（STAR标签）等的普遍应用使日本物流在世界处于领先地位。

处于世界便利店首位的7-11便利店，就利用了日本地域以及高效物流造就了7-11便利连锁店庞大的体系，成为日本大众日常生活的组成部分。

二、中国家电企业的物流体系

对于成长中的家电企业来说，其物流体系主要有自建和第三方两种形式。海尔、美的、伊莱克斯等企业都是其中的代表。

（1）海尔物流

引用海尔总裁张瑞敏在瑞士达沃斯世界经济论坛上的讲话：在2000年海尔业绩的取得得益于对于市场链流程再造与创新。中国仓储物流协会秘书长沈绍基对于海尔评价——"中国物流管理觉醒第一人"，海尔实现了统一采购，JIT（Just In Time）降低物流采购成本；统一配送，在企业内部实现JIT配送管理；建立立体仓库实现"零库存"管理。

自建物流系统的家电企业中，最典型的就是海尔集团。它自1999年开始进行以"市场链"为纽带的业务流程再造，以订单信息流为中心，带动物流、商流、资金流的运作。海尔物流的"一流三网"充分体现了现代物流的特征。"一流"是以订单信息流为中心；"三网"分别是全球供应链资源网络、全球配送资源网络和计算机信息网络。"三网"同步流动，为订单信息流的增值提供支持。

1999年末海尔成立了物流推进本部，下属：采购事业部、配送事业部、储运事业部，成立了36个区域配送中心，初步建立了覆盖全国的网络。

海尔物流明显地向美国物流中央化靠拢，在实施的初期，收到的比较好的效果，物流本部成立前，海尔的库存时间为30天，经过一年的努力，2001年减至13天，2002年海尔的目标是将库存从15个亿降为3个亿。从库存占用资金和采购资金反映出物流成本的降低。

海尔物流本部将分散在各个产品事业部的采购业务合并，实施统一采购，以达到最低成本下实施JIT采购。大到几百元的设备，小到办公用品如螺丝钉、圆珠笔等进行统一采购操作，实施统一采购后使部分零部件降价达5%～8%，对于大型企业集团的采购，海尔的效益是非常可观的。

（2）美的的物流运作——物畅其流、安得物流

相对于广东顺德美的集团来讲，安得物流对于很多人还比较陌生。其实同海尔相同，在1999年末，美的集团就将物流放到战略位置，如果说海

尔是把物流作为降低成本的机器,美的集团则把物流作为一个赚钱机器。2000年1月美的集团通过控股成立了安得物流公司,把物流业务剥离出来。安得物流公司作为美的集团一个独立的事业部,成为美的其他产品事业部的第三方物流公司,同时也作为专业物流公司向外发展业务。

在过去的两年里安得贯彻了自己的发展方向——制造企业销售物流集成服务商、供应链技术顾问专家,并成功得使现代物流理念运用在实践中。借助美的销售网络,不断地接纳新的血液,2002年,安得已同TCL、神州数码、方正、实达、熊猫、乐华、海螺建立了战略合作伙伴关系。

全国一体化的仓储体系是安得物流的骨架。安得目前在全国建设了四大仓储中心——顺德、杭州、郑州、芜湖,全部实现信息化管理,实行"一票到底"的管理模式。管理遍布全国的100多个仓库,以基于Internet的信息系统进行高效的信息互动管理。建立了顺德、南京、西安、北京、上海等十个物流中心,因为美的给予安得的是物流整体费用,所以这个成本一经确定后就不可更改,所以安得必须对每地的仓库资源、运输资源、配送资源相当了解,这样才能取得利润。

由于跟随美的,使得安得在68个城市建立设立了业务网点,就是由于这些网点,安得让众多的需要将物流外包的企业选择了安得。

美的物流流程如下。

(1)安得可以提供企业在全国各地整体仓储情况,在途情况能够使企业总部随时掌握自己的物流状况,安得并通过ALIS系统提供详细24小时在线报告。

(2)安得可以将不同客户的货物拼装运输,这样大量地节省了运输成本。

(3)在区域物流中心,安得可以自如地调配仓储资源,使6~8月份空调,同2月份、5月份、10月份的彩电、5~10月份的海螺型材充分调配,安得可以大规模投资进行仓库的更新改造,将货架、叉车、托盘等工具提高使用率,因为这样可以带来现实的收益。

(4)美的每个区域配送中心管理不同的部门——空调事业部、家电事业部、橱具事业部,他们的物流以市场为参照,每次的运输或配送报价都要由事业部来审核,所以安得充分地利用社会资源,寻找最低、最合理的价格,并使其运输体系向社会公开。

(来源:价值中国网,http://www.chinavalue.net,卫民,2006-7-23)

 案例分析

上述案例中,美的与海尔的物流状况只是中国企业物流比较典型的缩影。与美的第三方物流属于自拥资产有所不同，以伊莱克斯为代表的家电企业选择的第三方物流属于非自拥资产，他们将物流完全外包给第三方物流企业，第三方物流服务商为这些家电企业提供整个或部分供应链的物流服务，以获取一定的利润。

大多数业内人士都认为，现在还很难说自建物流系统、第三方物流或其他物流方式到底谁优谁劣。自建物流体系给企业节约了成本、带来了市场竞争力；但是，企业自建物流系统也存在很多问题，最突出的就是企业要花费大量的人力、物力和财力，相对来说，企业自身核心职能的发挥就要受到一定的削弱；而且，单个企业建立的物流系统很难达到一定的规模。而取得规模效益，正是第三方物流的优势所在。

但是，第三方物流的实际方案通常都是针对不同的客户量身定制的，多数方案不能复制，不具有广泛性和适用性。由于我国目前从事第三方物流的企业数量过少，第三方物流市场尚不成熟，所以不少家电企业对选择第三方物流企业进行合作仍然持慎重态度。

曾提出"物流冰山说"的早稻田大学的西泽修教授对于现代企业关于物流的核算，曾提出很多方法解决，对于现代企业会计制度中单列"物流成本"，使隐藏在冰山下的70%的隐含成本计算出来，这样就可以利用社会的力量，以及企业自身的觉醒，唤醒企业物流。应该说这是中国企业物流向现代物流靠拢的根本解决办法。

物流是企业流程再造过程中最关键的因素，现代物流的最终目标就是使制造企业的物流彻底地与企业核心业务分离出来，使生产企业能够集中资金、人力和物力投入其核心制造领域。把原来企业内部的运输、仓储等物流业务交给优秀的专业化物流公司，不仅体现了社会产业分工越来越细的发展规律，还能实现内部资源的最佳整合和最大限度地利用，开辟新的利润增长点。

现代物流系统管理的五个要点包括：①物流系统管理的关键是关注输出的"结果"；②物流系统要素之间必须按照顺序进行管理；③物流系统操作和过程必须在有需要的时候；④物流系统管理受空间因素的约束；⑤物流系统各要素之间实行权衡管理。

3.5 皇家加勒比海巡航有限公司的物流活动

美国皇家加勒比海公司拥有17艘巡航船，其中12艘由皇家加勒比海公司国际部经营，另外5艘交给名誉巡航部经营，皇家加勒比海公司的物流部门为所有的船只提供物流服务。成千上万种商品，从崭新的亚麻床到发动机部件，到易腐食品，都必须迅速在截止日期之前送到相应的船只上。

由于巡航船的设计者一直强调旅客的身心愉悦和超过仓储空间的船舱空间，所以船只的供给日期规定为14天，这样，物流部门必须在各个对外港口对船只进行补贴。巡航船在规定的港口会停留6～8小时，物流部门则要确保所有商品在这个时间范围内送到船上。

每一艘皇家加勒比海公司的船只都是提前两年安排旅程计划的，根据现在的数据，物流部门印刷了一份装箱装运表，规定了6个月种每艘船只各种商品的发运日期，并根据旅客数量预测每种商品的发送数量。每艘船都有专门的运送日期用于发送冷藏产品、冷冻食品、烘干食品、成捆的海运商品、礼品和住宿用品。物流部门将安排运送从冰块到女士礼服和男士礼服的所有物品、所有食品、雷达设备、航海设备、船只动力系统种机器的备用件甚至是植物等。由于不同的商品是通过不同的舱门和舱口装运到巡航船上的，物流部门要将这些商品集中起来，根据船只和服务项目进行分类，为每一个部门安排货盘，并进行标签分类。皇家加勒比海公司的巡航船以40货盘/小时的速度装货，并在5～6小时内装运200件货盘，同时至少2000名旅客在其他入口登船。

皇家加勒比海公司向400家供应商定期订货，该公司通过与供应商签订合同，要求供应商保持库存数量，保证准时供货，而公司就保持尽可能少的现存库存，以节省仓库和保管方面的费用。

 案例分析

美国皇家加勒比海公司巡航船的物流系统通过系统的规划设计、良好的调度管理，有效完成了所需商品的供应，为提供优质客户服务奠定了坚实基础。

物流系统同其他的任何系统都一样，是由人、财、物等相关要素构成的。在物流系统的构成基本要素中，人员的要素是核心要素，也是系统的第一要素，提高人员的素质是建立一个高效化、合理化物流系统的根本条件。其次，资金要素也是非常重要，资金是所有企业系统的动力，没有有力的资金支持，则无法保证物流过程的有效实现，同时物流服务本身也是需要以货币为媒介。第三，物的要素包括物流系统的劳动对象，即各种实物，是物流系统目标实现的基础条件，现代化的运输是物流系统效率实现的保证。此外，还包括信息要素，即物流系统所需要处理的信息——物流信息。

以上要素是构成物流系统的基本要素，在此基础上，物流系统的构成要素是物流系统的各个系统，这些系统是物流系统中相互联系、相互作用的各个环节。

包装子系统在整个物流系统中，是一个很重要的环节。因为包装在整个物流过程中是确保货物储运安全，并能够产生价值的一个重要环节。包装在物流中根据货物的不同可分为工业包装和商业包装。而在运输、配送过程中，为了保护商品对商品进行的拆包再包装和包装机械，包装技术和包装方法，注意考虑到以下问题：①选择适用的包装机械，提高包装质量，使包装做到方便顾客使用；②加强包装技术的研究和开发，改进包装方法，使包装标准化、系列化；③注意节约包装材料，降低包装费用，提高包装效益。

装卸搬运子系统是物流系统中的一个不可缺少的环节，装卸搬运是各项物流过程中不可缺少的业务活动。特别是在运输与仓储工作中，时刻都离不开装卸搬运工作。在物流过程中，装卸本身虽然并不能产生价值，但是货物装卸质量的高低直接影响到货物的使用价值，并能够对节省物流费用造成很大的影响。所以装卸搬运系统应根据作业场所、使用机具及对物流量多少，考虑注意以下问题：①选择最适用的装卸搬运机械器具，以保证装卸搬运的效率与质量；②努力提高装卸搬运的机械化程度，减小劳动强度，使装卸搬运更安全、更省时、省力；③制订装卸搬运作业程序，协调与其他子系统的作业配合，节省费用。

流通加工子系统是物流过程中的加工作业，为了销售或运输，以及提高物流效率而进行的加工。在物流过程中，由于通过了加工使物品更加适应消费者和使用者的需求，如大包装改小包装，大件物品改为小件物品，以及为满足客户需求，促进销售而进行的简单的组装、剪贴、贴签、分装、打孔、检量等。流通加工子系统应根据加工物品、销售对象和运输作业的要求，注意考虑以下问题：①确定加工场所，配备相应的加工机械；②确定加工作业流程，提高加工质量，降低加工成本费用；③加强对加工技术的研究、开发、提高加工技术水平；④及时注意加工产品试销情况的反馈，及时调整加工策略与加工作业中的问题。

3.6 苏宁的魔力

2010年连锁网络要覆盖全国30个一级城市、200个地级城市和300个县级城市，占全国市场份额10%以上，成为世界500强的一员。是什么让一个家电零售企业发展如此迅速，这就是——苏宁的魔力！

尽管不是中国规模最大的家电连锁，苏宁却拥有着家电连锁企业中最高的资本价值。2008年初，苏宁也已经树立了三年全面领跑行业的目标。苏宁电器董事长张近东也曾说，苏宁要做中国的沃尔玛，在世界人口最多的地方打造世界最大的零售企业。

家电连锁企业吸引消费者的最大力量，除了价格就是服务和品牌。而在这之外，苏宁的持续增长根基又在哪里？

一、底气来自IT化管理

2007年6月17日，苏宁在南京宣布与IBM建立战略合作伙伴关系，在5年内将花费3亿元通过管理和IT应用水平的提升，把苏宁打造成为世界500强企业。

苏宁电器总裁孙为民明确表示，到2010年苏宁成为世界500强企业，重要的不仅是销售业绩，更是真正的"强"。他的肯定来自于底气。从宏观经济角度，中国经济长远高速增长的点在内需导向，这对苏宁有利。"中国庞大的零售市场足以支持发展5家世界500强企业"。

而就企业自身来说，底气则来自于内功。持续发展了十几年的苏宁，已经决定由速度、规模回归到管理。他们意识到，在连锁零售业，并非销售额决定一切，要做成一个百年老店，还有更多的事情，正如记者在苏宁南京总部大厦办公区随处可见的标语："戒浮躁、强内功、求发展"。

以信息化管理为例而言，苏宁自1996年就建立了客户信息数据库系统，1998年建立销售业务与财务的联网开票系统，是国内零售业第一家开具电脑增值税票的企业。1999年成功实施ERP系统，2000年组建全国商业企业中首例集中式计算机管理网络系统。2005年下半年，张近东和其他高管腾出大部分精力以推进信息系统升级。2007年4月，投资高达8000万元系统改造工程终于全面竣工。并先后将三星、索尼等IT产品厂商数据路与苏宁信息系统对接。而去年起，苏宁与IBM的合作内容具体包括一整套业务变革方案，从ERP系统优化、数据挖掘分析、企业SOA平台建设、财务组织优化、人力资源培训、会员服务、仓储配送等多个项目全面盘整，意在使苏宁拥有一个"高效神经系统"，节约成本创造高效。

二、物流体系的蝴蝶效应

位于南京市雨花经济开发区的苏宁物流管理中心，是苏宁的"心脏"记者看到，一排排冰箱仿佛积木般罗列堆砌在仓库里。货品编号、入库、出库、全部带有条码，确保产品从厂商到消费者的全过程都有数据记录。

物流中心副总监王长林说，这个中心可以满足方圆150公里范围内所有的苏宁连锁店的需求，可以支撑年营业额高达180亿～190亿元的销售需求。以南京为中心，辐射地域可以达到江苏常州、扬州及安徽马鞍山等。因为信息化的管理，物流平台对于公司存货周转率的影响显而易见。以往1000平方米面积的库存可以支撑1亿元销售额，而如今，600平方米，就可以支撑1亿元销售额。

而这样的物流中心，在上海、广州、成都、无锡、天津、重庆已经或即将启动建设，并最终将达到大大小小50个左右。届时，将环绕形成500个服务网点。为着这些物流中心的打造，苏宁投入将达数十亿元。物流体系建设完成后，未来苏宁将呈现几何式的裂变增长。

而目前，苏宁电器的营收效益和单店效益两项关键性经营指标已经稳居行业第一。

（来源：物流天下网，http://www.56885.net，2008-7-23）

案例分析

苏宁电器通过与IBM建立战略合作伙伴关系，实施一整套业务变革方案，极大提升了企业管理和IT应用水平。现代化的物流管理中心是其中一项重要内容，对于不断提高苏宁电器的效益具有重要意义。其中，运输、仓储以及配送子系统的建设至关重要。

运输子系统是实现物流的运输功能，衍生物流的空间效益，运输是物流业务的中心活动。运输过程不改变物品的形态，也不改变其数量，运输子系统通过运输解决物品在生产地点与消费地点之间的空间距离问题，创造商品的空间效用，实现商品的使用价值，满足社会需求。由此可见，运输子系统在物流系统中是一个极为重要的环节。运输子系统应根据其负担的业务范围，货运量的多少以及同其他各子系统的协调关系，注意考虑以下问题：①选择最佳的运输方式和最优化的运输路径，配备适当的运输工具，缩短运输时间，提高运输效率；②制订有效的运输计划，减少运输环节，保证运输作业的连续性，节约运输费用；③提高服务水平，保证运输安全与运输质量。

仓储是物流活动的一项重要业务，仓储子系统是实现物流的储存功能，通过仓储解决供应与需求在时间上的差异，保障物品不受损害，以创造物流的时间效益。仓库是物流的一个中心环节，是物流活动的基地。储存系统应根据仓库所在地理位置、周围环境以及物流量的多少、进出库的频度，充分考虑以下问题：①仓库建设与布局要合理，以有利于储存与运输；②最大限度地充分利用仓库的容积，尽可能发挥其仓库效用；③货物码放、保存一定要科学合理，既充分利用空间，又确保储存期间的物品的养护，保证质量不受损害；④加强入库的验收和出库的审核工作，以保证入库物品的质量合格，出库物品与数量符合要求；⑤进出库尽量方便，以加快出、入库时间，提高工作效率；⑥加强库存管理，做到储存合理，防止缺货与积压；⑦降低仓库费用，保证仓库安全。

配送子系统在物流系统中是一个接触千家万户的重要的作业，直接接受各类顾客的检查。其效率的高低、质量的好坏，都会对物流企业产生很重要的影响，配送与运输不同的之处在于，运输的距离多数较远，批量较大。品类复杂，可以说是物品生产后的第一运输。配送则属于物流的第二次运输，是物品的终端运输。配送系统应根据其配送的区域范围，服务对象以及物流的大小，注意考虑以下问题：①选择最佳的配送中心地址，配送中心的作业区要布置合理，有利于收货验货、货物仓储以及加工包装，分拣选货和备货配送；②配置各类需要的配送车辆和装卸搬运机械及辅助器具；③规划出最优的配送路线，以提高服务水平，节省路上时间使配送及时；④判断合理化配送作业流程，使配送作业更为合理，提高工作效率。

3.7 亚马逊在物联网时代的智慧系统解密

据说亚马逊有着快递行业最健全、最具效率的仓储物流系统。

亚马逊物流基地。近期，亚马逊又推出了很多创新又快捷的服务，比如在西雅图推出了 Fresh 的杂货超市类服务，当地的用户可以在下订单的第二天早上喝到新鲜的牛奶；在日本和法国，亚马逊将仓储物流服务与 LBS 结合起来，顾客可以通过手机或无线设备中输入所在地信息，利用终端设备 GPRS 定位寻找距离最近的送货点，比如亚马逊可以将商品送到离顾客最近的 7-11 便利店，让用户去那里提货。系统也可以看到顾客的订单，亚马逊可以据此提供就近的服务……

亚马逊仓储物流系统。答案就在这里，在亚马逊全球的任何一个仓库，都采用自主研发的仓储物流系统，每个角落都布满无线信号。"它们有自己的 IT 队伍，根据业务需求研发系统。"亚马逊全球高级运营副总裁 Marc Onetto 说。在亚马逊精密计算的仓储物流系统下，工作人员仅仅是系统的执行者而不是操作者。比如在包装的作业地点，工人只需拿起商品对着扫描枪一扫，系统会根据这件商品的尺寸、重量，算出所需的包装盒大小，而这位工人只需从面前的两三种包装盒里抽出系统的包装盒即可。

而人们所熟知的传统物流行业，每天五百万辆货运车辆在运行途中，电话来调度和监控，现金交易结算。如果你想随时知晓货物究竟在哪了，或许你需要联动成千上万个业务点，翻动抽屉里的账本和纸条才知道每一笔运输的费用到底是如何发生的。信息的不对称构成了一个巨大的黑洞，不确定性让基础物流环节费用不可控。在这个信息的黑洞中，信息只有进，没有出。还有就是绝大多数的快递运营商都是采用人工拣货、人工包装、人工小批量送货的方式，效率和所需时间可想而知。一遇到大型的节日或电商集体促销，往往都会引起"爆仓"、"囤件"等大规模问题。

那么在面临种种困境的物流行业中，如何才能摆脱现在的状况？2009年，温家宝总理在无锡提出了"感知中国"的口号，随着物联网产业的逐步建立，快递物流行业也搭上了物联网的顺风车，智能物流的初步提出和完善会大大提升物流产业的自动化、智能化、高效化和低成本化，可以推动物流服务各环节的有效整合，对物流产业的发展将具有重大的积极意义。

物联网专家委员会的成员陈骥表示："物联网智慧仓储物流管理系统"可以帮助企业对仓库和物流中心更快、更好、更敏捷地面对当前新经济的诸多挑战。智能技术在物流领域的创新应用模式不断涌现，成为未来智能物流大发展的基础，极大地推动行业发展。智能物流的理念开阔了物流行业的视野，将快速发展的现代信息技术和管理方式引入行业中，它的发展推动着中国物流业的变革。

从双"十一"人们的大肆采购，到物流行业的尴尬现状，从物联网的初步发展，到智慧物流概念的普及，我们有理由相信，未来的物流领域绝不会再如现在的状况一样。在不久的将来随着物联网的普及，智能物流也会引发物流业的狂潮……

（来源：中国物联网，http://www.netofthings.cn/ 2012-11-20）

案例分析

电子商务的爆炸式发展越来越凸显了物流的瓶颈。智能技术在物流领域的创新应用模式不断涌现，成为未来智能物流大发展的基础，比如物联网智慧仓储物流管理系统，这将极大地推动行业发展，可以帮助企业加强对仓库和物流中心的管理，更快、更好、更敏捷地面对当前新经济的诸多挑战。

物流信息子系统在物流系统中与其他子系统有所不同，物流信息子系统既是一个独立的子系统，有时一个为物流系统整体服务的一个辅助系统。其功能贯穿于物流各子系统业务活动之中，物流系统的各个子系统都需要物流信息系统支持其各项业务活动。无论是运输、储存、包装、还是装卸、搬运、配送和流通加工,这些子系统的各项业务活动,都必须靠信息系统的经济效益。物流信息系统也可以从其作用上分出若干子系统。如运输信息系统、储存信息系统、销售配送信息系统等。

物流信息系统应根据物流系统的整体需要,注意考虑以下问题:①物流信息系统的内容;②物流信息系统的作用;③物流信息系统的特点。

为了组织好物流,信息系统是物流活动的基础,信息的处理是物流管理活动的基本内容。信息作为企业管理的重要组成部分,在物流系统中被誉为企业的神经系统。企业的经营管理活动都离不开信息的支持,而在物流系统中作用更表现得极为重要。信息化是灵魂,没有物流信息子系统的有效运用,就谈不上物流的现代化。

第4章 采购与供应

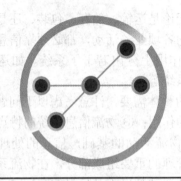

Chapter 04

4.1 三种"采购现象"背后的观念对碰

从20世纪80年代开始,为了顺应国际贸易高速发展的趋势,以及满足客户对服务水平提出的更高要求,企业开始将采购环节视为供应链管理的一个重要组成部分,通过对供应链的管理,同时对采购手段进行优化。在当前全球经济一体化的大环境下,采购管理作为企业提高经济效益和市场竞争能力的重要手段之一,它在企业管理中的战略性地位日益受到国内企业的关注,但现代采购理念在中国的发展过程中,由于遭遇的"阻力来源"不同,企业解决问题的方法各异等原因,就被赋予了不同的诠释。

一、胜利油田

在采购体系改革方面,许多国有企业和胜利石油境遇相似,虽然集团购买、市场招标的意识慢慢培养起来,但企业内部组织结构却给革新的实施带来了极大的阻碍。

胜利油田每年的物资采购总量约85元亿人民币,涉及钢材、木材、水泥、机电设备、仪器仪表等56个大类,12万项物资。行业特性的客观条件给企业采购的管理造成了一定的难度,然而最让中国石化胜利油田有限公司管理者头痛的却是其他问题。

胜利油田目前有9000多人在从事物资供应管理,庞大的体系给采购管理造成了许多困难。胜利每年采购资金的 85 个亿中，有 45 个亿的产品由与胜利油田有各种隶属和姻亲关系的工厂生产，很难将其产品的质量和市场同类产品比较，而且价格一般要比市场价高。例如供电器这一产品，价格比市场价贵 20%，但由于这是一家由胜利油田长期养活的残疾人福利工厂，只能是本着人道主义精神接受他们的供货，强烈的社会责任感让企业背上了沉重的包袱。同样，胜利油田使用的大多数涂料也是由下属工厂生产，一般只能使用 3 年左右，而市面上一般的同类型涂料可以用 10 年。还有上级单位指定的产品，只要符合油田使用标准、价格差不多，就必须购买指定产品。在这样的压力下，胜利油田目前能做到的就是逐步过渡，拿出一部分采购商品来实行市场招标，一步到位是不可能的。胜利油田的现象说明，封闭的体制是中国国有企业更新采购理念的严重阻碍。采购环节漏洞带来的阻力难以消除。

二、海尔公司

与大型国有企业相比，一些已经克服了体制问题，全面融入国际市场竞争的企业，较容易接受全新的采购理念，这一类型的企业中，海尔走在最前沿。

海尔采取的采购策略是利用全球化网络，集中购买。以规模优势降低采购成本，同时精简供应商队伍。据统计，海尔的全球供应商数量由原先的 2336 家降至 840 家，其中国际化供应商的比例达到了 71%，目前，世界前 500 强企业中有 44 家是海尔的供应商。

对于供应商关系的管理方面，海尔采用的是 SBD 模式——共同发展供应业务。海尔有很多产品的设计方案直接交给供应商来做，很多零部件是由供应商提供今后两个月市场的产品预测并将待开发产品的形成图纸，这样一来，供应商就真正成为了海尔的设计部和工厂，加快开发速度。许多供应商的厂房和海尔的仓库之间甚至不需要汽车运输，工厂的叉车直接开到海尔的仓库，大大节约运输成本。海尔本身则侧重于核心的买卖和结算业务。这与传统的企业与供应商关系的不同在于，它从供需双方简单的买卖关系，成功转型为战略合作伙伴关系，是一种共同发展的双赢策略。

1999 年海尔的采购成本为 5 亿元，由于业务的发展，到 2000 年，采购成本为 7 亿元，但通过对供应链管理优化整合，2002 年海尔的采购成本预计将控制在 4 亿元左右。可见，利益的获得是一切企业行为的原动力，成本降低、与供应商双赢关系的稳定发展带来的经济效益，促使众多企业以积极的态度引进和探索先进、合理的采购管理方式。

三、通用汽车公司

与从计划模式艰难蜕变出来的大型国有企业相比，通用汽车公司的采购体系可以说是含着银匙出世，它没有必要经历体制、机构改革后的阵痛，全球集团采购策略和市场竞标体系自公司诞生之日起，就自然而然地融入了世界上最大的汽车集团——通用汽车的全球采购联盟系统中。相对于尚在理论层次彷徨的众多国有企业和民营企业而言，通用的采购已经完全上升到企业经营策略的高度，并与企业的供应链管理密切结合在一起。

1993年，通用汽车提出了全球化采购的思想，并逐步将各分部的采购权集中到总部统一管理。目前，通用下设四个地区的采购部门：北美采购委员会、亚太采购委员会、非洲采购委员会、欧洲采购委员会。四个区域的采购部门定时召开电视会议，把采购信息放到全球化的平台上来共享，在采购行为中充分利用联合采购组织的优势，协同杀价，并及时通报各地供应商的情况，把某些供应商的不良行为在全球采购系统中备案。

在资源得到合理配置的基础上，通用开发了一整套供应商关系管理程序，对供应商进行评估。对好的供应商，采取持续发展的合作策略，并针对采购中出现的技术问题与供应商一起协商，寻找解决问题的最佳方案；而在评估中表现糟糕的供应商，则请其离开通用的业务体系。同时，通过对全球物流路线的整合，通用将各个公司原来自行拟订的繁杂的海运线路集成为简单的洲际物流线路。采购和海运路线经过整合后，不仅是总体采购成本大大降低，而且使各个公司与供应商的谈判能力也得到了质的提升。

面对三种在中国市场并存的"采购现象"，直接反映出在不同的市场机制和管理模式下，企业变革需要面对的一些现实问题。从不同"采购现象"背后，可以看到"采购理念"在中国发展遇到的现实问题，不仅在于企业对先进思维方式的消化能力，更重要的是在不同的体制和文化背景下的执行过程是否通畅。

从20世纪80年代开始，为了顺应国际贸易高速发展的趋势，以及满足客户对服务水平提出的更高要求，企业开始将采购环节视为供应链管理的一个重要组成部分，通过对供应链的管理，同时对采购手段进行优化。

（来源：中国物流与采购网，http://www.chinawuliu.com.cn，2008-6-5）

  案例分析

在当前全球经济一体化的大环境下，采购管理作为企业提高经济效益和市场竞争能力的重要手段之一，它在企业管理中的战略性地位日益受到国内企业的关注。

在过去的物流研究中，采购是被忽视的一个领域。物流系统的功能要素中，如运输、储存保管、包装、装卸、搬运、流通加工、配送、物流信息等，离开了采购，物流系统运行就失去了一个前提和基础。因为，无论从生产企业角度，还是从流通商贸的企业角度分析，采购物流都是企业物流过程的起始环节。现代采购是从企业的角度研究采购的，而不是从人们生活的角度研究购买活动。因此，采购物流构成了企业物流系统的重要组成部分，是生产物流、销售物流的前提和基础。无论是生产企业的物流系统，还是流通企业的物流系统，采购物流对整个企业物流系统而言是一个基础物流。离开了采购，生产企业的生产供应就会中断，生产活动就会无法进行；流通商贸企业就会出现缺货，造成机会损失。由于生产物流和销售物流是采购物流的实现途径，要保证企业物流系统的良性运行，就必须加强和重视采购物流，使他们之间相互联系、相互制约、共同发展。

采购物流和销售物流是一个问题的两个方面。假如从生产企业的角度分析，生产企业从供应商手中采购物资，运回企业，验收入库，这一过程发生的物流活动称为"采购物流"。而从供应商角度分析，企业物流可以分为四种物流形式：① 供应商为生产企业提供原材料、零部件或其他物品而产生的物品在提供者与需求者之间的实体流动，称为供应物流；②生产企业到进入市场销售之前发生的物流，称为生产物流（内部物流）；③产品进入市场送到顾客手中发生的物流，称为销售物流（市场物流）；④生产商接受包装容器或退货等发生的物流，称为回收物流。

采购物流在整个生产企业物流系统中处于基础性地位，离开了采购物流，生产企业制造、销售过程就无法正常进行。同样，对于流通商贸企业，采购物流仍然是一个关键的环节。

4.2 洛杉矶市政府不头疼了

洛杉矶市是美国最大的地方政府，每年要从25000家投标者中购买价值6500万美元的货物。

原来，所有这些采购都是使用纸张表格完成的。大量文书工作总是造成混乱、低效益和巨额的仓储费用。每一项采购任务，都会包括令人头疼的大量项目和供应商。如果一件货物存放在仓库中，想要比较它的价格并作出合理的决定，是根本不可能的。

在这种情况下，洛杉矶市决定利用互联网来解决这些问题。在解决方案供应商 Commerce one 的帮助下，洛杉矶市采用 Microsoft site server 3.0 commerce edition 创建了基于 Web 的采购系统。

现在洛杉矶市政府可以通过互联网查询供应商的产品目录，比较价格，检查可靠性，发送订单，最后支付货款。洛杉矶市政府的采购系统已成为美国国家 ERP 的一部分。

该系统使洛杉矶市政府订购周期缩短快，文书工作减少，中小企业的机会更多，且降低了存货成本。

洛杉矶市已关闭了中央仓库，为其在今后 5 年内节约大约 2900 万美元。通过将 85% 的采购工作自动化，该市期望能够节约 5% 的货物采购开销。

案例分析

洛杉矶市政府通过采用网络采购的方式，节省了成本，提高了效率，是充分发挥现代物流作用的典型案例。企业采购与政府采购有异曲同工之处。

企业采购，包括生产企业采购和流通企业采购。所谓企业采购战略，是指企业采购所采用的带有指导性、全局性、长远性的基本运作方案。一个采购战略，应当包含以下五个方面的基本内容。①采购品种战略：包括品种种类、性质、数量、质量等选择。②采购方式战略：包括采购主体、采购技术、采购途径、联合方式等选择。③供应商选择战略：包括招标方式、考核方式、评价方式、使用方式等选择。④订货谈判战略：包括采购的品种规格、数量、质量、价格、服务和风险分摊、责任权利和义务等。⑤采购进货战略：包括运输方式、运输路径、运输商等选择。人们常常把品种、方式、供应商、订货和进货看成是采购战略五要素。

企业采购战略有多种，不同的分类标志有不同的分类方法。按照采购技术的不同，可以分为以下几类。

1. 传统采购

企业传统采购的一般模式是，每个月末，企业各个单位报下个月的采购申请计划到采购部门，然后采购部门把各个单位的采购申请计划汇总，形成一个统一的采购计划。根据这个采购计划，分别派人出差，到各个供应商订货；然后策划组织运输，将所采购的物资运输回来、并验收入库，存放于企业的仓库中，满足下个月对各个单位的物资供应。这种采购，以各个单位的采购申请计划为依据，以填充库存为目的，管理比较简单、粗糙，市场反应不灵敏、库存量大，资金积压多、库存风险大。

2. 订货点采购

（1）订货点采购，是由采购人员根据各个品种需求量的大小和订货提前期、确定每个品种的订货点、订货批量或订货周期、最高库存水准等。然后建立起一种库存检查机制，当发现到达订货点，就检查库存，发出订货，订货批量的大小由规定的标准确定。订货点采购包括两大类采购方法，一类是定量订货法采购，另一类定期订货法采购。定量订货法采购，是预先确定一个订货点和一个订货批量，然后随时检查库存，当库存下降到订货点时，就发出订货需求，订货批量的大小每次都相同，都等于规定的订货批量。(2)定期订货法采购，是预先确定一个订货周期和一个最高库存水准，然后以规定的订货周期为周期，周期性地检查库存，发出订货，订货批量的大小每次都不一定相同，订货量的大小都等于当时的实际库存量与规定的最高库存水准的差额。

3. MRP 采购

MRP（Material Requirement Planning，物料需求计划）采购，主要应用于生产企业。它是由企业采购人员采用 MRP 应用软件，制订采购计划而进行采购的。MRP 采购的原理，是根据主产品的生产计划（MPS）、主产品的结构（BOM）、以及主产品及其零部件的库存量，逐步计算求出主产品的各个零部件、原材料的投产时间、投产数量，或者订货时间、订货数量，也就是产生出所有零部件、原材料的生产计划和采购计划；然后按照这个采购计划进行采购。

4. JIT 采购

JIT 采购，也叫准时化采购，是一种完全以满足需求为依据的采购方法。需求方根据自己的需要，对供应商下达订货指令，要求供应商在指定的时间、将指定的品种、指定的数量送到指定的地点。JIT 采购的特点：①与传统采购面向库存不同，准时化采购是一种直接面向需求的采购模式，它的采购送货是直接送到需求点上；②用户需要什么，就送什么，品种规格符合客户需要；③用户需要什么质量，就送什么质量，品种质量符合客户需要，拒绝次品和废品；④用户需要多少，就送多少，不少送，也不多送；⑤用户什么时候需要，就什么时候送货，不晚送，也不早送，非常准时；⑥用户在什么地点需要，就送到什么地点。

5. 电子商务采购

电子商务采购是在电子商务环境下的采购模式。它的基本原理，是由采购人员通过上网，在网上寻找供应商、寻找所需品种、在网上洽谈贸易、网上订货甚至在网上支付货款，但是在网下送货进货，完成全部采购活动。电子商务采购扩大了采购市场的范围、缩短了供需距离；简化了采购手续、减少了采购时间，减少了采购成本，提高了工作效率，是一种很有前途的采购模式。但是它要依赖于电子商务的发展和物流配送水平的提高。而这二者几乎都要取决于整体的国民经济水平和科技进步的水平。

4.3 S汽车制造公司的采购流程

第一步：潜在供应商评审。

是指现场评估供应商是否能达到对管理体系的最基本要求。具体程序：采用根据QS9000制订的潜在供应商评审文件形式，必须在选定供应商之前完成。

第二步：选定供应商。

是指供应商评选委员会批准合格厂商的程序。由S汽车制造公司的供应商开发及供应商质量部门，对全球范围内的供应商审核潜在供应商评审结果，评估各候选供货来源，批准或否决建议——在必要的情形下批准整改计划，签署决议文本。

第三步：产品质量先期策划和控制计划。

是指为确保产品能满足客户的要求而建立一套完整的质量计划。要求所有为S汽车制造公司供货的供应商都必须针对每一个新零部件执行"产品质量先期策划和控制计划"程序。具体程序是根据客户的要求和意见，按以下各阶段进行：计划并制订步骤；产品设计与开发；工艺设计与开发；产品及工艺验证；反馈，评估及整改措施。

第四步：投产前会议。

是指与供应商进行交流以明确零件质量合格及持续改进的要求。具体程序是通过供应商与客户有关人员在产品开发小组会议上进行密切的交流以对质量，生产能力和进度等要求进行研讨并取得认同。

第五步：样件审批或工装样品认可（OTS）样件审批。

是指S汽车制造公司规定的样件审批规程。适用于需提供新样件的所有供应商。具体程序：由客户提供对样件的检验清单；供应商得到有关提供样件要求的通知；供应商得到相关要求；供应商提交样件和按客户要求等级提供文件；供应商会得到提交样件审理结果的通知；批准"用于样车制造"/"可用于样车制造"/"不可用于样车制造"。

第六步：正式生产件评审程序。

是指关于正式生产件得以审批的一般产业程序。程序：供应商严格按照正式生产件审批程序（PPAP）中规定的各项要求执行。

第七步：按预定能力生产。

是指实地验证供应商生产工序有能力按照预期生产能力制造符合质量及数量要求的产品。程序：进行风险评估；决定"按预定能力运行"的形式

（由供应商监控／由客户监控）；通知供应商安排时间；完成"按预定能力运行"程序；后续工作及进行必要的改善。

第八步：初期生产次品遏制。

是指供应商正式生产件审批程序控制计划的加强措施，初期生产次品遏制计划与产品先期质量策划及控制计划参考手册中的投产前控制计划是一致的。程序：作为质量先期策划之组成部分，供应商将制订投产前控制计划，控制计划是 PPAP 正式生产件审批程序的要求之一，在达到此阶段放行标准之前必须按该计划执行。

第九步：持续改进。

是规定供应商应有责任来编制一套能实行持续改进的程序。程序：所有供应商必须监测其所有零件的质量工作情况并致力于持续改进，持续改进的程序目标在于减少生产加工的偏差和提高产品的质量，供应商应着重于听取用户的意见和工序的反馈，以努力减少工序波动。

第十步：成效监控。

是指监测供应商质量成效，促进相互交流和有针对性的改进。目的是为了提高质量成效反馈，以促使重大质量问题的改进。范围：适用于所有的供应商。

第十一步：问题通报与解决（PRR）。

是为促进解决已确认的供应商的质量问题而进行交流的程序。程序：识别——如经现场人员核实，问题源于供应商不合格，立即通知供应商；遏制——供应商必须在 24 小时内针对不合格品遏制及初步整改计划作出答复；整改——供应商必须判定问题的根源并在 15 内就执行整改措施，彻底排除问题根源的工作情况作出汇报；预防——供应商必须采取措施杜绝问题复发，事发现场须核实这些措施的有效实施情况，以关闭 PRR 程序。

第十二步：发货控制——一级控制。

是用于处理 PRR 未能遏制程序。程序：由 S 公司向供应商提出，供应商在发货地遏制质量问题外流。

第十三步：发货控制——二级控制。

是由客户控制的遏制程序。程序：由 S 公司制的遏制程序，可在供应商、S 汽车制造公司或第三方现场执行，费用由供应商承担。

第十四步：质量研讨。

是指在供应商现场进行质量研讨，解决具体质量问题。程序：在研讨会期间，着重于付诸实践，有效地解决问题，并采取持续改进的一系列措施；记录现场，广泛提供各种改进意见，评估，试验并记录改进的结果。

第十五步：供应商质量改进会议。

是指供应商和全球采购高级管理层会议（执行总监级）。程序：S汽车制造公司陈述质量问题，资料和已采取的措施；供应商介绍整改计划；就是否将此供应商从S汽车制造公司供应商名单中除名作出决定（除非在质量成效和体系上作出令S汽车制造公司满意的改进）；制订并监控整改计划。

第十六步：全球采购。

是指在全球范围内寻找有关产品在质量，服务和价格方面最具有竞争力的供应商。程序：由于不能解决质量问题，主管供应商质量部门通知采购，开始寻求全球采购；采购部门开始全球采购程序。

（文章来源：物流天下网，http://www.56885.net）

案例分析

规范的采购流程对于采购管理的有效实施至关重要。S汽车制造公司的采购流程清晰地制订了采购的步骤和要点，为有效运行物流系统奠定了基础。一般认为，采购是指单位或个人基于生产、销售、消费等目的，购买商品或劳务的交易行为。根据人们取得商品的方式途径不同，采购可以从狭义和广义两方面来理解。

狭义采购，顾名思义，就是买东西，是一个购买的过程。扩展开来就是企业根据需求提出采购计划、审核计划、选择供应商、经过商务谈判确定价格、交货及相关条件，最终签订合同并按要求收货付款的过程。广义采购是指除了以购买的方式占有物品之外，还可以通过租赁、借贷、交换、征收等各种途径取得物品的使用权，以达到满足需求的目的。综上所述，所谓采购是指单位或个人为了满足某种特定的需求，以购买、租赁、借贷、交换等各种途径，取得商品及劳务的使用权或所有权的活动过程。日常经营活动中，主要指购买方式。

从上述定义中，可以看出采购包含了如下几个要点：①采购是一种交易行为；②采购的实现必须具备一定的条件；③采购的过程是一个选择的过程；④采购的目的是满足自身需求；⑤采购过程是商流、物流、信息流的有机统一。

对于企业采购来讲，虽然单个企业之间的采购流程略显差异，但大体上来讲都有一个共同的模式，完整的采购流程大致包括以下几个过程：①确认需求——收到采购请求、制订采购计划；②选择、确认供应商；③洽谈合同；④签发采购订单；⑤跟踪订单、进行进货控制；⑥接收、检验货物、入库；⑦核对发票，划拨货款。

以上只是一个大概的采购流程，不同类型的企业，在采购时有不同的特点，因此具体的步骤和内容会有所不同。S 汽车制造公司的采购流程就是灵活应用的实例。

4.4 上海石化招标采购的具体做法

中国石化上海石油化工股份有限公司（简称"上海石化"）是国有控股公司，也是国内首家在上海、香港、纽约三家证券交易所挂牌的上市公司。作为上市公司，企业的经营目标是以经济效益为中心，追求企业利润最大化，股东回报最大化和上市公司股票市值最大化。为降低制造成本，公司除了减员、分流、增效外，还对物资供应系统进行了改革，推行招投标采购。通过招标采购，既降低了采购成本，又增进了团结。在 2001 年 1～11 月累计招标 87 件，中标标的 4.4245 亿元，节约资金 6267 万元。

上海石化招标采购的具体做法如下。

（1）组建专家库

为了规范采购行为，严格招标采购程序，上海石化组建了自己的专家库，共分设备、电气、仪表、材料和化工 5 个大类。专家库成员以高级工程师和高级经济师为主，吸收少量有专业才能的中级工程技术人员参与，而这些专家都是上海石化的技术精英，都能够独立解决技术问题。因此，上海石化专家库具有较高的技术水准。

（2）招标项目的评审委员由用户推荐和专家库随机抽样选择产生

用户推荐的评委数量不超过评委总数的 1/3，基本上为 1～2 名。用户评委的主要职责是介绍技术交流情况，供应商的主要特点和经营业绩，其次是介绍用户现有设备装备情况以及库存备品备件情况，为其他评委评分作参考。抽样选择评委人数不得少于评委总数的 2/3。

（3）自行招标采购以邀请招标采购为主

在长期的采购实践中，根据控制总量、提高质量、优胜劣汰、公正廉明的准则开发形成了有 228 家成员的资源市场。在自行招标采购中多以邀请招标采购为主，被邀成员多是从资源市场中挑选出来的供应商。由于对供应商的资质、生产能力和技术水平相当了解，选择目标供应商能够做到有的放矢，减少供应商筛选的时间，把时间集中放在技术交流和商务标上，从操作情况看，到目前为止，很少出现废标的情况，采购的设备基本上达到了设计要求。

（4）招标采购评标以综合评分为主

评委的职责是对投标供应商的资质、经营收入、技术水平、生产能力、交货期、投标标的和货款支付方式进行综合评价，采用打分的形式，满分为100分，如表4-1所示。

表4-1 招标评分表

分类	标的	技术水平	生产能力	经营收入	资质	交货期	货款支付方式	总计
标准分	60	10	10	10	5	3	2	100
评分								

评委通常由5～7人组成，评标委员会按招标文件确定的评标标准和方法打分，累计总分时去掉一个最高分和一个最低分，并按总分高低排序。评标委员会评标结束后，提出书面评标报告，并根据评分高低推荐中标候选人。在标的不超过100万元时，授权评标委员会直接确定中标人；标的超过100万元时，由招投标领导小组根据书面评标报告和推荐的中标候选人确定中标人。

（5）关键设备的采购委托专业招标公司投标采购

根据物资的特点，将招投标具体划分为进口设备、备件和材料、国内制造的大型设备等几大类。像加氢反应器、汽轮机等大型设备的招投标就委托专业招投标公司如上海机电设备招标公司、中国石化国际事业公司进行招投标采购，其他备件材料就自行招标采购。由于专业招投标公司操作规范、专业水平高，对招投标双方都有很强的约束力，能够保证招投标质量。

（6）委托专业监造公司对中标人进行全过程验收和监造

对关键设备、材料、备件实行中间验收和监造，以确保采购质量。例如腈纶部8.3立方米聚合釜和3.2立方米终止釜的中间验收时，在现场拼装焊接阶段，发现部分焊接质量、焊缝均匀性及成型、铝板的拼接错边、部分圆筒弧板内凹等超过设计标准。据此马上要求供应商研究拿出整改建议，并由双方签署检查备忘录，确保了采购质量。除此之外，上海石化还委托中国石化等监造中心监造重大设备等金额达2.39亿元。监造包括进度、材质检验、制造工艺、制造方法和验收等多方面的内容。通过多次的招标采购实践，上海石化体会到，中间验收和监造是保证招标采购质量的有效方式。

（7）上海石化自行招标采购的几点经验

自行招标采购的主要环节是技术交流、确定评标标准和中标后的采购质量跟踪，因此一定要严格把好这三关。

① 技术交流。技术交流的核心是统一标准。传统的设备、备件、材料的采购，因其技术更新慢，基本能够按设计料表订货。但电气、仪表控制系统等由于技术进步很快，不同的供应商对于控制系统达到的目标有不同的解决方案，导致配置不同、标的有差异，因而评标困难。通过要求供应商根据不同方案分别报价、及时进行技术交流和信息交流，统一了标准，为顺利评标扫清了障碍。

② 严格确定评标标准。评标标准直接关系到评标的质量，可有效限制恶性竞争。所以，在招标采购前，要由专家和技术人员根据采购项目的技术指标和所供产品的技术指标等因素制定严格的采购标准。

③ 加强自行招标采购跟踪，保证采购质量。为确保采购物资的质量，上海石化建立了三级质量保证体系，全方位地开展ISO9001质量认证工作。不仅通用的物资建立了质量验收标准，对成套设备、关键设备的采购，更是制订了严格的质量跟踪管理措施。如采购前有质量标准要求；制造中有原材料检验标准和质量验证标准；出厂前要验收，施工现场开箱时要验收，并且所有设备都有质量保证金，使质量管理贯穿采购全过程。上海石化还建立质量追究制度，"谁采购，谁负责"，出现质量事故，要负连带赔偿责任。对关键设备，即使是招标，也委托第三方监理单位监造。一系列的质量跟踪管理，确保了采购质量。

（来源：物流天下，http://www.56885.net，2008-3-3）

案例分析

招标采购是目前广为采用的采购方式，具有公开、透明、公正的特点。上海石化招标采购的具体做法提供了做好招标采购的范式。

采购方式是采购主体获取资源或物品、工程、服务的途径、形式与方法。当采购战略及计划确定后，采购方式的选择就显得格外重要。它决定着企业能否有效地组织、控制物品资源，以保证其正常的生产和经营以及较大利润空间的实现。采购的方式很多，划分方法也不尽相同。比如：我国台湾地区的企业将采购方式分为招标、比价、议价采购；世界贸易组织（WTO）的《政府采购协议》将政府采购方式统一规范为公开招标采购、选择性招标采购和限制性招标采购；而国内许多学者在此基础上又特别强调二阶段采购、谈判采购、询价采购、单一来源采购等。

1. 集中采购与分散采购

（1）集中采购。集中采购是指企业在核心管理层建立专门的采购机构，统一组织企业所需物品的采购进货业务。集中采购的特点：①量大、过程长、手续多；②集中度高，决策层次高；③付条件宽松，优惠条件增多；④专业性强，责任加大。

（2）分散采购。分散采购是由企业下属各单位，如子公司、分厂、车间或分店实施的满足自身生产经营需要的采购。这是集团将权力下放的采购活动。分散采购的特点：①批量小或单件，且价值低、开支小；②过程短、手续简、决策层次低；③问题反馈快，针对性强，方便灵活；④占用资金小，库存空间小，保管简单、方便。

2. 现货采购与远期合同采购

从生产企业或其他经济组织对物品的交割时间来划分，采购者的经济活动又可划分为现货采购与远期合同采购，这一采购方式在其他方式的支持与合作下完成企业对外部资源的需求。

（1）现货采购。现货采购是指经济组织与物品或资源持有者协商后，即时交割的采购方式。这是最为传统的采购方式。具有即时交割、责任明确、灵活、方便、手续简单，易与组织管理、无信誉风险、对市场的依赖性大的特点。

（2）远期合同采购。远期合同采购是供需双方为稳定供需关系，实现物品均衡供应，而签订的远期合同采购方式。通过合同约定，实现物品的供应和资金的结算，并通过法律和供需双方信誉与能力来保证约定交割的实现。这一方式只有在商品经济社会，具有良好的经济关系、法律保障和企业具有一定的信誉和能力的情况下才能得以实施。

3. 招标采购

招标采购是现代国际社会通用的采购方式，它能做到过程的公开透明、开放有效、公平竞争，有利于促进企业、政府降低采购成本；同时，也能促进人类社会文明、进步、健康的发展。《联合国采购示范法》、《WTO政府协议》、《世界银行采购指南》等均主张或倾向于采用招标采购这种采购方式。招标是一种特殊的交易方式，按照订立合同的特殊程序。招标是指招标人发出招标公告或通知，邀请潜在的投标商进行投标，最后让招标人通过对各投标人提出的规格、质量、交货期限及该投标企业的技术水平、财务状况等因素进行综合比较，确定其中最佳的投标人为中标人，并与之签订合同的过程。狭义的招标是指招标人根据自己的需要提出一定的标准或条件，向指定投标商发出投标邀请的行为，即邀请招标。根据招标范围可将采购方式统一规范为公开招标采购、选择性招标采购和限制性采购，世界贸易组织《政府采购协议》就是按这种方法来对政府采购方式进行分类的。

公开招标的运作程序并不因国别、区域和组织的不同而有所特别的差异。招标采购程序一般为：策划 —→ 招标 —→ 投标 —→ 开标 —→ 评标 —→ 决标 —→ 签订合同。

4.5 解析戴尔的"零库存"

1984年，迈克尔·戴尔以1000美元起家创办了戴尔计算机公司。现在，戴尔公司是全球领先的电脑系统公司、电脑产品及服务的首要提供商、全球最大的直销个人电脑公司、全球500强企业之一。戴尔的"零库存"管理是其主要的竞争优势。

一、库存过量的教训

1989年，戴尔公司成立才4年多，就顺利地从资本市场筹集了资金，首期募集资金3000万美元。对于靠1000美元起家的公司来说，这笔钱的筹集，使戴尔的管理者开始认为自己无所不能。戴尔急于做大市场，于是动用巨资大量投资存储器，买进所有可能买到的存储器，实施存储器囤积计划，以便谋求暴利和发展。然而一夜之间形势逆转，此后存储器价格就大幅度滑落。而屋漏偏逢连夜雨，存储器的容量几乎在一夕之间，从256K提升到1MB，戴尔在技术层面也陷入了进退两难的窘况。结果，戴尔不得不以低价摆脱存货，这大大减低了收益，股价暴跌，甚至到了一整季的每股盈余只有一分钱的地步。

这是戴尔第一次面临前所未有的市场压力。巨大的库存风险促使戴尔公司深刻地反省自己，同时也促使戴尔深思存货管理的价值。在IT这样剧烈波动的产业中，制约决策也是很有价值的。存货过量的风险是直接引导戴尔确立"摒弃存货"原则的基础：一是充分利用供应商库存，降低自身的库存风险；二是通过强化与供应商的合作关系，并利用充分的信息沟通降低存货风险。在经历风险之后，戴尔才深刻认识到库存周转的价值。在互联网技术出现之后，戴尔公司又进一步完善了库存管理模式，并丰富了"信息代替存货"的价值内涵。

二、解读零库存

"零库存"并不意味着没有库存。像戴尔这样的组装企业，没有库存意味着无法生存。戴尔所谓要"摒弃库存"其实是一种导向，绝对的零库存是不存在的。库存问题的实质是：既要千方百计地满足客户的产品需求，同时又要尽可能地保持较低的库存水平，只有在供应链居于领导地位的厂商才能做得到，戴尔就是这样的企业。戴尔的库存很低，周转很快，并且善于利用供应商库存，所以其低库存被归纳为"零库存"，这只是管理学上导向性的概念，不是企业实际操作中的概念。

"零库存"的精髓是低库存。戴尔不懈追求的目标是降低库存量。21世纪初期，戴尔公司的库存量相当于5天的出货量，康柏的库存天数为26天，一般PC机厂商的库存时间为2个月，而中国IT巨头联想集团是30天。

当客户把订单传至戴尔信息中心，由控制中心将订单分解为子任务，并通过互联网和企业间信息网分派给上游配件制造商。各制造商按电子订单进行配件生产组装，并按控制中心的时间表供货。戴尔只需在成品车间完成组装和系统测试，剩下的就是客户服务中心的事情。一旦获得由世界各地发来源源不断的订单，生产就会循环不停、往复周转，形成规模化。在得州圆石镇，戴尔公司的托普弗制造中心巨大的厂房可以容纳五个足球场，而其零部件仓库却不超过一个普通卧室那么大。工人们根据订单每隔三五分钟就组装出一台新的台式PC。

三、如何形成零库存

戴尔的零库存优势是如何形成的呢？主要的方式如下。一是整合供应商工作做得好。戴尔通过各种方式，赢得了供应商的信任，以至于不少供应商在戴尔工厂附近建造自己的仓库，形成了"戴尔频繁要求订货，供应商谨慎送货"的运作模式。二是形成了良好的沟通机制，戴尔与供应商形成了多层次的沟通机制，使戴尔的采购部门、生产部门、评估部门与供应商建立密切的业务协同。三是打造强势供应链运作机制，使供应商必须按照戴尔的意图来安排自己的经营计划。

（1）与供应商分享利益

戴尔零库存目标的实现主要是依赖于戴尔的强势品牌、供应商的配合以及合理的利润分配机制的整合等。按照法国物流专家沙卫教授的观点，戴尔要想与供应商建立良好的战略合作伙伴关系，应在多方面照顾供应商的利益，支持供应商的发展。首先，在利润上，戴尔除了要补偿供应商的全部物流成本（包括运输、仓储、包装等费用）外，还要让其享受供货总额3%～5%的利润，这样供应商才能有发展机会。其次，在业务运作上，要避免因零库存导致采购成本上升，戴尔向供应商承诺长期合作，即一年内保证预定的采购额。一旦采购预测失误，戴尔就把消化不了的采购额转移到全球别的工厂，以尽可能减轻供应商的压力，保证其利益。

（2）强化信息优势

通过强强合作，戴尔与供应商建立起伙伴关系，实现充分的信息共享。"由于戴尔的直接经营模式，我们可以从市场得到第一手的客户反馈和需求，然后，生产等其他业务部门便可以及时将这些客户信息传达到戴尔原材料供应商和合作伙伴那里。"戴尔副总裁萨克斯说。戴尔打造信息沟通的基本工具是免费800电话、全球性强大的网络交易、订货、接单体系。戴尔与客户、供应商及其他合作伙伴之间通过网络进行沟通的时间界限已经模糊了，戴尔与客户之间在24小时进行即时沟通，突破了上班时间的限制；同时，戴尔与合作伙伴之间的空间界限已经被模糊了，戴尔在美国的供应商可以超越地域的局限，通过网络与设在厦门的工厂进行即时沟通，了解客户订单的情况。通过强化信息优势，戴尔整合了供应商库存协作关系，并在实践中，成功地磨合出了供应商的送货能力。戴尔与供应商建立起了紧密的协作关系，保证为客户提供精确的库存。

（3）强势供应链

戴尔的"零库存"是基于供应商"零距离"之上。戴尔要求供应商在其生产基地必须建立仓库，自建或租赁，来保持一定的元器件库存量。供应商承担了戴尔公司的库存风险，而且还要求戴尔与供应商之间要有及时、频繁的信息沟通与业务协调。

戴尔的基本优势是低库存。这个优势是具有行业水准的。在IT界，没有哪家竞争对手的库存水平能够超越戴尔。戴尔每天根据订单量来整合供应商资源。比如说，戴尔可以给供应商说，我们需要600万个显示器，需要200万个网络界面，这对供应商来说是很大的机会。所以，供应商愿意按照戴尔的要求把自己的库存能力贡献出来，为戴尔做配套，也尽量满足戴尔提出的"随时需要，随时送货"的要求。戴尔是如何实现低库存的呢？主要是精确预测客户需求；评选出具有最佳专业、经验及品质的供应商；保持畅通、高效的信息系统；最关键的还是保持戴尔对供应商产生强势影响力。这样，戴尔就能超越供给和需求不匹配的市场经济常态的限制，打造出自己的低库存优势。在戴尔，很少会出现某种配件的库存量相当于几个月出货量的情形。

因此，戴尔的零库存是建立在对供应商库存的使用或者精确配送能力的基础上，戴尔通过对供应商库存的充分利用来降低自己的库存。在供应链管理中，戴尔作为链主，其主要的分工是凝聚订单，供应商在戴尔的生产基地附近租赁仓库，并把零配件放到仓库中储备，戴尔需要这些零配件时，则通知供应商送货。零配件的产权由供应商转移到戴尔。由于戴尔采取了以

VMI、CRM 等信息技术为基础的订单制度，在库存管理方面基本上实现了完全的零库存。

四、伯灵顿的例子

伯灵顿环球公司是一家价值 18 亿美元的环球运输及供应链管理的企业。当戴尔公司将亚太区制造中心由马来西亚转移到厦门时，伯灵顿就以合作伙伴的身份一起到了厦门。以与戴尔的紧密合作关系做铺垫，伯灵顿在厦门的业务获得了快速的增长。伯灵顿的内部系统和戴尔相连，采用托管代售／原材料托管模式。这种现代物流的实质，就是直到伯灵顿将货物发到客户（戴尔）之前，货权仍属供应商，戴尔并不用承担库存成本，而是根据生产线的情况及时订货，供应商提供及时供货（JIT）服务，结果双方的效率都得到了提高，成本都在降低。这就是 VMI 具体操作的模式。

在国际上合作广泛的伯灵顿随戴尔一同进驻中国，主力承担起戴尔中国工厂的原材料物流供应，现在已经把即时供货的服务标准缩短到 90 分钟以内。供货时间之所以能做到这么短，一是能系统化地接收戴尔生产计划，二是通过自动库存管理保证货物的先进先出。伯灵顿在厦门为戴尔管理和运作 VMI，帮助戴尔（中国）实现了真正的"零库存"。这是伯灵顿成立 30 年以来，在全球 123 个国家和地区遇到第一个真正的"零库存"企业。

（来源：中国国际物流网站，http://www.guoji56.com，2008-07-10）

案例分析

戴尔公司基于市场的瞬息万变而才采取的"零库存"策略，是其成功的众多因素之一。戴尔的零库存优势的形成，是通过整合供应商、实现充分信息共享、建立强势供应链等有力措施逐步形成的，对于降低企业采购成本、增强企业竞争力起到了重要作用。

在供应链管理模式下，采购工作要做到五个"恰当"：恰当的数量、恰当的时间、恰当的地点、恰当的价格、恰当的来源。在供应链管理的环境下，企业的采购方式和传统的采购方式有所不同。这些差异主要体现在以下几个方面。

1. 从为库存而采购到为订单而采购的转变

在传统的采购模式中，采购的目的很简单，就是为了补充库存，即为库存而采购。在供应链管理模式下，采购活动是以订单驱动方式进行的，制造订单的产生是在用户需求订单的驱动下产生的，然后，制造订单驱动采购订单，采购订单再驱动供应商。这种准时化的订单驱动模式，使供应链系统得以准时响应用户的需求,从而降低了库存成本,提高了物流的速度和库存周转率。

2. 从采购管理向外部资源管理转变

实施外部资源管理也是实施精细化生产、零库存生产的要求。要实现有效的外部资源管理,制造商的采购活动应从以下几个方面着手进行改进:①与供应商建立一种长期的、互惠互利的合作关系;②通过提供信息反馈和教育培训支持,在供应商之间促进质量改善和质量保证;③参与供应商的产品设计和产品质量控制过程;④协调供应商的计划;⑤建立一种新的、有不同层次的供应商网络,并通过逐步减少供应商的数量,致力于与供应商建立合作伙伴关系。

3. 从一般买卖关系向战略协作伙伴关系转变

在传统的采购模式中,供应商与需求企业之间是一种简单的买卖关系,因此无法解决一些涉及全局性、战略性的供应链问题,而基于战略伙伴关系的采购方式为解决这些问题创造了条件。①库存问题。在供应链管理模式下,通过双方的合作伙伴关系,供应与需求双方可以共享库存数据,因此采购的决策过程变得透明多了,减少了需求信息的失真现象。②风险问题。供需双方通过战略性合作关系,可以降低由于不可预测的需求变化带来的风险,比如运输过程的风险、信用的风险、产品质量的风险等。③通过合作伙伴关系可以为双方共同解决问题提供便利的条件。通过合作伙伴关系,双方可以为制订战略性的采购供应计划共同协商,不必要为日常琐事消耗时间与精力。④降低采购成本问题。通过合作伙伴关系,供需双方都从降低交易成本中获得好处。⑤战略性的伙伴关系消除了供应过程的组织障碍,为实现准时化采购创造了条件。

4.6 全球热交换器股份有限公司的采购失误

全球热交换器股份有限公司(GHE)的采购负责人 Tina,正面临着一项重要的采购决策。公司刚刚同一家以前没有业务往来的大客户签订了一份重要订单,生产将在几天内开始。遗憾的是,由于 GHE 的一家供应商大幅提价,威胁到这个项目的初始定价,并影响到项目的实施。

一、公司情况

全球热交换器股份有限公司成立于1920年,成立以来赢得了很好的声誉，目前已经成为各领域热交换器生产中处于领先地位的设计和制造商。精良的制造工艺使 GHE 的热交换系统在很多行业得到了广泛的运用，包括制浆和造纸、发电、变电和输电以及其他与加工有关的行业，有的交换系统使用了 20 多年。

在 GHE 的发展过程中经历了多种所有权形式，在行业内始终保持着领先的地位。1991 年，GHE 归入 Zest 工业品公司，从而成为了 Zest Heat Transfer 集团公司中的一员。Zest 是美国一家拥有超过 12000 名员工的大型私有公司。

GHE 的设施主要分成两个主要部分：制造部分和办公部分。制造部分包括制造、机器车间、装配、检测和研究开发部门，总占地面积大约 94000 平方英尺，有 80 名雇员。办公部分由销售、采购、工程、预测、会计和管理部门构成，总占地面积大约 9000 平方英尺，有 60 名雇员。

GHE 的国际知名度得益于遍及北美以及开设于澳大利亚、中国、巴基斯坦、瑞典和英国的销售处。近年来 GHE 的一些较大的国际项目包括印度的核电设备、欧洲的输电系统、加利福尼亚的大型水泵系统以及远东的一些节能设备。

二、采购部门

Tina 是 GHE 的一位具有十年丰富经验的老手。她同 Charlie Bond 一起在采购部门工作，分别对不同零件的采购负责。同时，他们还同工程部门和预测部门的主管密切合作。Tina 认为交流是各部门之间成功协调的关键所在。

"我同工程部门和预测部门的人经常联系，因为我们想保证 GHE 所设计的系统具备最好的质量，并且销售的价格是合理的。这就需要我们之间进行大量的协调以使工作顺利进行。"

Tina 同时也强调了其工作的重要性以及对于利润的影响。"我能节约的钱是不增加成本的，是净利润。采购对于盈利是非常重要的，只有节约每一分钱才能保证实现预测的计划。"

三、预算过程

采购决策的复杂程度取决于订购的设备是标准的系统还是定制的系统。一套标准系统通常只需要一台电动机及一种简单设计，并且能够根据 GHE 的产品目录进行订货。这种系统的价格相应低些（普通的标准系统大约 5400 美元），因此可以提供现货。

对于定制的系统来说，要进行一个复杂的预测过程。定制的系统比标准的系统要大得多，价格要贵20倍左右。定制的系统需要几台电动机，并且常常是利用特殊的材料设计和制造的。在确定订单的时候，GHE的做法是把自己的预算文件寄给客户以求得其认可。

对预算的需要一般是通过销售部门传到预算部门的。预算部门与工程部门紧密地合作以使系统设计达到客户的要求。设计完成后，预算部门同采购部门合作来提出正式的预算，然后交给销售部门，由其发送给客户认可。

GHE预算的有效期一般只有30天，30天后失效，必须重新进行。这个限制是行业的标准，许多供应商都提出了相似的条件。Tina认为GHE的周转速度是很快的，通常是客户降低了交易的速度。

"我们彼此紧密合作以确保进展迅速，从而保持业务的发展。然而，不应忘记我们的客户同样也有其自己的销售、预测、工程和采购部门，订单通过整个系统需要花费时间，因此，客户反馈信息需要一段时间。"

四、日本公司询价

3月1日，GHE的销售主管、总工程师和总经理从东京带回了一份由日本一家大型发电厂发出的热交换系统的预算请求。预期订单是可以获利的，并且这项交易十分重要。刚从Zest派来的总经理对这项潜在的新业务感到十分兴奋，把它作为在远东市场的突破。他不断地向GHE所有重要职员强调其重要性，包括Tina在内。

在接下来的一个星期内，销售人员、工程部门和预测部门的人员认真地进行了预算，并把最终对零件的要求提交给Tina。Tina毫不费力地从长期供应商那里获取了对所需材料的估价，并把这些信息返回给预算部门。所计划的热交换系统需要很多定制的电动机、金属管以及非常昂贵的钛金属，这些加起来相当于总成本的50%。在把适当的利润加到最终的预测成本之后，合同在当周发往东京，预计定价为1200万美元。

五、突生变故

4月17日下午，Tina午餐后刚回来就被总经理带到庆祝会。因为公司前一天收到了日本人对GHE预算的认可。整个公司都为这份订单和潜在的新业务感到欢欣鼓舞，这家客户给公司的未来带来了希望，前途看似一片光明。当天下午3时13分，Tina回到办公室后读到了一份传真。如下文：

FAX SENT:4月17日

ATTENTION: 全球热交换器股份有限公司采购主管Tina

Tina:

我个人想通知你关于最近的公开价格的变化，我方已经在新的价格目录中发布了公告（给你方的一份已发出，很快就会收到）。

你会注意到，钛金属板的价格大幅上扬25%。3月3日我方提供给你方关于这种特殊材料的预计价格，我方认为你方应该了解价格的这种变动。你方过去的订货数量很大。但我方对价格的上涨感到遗憾（这是我方不能控制的），希望它不影响我们之间未来的合作。真诚地希望我们之间长期的合作关系继续下去。

真诚的

Charles Pappas

Titania有限公司销售主管

Tina紧张地看了一遍又一遍以确认没有看错。Titania公司价格的提高将导致对日本订单的成本严重低估，并最终给GHE造成损失。她怀疑地摇了摇头，想知道下一步该怎么办。

案例分析

采购部门是承担采购任务的执行部门，不要需要和相关部门保持密切的沟通，及时了解采购需求，更要做好供应商的管理工作。定期审核、更新供应商数据，及时与供应商保持有效沟通，都是完成采购任务的重要前提。在本案例中，采购主管Tina负有主要责任，而其他相关部门也应承担相应的责任。

供应链环境下的采购管理重点在于做好供应商管理工作，正确处理和发展同供应商的关系，将采购及供应商的活动看作是自身供应链的有机组成，加快物料及信息在整体供应链中流动，做到缩短生产周期、降低成本和库存，同时又能以最快的交货速度满足顾客需要。

1. 企业采购的物料分类管理

对于一个大型企业来说，每年为生产而采购的物料种类多达成千上万，不可能也没有必要同每一种物料的供应商建立长期的合伙关系。可以按照以下因素将所采购的物料分类：①物料对企业的重要程度；②物料获得的难易程度和可靠程度；③供应市场化程度；④企业与供应商的相对优劣势。根据这些因素，企业可以考虑用不同的管理模式同这些物料的供应商发展关系。

2. 选择合适的供应商

一般来说，在传统采购模式下，对于同一种物料，与企业有供应关系的厂家可能很多。在确定企业应该重点管理的关键性物料后，下一步就是如何在这些供应商中挑选合适的厂家以发展长期的合作伙伴关系。建立一种新的、有不同层次的供应商网络，并通过逐步减少供应商的数量，致力于与供应商建立供应合作关系。但是，企业的产品对零部件或原材料的需求是多样的，因此不同的企业供应商的数目不同，企业应该根据自己的情况选择适当数量的供应商，建立供应商网络，并逐步减少供应商的数量，致力于和少数供应商建立战略伙伴关系。

3. 培养和加强长期合作伙伴关系

良好的合作关系首先必须得到供应和采购双方最高管理层的支持和协商，双方需要了解相互的企业结构和文化，并适当地对企业组织结构进行改造和对企业文化进行再塑造，解决文化和态度之间的障碍，尽量消除业务流程的结构上存在的障碍。在长期合作伙伴关系建立的实质阶段，双方需要进行期望和需求分析，相互之间需要紧密合作，加强信息共享，相互进行技术和设计支持。可以从以下几个方面着手。①供应和采购双方的高层领导建立经常性互访制度。②供应和采购双方经常进行有关成本、作业计划、质量控制信息的交流和沟通，保持信息的一致性和准确性，通过提供信息反馈和教育培训，促进供应商质量改善和质量保证。③建立联合任务小组，实施并行工程。④协调供应商计划。一个供应商可能同时参与多条供应链的业务活动，在资源有限的情况下必然会造成多方需求争夺供应商资源的局面。在这种情况下，制造商的采购部门应主动参与供应商的协调计划。

需要特别指出的是，要想维持长期的合作伙伴关系，相互间的信任是必不可少的。只有相互信任，双方才会共同寻找解决问题和分歧的途径，而不是寻找新的合作伙伴。相互信任必事先预测、依靠权威或进行谈判等手段可更快、更经济地减少合作伙伴间的复杂性与不确定性，并能因此大大改善双方的合作绩效。

第 2 篇

功能篇

在降低制造成本和扩大市场份额空间不大的情况下，降低物流成本成为企业的"第三利润源泉"。

——西泽修

第 5 章 包装与装卸搬运

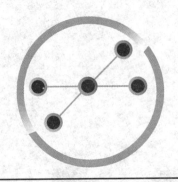

Chapter 05

5.1 包装引发的国际商务纠纷

国际贸易中,因货物包装问题而造成的损失较大,导致国际商务纠纷频频发生。

1. 使用的包装材料违反进口国法规

若使用的包装材料违反进口国的有关规定,则会导致货物在入关时被查扣。例如:绝大多数国家不允许使用稻草做包装捆扎与衬垫材料的货物进入;许多国家规定,为避免病虫害的传播,以木、竹、藤、柳等为原材料的进口包装物必须经过熏蒸处理,并附权威证明书,而未经熏蒸处理的包装物不能进入;大多数国家禁止使用旧报纸、旧棉花、旧棉布作为商品内部充填物或包装缓冲材料。

2. 脆弱易碎商品的包装不够坚固

我国每年因包装保护不良导致进出口贸易商品在运输流通途中破碎损坏而引起索赔的案例很多。其原因除了运输流通途中出现意外,装运方法粗暴、违规等,还在于包装容器结构设计和使用不合理,内部缓冲衬垫设计和使用不科学等方面。

3. 贵重商品包装过于简易或封缄不严

有些贵重的出口商品因包装简陋或封缄不严而受损或丢失,引发商务纠纷。造成物品受损或丢失的具体情况有:包装纸箱封缄处开裂;捆扎带宽松；受压后包装变形；缺少包装封缄的原封专用标记；无防偷换措施（即打开后可重新封合而不留痕迹）等。此类商品门类众多，包括丝绸、服装、抽纱品、文体用品、玩具、工艺礼品、精密仪器、工艺瓷器、钟表等。

4．危险品包装容器结构薄弱与密封不良

具有易燃、易爆、放射性等潜在危险的产品在储藏运输过程中需要密封包装，不然会因物品的渗漏逸出而发生燃烧、爆炸、污染等危害环境与人身的严重后果。这类产品主要有电石、铝银粉、油漆、有机溶剂、冰醋酸等。过去几年里，我国发生过几十次因危险品出口包装引起事故而引发的纠纷问题。

5．包装规格与容量不适当

我国某些商品的包装不按国际贸易惯例要求执行，不严格遵照客户要求操作，或因包装容量规格的设置划分不当，有些商品包装体积过于巨大或过于笨重，从而导致进口方拒收，引发商务纠纷。

6．包装设计违反进口国宗教与风俗习惯

一些商品包装的图文标贴设计未能充分尊重进口国的宗教文化、风俗习惯，也是引起国际商务纠纷的常见原因之一。

（来源：《中国物流包装中存在的问题与发展策略探讨》，金国斌，2011年4月）

 案例分析

包装是生产的终点也是物流的起点，物流系统的所有构成因素均与包装有关，在物流过程中不考虑包装的制约因素，将会对物流产生重大的不良影响。贸易纠纷的产生，往往不是商品本生原因造成，在物流实践中，不合格的物流包装会导致合格的商品被判定为不合格，有必要在物流系统中考虑包装的功能要素以及包装的方法和技术。

包装（Package / Packaging）是为在流通过程中保护产品、方便储运、促进销售，按一定技术方法而采用的容器、材料及辅助物等的总体名称；也指为了达到上述目的而采用容器、材料和辅助物的过程中施加一定技术方法等的操作活动。任何产品，要从生产领域转移到消费领域，都必须借助于包装。早期，人们对商品进行包装，主要是为了保护商品，随着科学技术的不断进步和商品经济的发展，人们对包装的认识也不断深化，对其赋予了新的内容，即要方便运输、装卸和保管，又是商品在生产领域的延续。现代包装，又向消费领域延伸，成为"无声的推销员"。

商品包装的保护功能是其最重要和最基本的功能，主要保护商品在流通过程中其价值和使用价值不受外界因素的损害。①防止产品破损变形。产品包装必须能够承受在装载、运输、保管等过程中的各种冲击、震动、颠簸、压缩、摩擦等外力的作用,形成对内装产品的保护,具有一定抗震强度。具有关资料显示,我国每年的物流损失率高达140多亿人民币。②防止产品发生化学变化。产品在流通、消费过程中易受潮、发霉变质、生锈而发生化学变化,影响产品的正常使用。这就要求包装能在一定程度上起到阻隔水分、潮气、光线及有害气体的作用,避免外界环境对产品产生不良影响。③防止有害生物对产品的影响。鼠、虫及其他有害生物对产品有很大的破坏性。这就要求包装能够具有阻隔霉菌、虫、鼠侵入的能力,形成对内装产品的保护作用。④防止异物混入、污物污染、丢失、散失和盗失等作用。对易污、易腐商品进行包装,可以使商品不受污染,不腐烂变质,保持其洁净卫生,保护商品的价值和使用价值不受损失。

包装的销售功能,源于市场竞争,是现代商品流通中必然存在的现象。在商品质量相同的条件下,精致、美观、大方的包装可以增强商品的美感,引起消费者注意,诱导消费者的购买欲望和购买动机,从而产生购买行为,起到"无声推销员"的作用。它是公司和消费者相互联系的最终界面。而消费者经常依据他们对商品的印象来购买商品,而他们对商品的印象就源自包装上的信息——商标、色彩和对产品的展示。有些包装,由于具有潜在价值而强化了销售功能。如美观适用的包装容器,在内装物用完后还可用来盛装其他物品;五彩缤纷、印刷精美的火花、烟标等,还可被当作艺术品收藏等。

5.2 泡沫填充袋保障运输

作为 Thomson 集团公司一个组成部分的 Thomson Learning 公司,坐落在美国肯塔基州,是一家世界领先的计算机教学公司。该公司专门生产计算机领域的文本教材、在线课件等教学材料,以及其他能够促进有效学习的产品。最近,Thomson Learning 公司在提高包装品质方面下了工夫,它改用 Sealed Air 公司生产的填充在包装袋内的泡沫包装来运输自己的产品。通过这项改变,Thomson 公司对存放包装材料的空间需求减少了 4800 平方英尺,降低了劳动力成本,并使包装产品所需的时间缩短了 25%。

目前在 Thomson 公司位于美国肯塔基州的占地面积为 88 万平方英尺的工厂中,8 条主要的包装生产线上都配备了向包装袋中填充泡沫的包装系统。该种保护性的、在包装袋内填充泡沫的包装也提高了包装区域的生产能力和吞吐量。而且尤为重要的是,它还减少了产品因为损坏而被退回的事件的发生。因为泡沫体积最大可以膨胀280倍，形状与其内容物相一致，形成了一个保护性的衬垫。

作用很明显，Thomson公司在寻找高品质包装方式时要考虑的一个重要问题是保护性能。公司每天包装并运输大量的物品，包括了教科书、光盘、评估和测试材料，以及许多其他在运输过程中必须安全稳定的产品。虽然他们以前使用的松散填充包装也可以提供缓冲作用，具有保护性，但是它不能达到Thomson公司所需要的缓冲级别。使用松散填充材料，一般每天必须向悬挂的料斗中补充原料三次。这项工作要求操作工将生产线停下来，放低料斗，加入松散填充材料，再将料斗升起使它归位。这是一个非常耗时的过程，每条生产线在一天中都要被迫暂停数分钟。

通过测试在对其他几个包装方式选择进行评估的同时，Thomson公司通过在厂里安装一台SpeedyPacker包装袋填充泡沫设备，对该系统进行了测试。这样员工就可以取得填充在包装袋中的泡沫缓冲过程的第一手资料，并且可以亲手操作设备。Thomson公司也对包装进行了测试，并且在最终决定采用这一项包装袋填充泡沫系统之前征求了顾客的反馈意见。

SpeedyPacker只是来自Sealed Air公司的系列产品中的一个，这些系统使用Instapak出品的泡沫，泡沫的体积能够膨胀到它液态时体积的280倍。在几秒钟之内，就在包装作业线上，这种填充在包装袋内的泡沫衬垫将Thomson公司的学习材料固定在运输箱内的位置上，有助于降低产品在运输中被损坏的风险。根据被包装的产品不同，SpeedyPacker系统可将包装袋料卷定制成6种袋长和不同的泡沫量，每分钟最多可以生产21个包装袋。

Thomson公司的维护经理，Dick Adams先生说，Thomson工厂进行了240个小时（大约6个月）的运输测试，他们在向加利福尼亚州和波士顿的顾客运输用瓦楞纸板运输箱包装的产品时，使用了Instapak出品的填充了泡沫的包装袋作为缓冲材料。征求顾客对新包装反馈意见的顾客回执卡片被加在每一个运输箱中。

结果顾客给这个新的向包装袋中填充泡沫的包装方法打出了很高的分数。由于包装袋中填充有泡沫的衬垫为产品提供的保护作用，订购的货物能够以更好的状态抵达，因而Thomson公司被退回来的产品减少了。另外，Thomson公司工作在包装作业线上的员工给该系统打出的分数是A+。

Instapak泡沫在运输箱中的膨胀方式是独一无二的，可以填充在产品和包装箱之间的空隙中，这是Thomson公司改用包装袋内填充泡沫包装方式的另一个好处。这一特点使Thomson公司统一了所需要的瓦楞纸箱尺寸，把使用的瓦楞纸箱型号从24个减到5个。并且，对Thomson公司来说，最棒的是公司达到了自己的目标。

在改用包装袋中填充泡沫的包装过程和 SpeedyPacker 系统之前，Thomson 公司的每一个操作人员每天一共可以包装大约 120 箱产品。而现在的新工厂里，有需求时，8 条生产线中的每一条每一班最多都能够包装 1000～1500 箱产品。在放假刚刚开学的高峰期，每天可以包装超过 40000 箱产品。正如 Ballachino 先生所介绍的那样，这项在包装袋内填充泡沫的项目获得了成功。

"在包装时间（每箱）上的节约使我们的生产线操作工很高兴，"他总结说，"如果用具体的数字来说明在我们劳动力上的节约，那就是我们的每箱成本减少了 3 美分。该 Instapak 系统还使我们有能力增加包装量，以便跟上顾客对产品的需求。我们达到了减少劳动力和改变混乱状态的目标，并实现了一些事先没有预期到的节约。在使用 Sealed Air 包装袋时，我们获得了很多经验。"

（来源：《包装资讯》，http://news.pack.cn）

 案例分析

Thomson 公司选择 Instapak 泡沫作为填充包装材料后，商品在储运过程中减少了因商品破损而导致的消费者和企业利益受损；企业所需场地减少，提高了空间利用率；包装效率提高的同时降低包装成本，最重要是提高了服务质量，为企业赢得客户的信任。

目前的包装技术包括以下 5 种。

（1）包装袋。包装袋是柔性包装中的重要技术，包装袋材料是柔性材料，有较高的韧性、抗拉强度和耐磨性。包装袋一般分成三种类型：集装袋、一般运输包装袋、小型包装袋（或称普通包装袋）。

（2）包装盒。包装盒是介于刚性和柔性包装两者之间的包装技术。其包装材料有一定柔性，不易变形，有较高的抗压强度，刚性高于袋装操作，一般采用码入或装填，然后将开闭装置闭合。包装盒整体强度不大，包装量也不大，不适合做运输包装，而适合做商业包装、内包装。适合包装块状及各种异形物品。

（3）包装箱。包装箱是刚性包装技术中的重要一类。包装材料为刚性或半刚性材料，有较高强度且不易变形，包装量也较大，适合做运输包装、外包装，包装范围较广，主要用于固体杂货包装。主要包装箱有以下几种：瓦楞纸箱、木箱（木板箱、框板箱、框架箱）、塑料箱、集装箱。

（4）包装瓶。包装瓶是瓶颈尺寸有较大差别的小型容器，是刚性包装中的一种，包装材料有较高的抗变形能力，刚性、韧性要求一般也较高，包装量一般不大，适合美化装潢，主要做商业包装、内包装使用，主要包装液体、粉状货。包装瓶按外形可分为圆瓶、方瓶、高瓶、矮瓶、异形瓶等若干种。瓶口与瓶盖的封盖方式有螺纹式、凸耳式、齿冠式、封包式等。

（5）包装罐（筒）。包装罐是罐身各处横截面形状大致相同，罐颈短，罐颈内径比罐身内颈稍小或无罐颈的一种包装容器，是刚性包装的一种。包装材料强度较高，罐体抗变形能力强。包装罐（筒）主要有三种：小型包装罐、中型包装罐、集装罐。

5.3 包装技术支持福特汽车的精益生产

福特汽车公司的目标就是成为世界级的精益生产商。要作到精益生产过程的关键是零部件供应商用于生产零件装运的包装。通过使用最佳尺寸的包装箱，系统和生产线的环保材料流得到了改进。包装的整个作用是从长时间库存的大包装货物转换到小批量包装（比如说使用小包装箱），它根据包装箱每小时的任务。

为什么采用小批量包装？

当小包装与 SMF（同步材料流）程序结合时，在生产循环中就产生以下优势。

① 能减少生产循环中各个阶段中不必要的浪费。

② 通过减少纸板包装支持欧洲的绿色战略。

③ 通过使体积利用率最大化减少欧洲和出口市场的运费要求。

④ 人工装运代替机械装运到生产线。叉式升运机能用专门的补给循环来代替。

⑤ 减少物体空间要求。生产线旁的库存位置和市场存储区能大大减少。

⑥ 提高直接员工效率。包装箱能很有功效地送到操作者，使他们的效率最大化。

⑦ 提高库存周转率。

⑧ 降低增加的无价值库存量。

⑨ 使生产流程更顺畅。

⑩ 减少批数量，可用更小的单元订购或生产标准小包装箱，同时保持负载单元水平。

在有必要集中材料流过程的情况下，上述这些效率能通过福特公司和供应商来实现。总之，对小包装操作没有间接成本。

（来源：福特汽车公司——欧洲包装说明书，2002 年 4 月）

案例分析

福特包装指南的更新反映了福特为欧洲绿色工程和精益生产持续承诺，强调了欧洲分厂使用耐久小包装箱，出口制造厂使用小批量IMC纸箱。

为产品流通、消费提供方便是一种合理包装必备的特征。包装通常将产品以某种单位集中。一般来讲包装要求既能够分割又能重新组合，以适应多种装运条件和分货的需要。产品包装的大小、形状、包装材料、包装重量、包装标志等各个要素应为运输、保管、验收、装卸、计量、销售等各项作业创造方便条件；同时，包装拆装作业本身能够简便快捷，拆装后的包装材料应当容易处理。(1) 方便物流。商品经过包装，特别是推行包装标准化，能够为商品的流转提供许多方便。例如，液态产品（硫酸、盐酸等）盛桶封装，小型异件产品装入规则箱体，零售小件商品集装成箱，为物流过程中产品的装卸、搬运、储存提供方便；同时，推行包装标准化，能够提高仓储的利用率，提高运输工具的装载能力；此外，产品包装容器上标有鲜明的标记（发运地、到达地、物资名称、规格型号、重量体积、生产厂家、注意事项等）以指导产品的装卸和运输，便于商品的识别、清点和入库，有利于减少货损和货差，减少流通环节的作业时间，加快商品流转，降低流通费用。(2) 方便销售。①时间方便性：科学的包装能为人们的活动节约宝贵的时间，如快餐、易开包装等。②空间方便性：包装的空间方便性对降低流通费用至关重要。尤其对于商品种类繁多、周转快的超市来说，十分重视货架的利用率，因而更加讲究包装的空间方便性。规格标准化包装、挂式包装、大型组合产品拆卸分装等，这些类型的包装都能比较合理地利用物流空间。③省力方便性：按照人体工程学原理，结合实践经验设计的合理包装，能够节省人的体力消耗，使人产生一种现代生活的享乐感。

包装的分类包括如下几种。(1) 传统分类。①运输包装：又称外包装，是指以满足运输储存要求为主要目的的包装。它具有保障产品的安全，方便储运装卸，加速交接、点验等作用。它主要在厂家与分销商、卖场之间流通。②销售包装：又称内包装，是直接接触商品并随商品进入零售网点和消费者或用户直接见面的包装。还可分为内销包装、外销包装、礼品包装、经济包装等。销售包装直接面向消费者，要求新颖简洁、方便实用，并体现商品性。(2) 专业分类。①按产品的属性分类：食品包装、药品包装、服装包装、五金包装、化工产品包装、电子产品包装等。②按包装容器分类：箱、桶、袋、包、筐、捆、瓶、坛、罐、缸等。③按包装材料分类：纸质包装、塑料包装、金属包装、玻璃包装、木制包装、陶瓷包装等。④以安全为目的的分类：一般货物包装和危险货物包装等。⑤按包装的结构分类：开窗式包装、购物袋式包装、封闭式包装、POP 包装等。⑥按流通的功能分类：个包装、中包装、大包装。个包装又称为销售包装，这种包装是对产品最直接的包装；中包装又称批发包装，这种包装的目的是为了保护产品，主要是将物品以一个或二个以上的单位予以整理包装；大包装又称为外包装或运输包装。

5.4 日本包装减量化的典型案例

2008 年底，上海市包装协会接待了日本包装协会"包装与环保"代表团，中日包装专家就包装、包装废弃物、环境等问题开展了交流，特别就当今困扰社会经济生活发展的问题开展深层次的切磋研讨。会上日本专家向上海同行介绍了他们在产品包装减量化的先进经验，有不少案例值得我们借鉴、学习。

一、大日本印刷株式会社的新型包装

该企业产品包装贯彻环境意识的四原则，即包装材料减量化、使用后包装体积减小、再循环使用、减轻环境污染的原则。

①包装材料减量化原则：采用减少容器厚度、薄膜化、削减层数、变更包装材料等方法。②使用后包装体积减小的原则：采用箱体凹槽、纸板箱表面压痕、变更包装材料等方法，该企业生产的某种饮料瓶使用完毕后，体积变得很小，方便回收。③再循环使用原则：例如采用易分离的纸容器，纸盒里面放塑料薄膜，使用完毕后，纸、塑分离，减少废弃物，方面处理；还有一种可易分离的热塑成型的容器。④减轻环境污染原则：该企业在包装产品的材料、工艺等方面进行改进，减少生产过程中二氧化碳（CO_2）的排放量，保护环境。

二、索尼公司电子产品的新包装

索尼公司严格按照环境意识的四原则来推进该公司的产品包装。他们不但遵循"减量化、再使用、再循环"循环经济的"3R"原则，而且还在替代使用（Replace）上想办法，对产品包装进行改进 1998 年该公司对大型号的电视机的泡沫塑料材料（EPS）缓冲包装材料进行改进，采用八块小的 EPS 材料分割式包装来缓冲防震，减少了 40%EPS 的使用；有的产品前面使用 EPS 材料，后面使用瓦楞纸板材料，并在外包装采用特殊形状的瓦楞纸

板箱，以节约资源；另外对小型号的电视机采用纸浆模塑材料替代原来的EPS材料。

三、东洋制罐株式会社的包装产品

由东洋制罐开发的塑胶金属复合罐 TULC（ToyoUltimateCan）罐，以PET及铁皮合成之二片罐，主要使用对象是饮料罐。这种复合罐既节约材料又易于再循环，在制作过程中低能耗、低消耗，属于环境友好型产品。东洋制罐还研发生产一种超轻级的玻璃瓶。像用这种材料生产的187毫升的牛奶瓶的厚度只有1.63毫米，89克重，普通牛奶瓶厚度为2.26毫米，重130克，比普通瓶轻40%，可反复使用40次以上。该公司还生产不含木纤维的纸杯和可生物降解的纸塑杯子。东洋制罐为了使塑料包装桶、瓶在使用后方便处理，减少体积，在塑料桶上设计几根环形折痕，废弃时可很方便折叠缩小体积，这类塑料桶（瓶）种类多达从500毫升到10升容积等品种。

（来源：一诺钢铁物流网，http://www.yn56.com）

 案例分析

从以上几家日本公司包装产品的实际案例我们可以清楚地看到日本同行在包装减量化方面做了大量富有成效的研究、开发。而在我国的包装工业高速发展过程中还存在一些问题：一是许多企业未摆脱高投入、高消耗、高污染和低产出的粗放型经营模式；部分商品存在包装过度的现象；二是包装物回收率低，除部分（如PET瓶和饮料罐）回收利用情况较好外，其他类型包装物的回收利用率相对较低；三是资源浪费严重，大量废弃包装物除增加了城市生活垃圾处理的负担外，还浪费了大量的资源；四是我国现有的包装物回收渠道比较混乱，原有的以单一的政府行为为依托的回收系统和渠道不畅通，以市场为依托的规范的回收网络尚未建立；五是包装物再生利用技术落后，资源再生利用率低，而且存在较为严重的二次污染。

我们必须在整个包装行业大力推进可持续发展战略的绿色包装，要求产品包装的设计、制造、使用和处理均应符合低消耗、减量、少污染等生态环境保护的要求。在满足保护、方便、销售等功能的条件下，应采取用量最少的适度包装，包装材料须是无毒无害，应易于重复利用，或其废弃物易于回收再生。材料的变化又要求加工工艺、加工机械、容器制造、包装设计、装潢印刷等各个环节实行相应的变化，从而引发整个包装行业的观念大变革和技术大革命。所以说遵循循环经济原则、实现包装减量化是我国包装行业响应党中央、国务院号召走建设资源节约型、环境友好型社会义不容辞的历史任务。我们必须从自己企业做起、从现在做起，共同将我国建设为绿色家园而努力。

基于可持续发展战略，人们对物流包装提出新的要求，那就是降低包装的高消耗，包装在货品废弃后应该是环保利于回收的。上述的三家企业无疑在包装设计中涵盖节约资源、加强回收利用、减少废弃物的产生的理念，符合绿色包装的趋势，并遵循了绿色包装"3R1D"原则：合理选用材料、节约材料、研究新型替代材料。

5.5　某食品公司对产品的多重包装处理

FRUIT TREE 公司是一家生产各类果汁及水果制品的企业，随着零售点数目和类型的增加，果汁市场迅速地成长起来。FTUIT TREE 公司所关注的最主要的一个问题是果汁生产时的新鲜度。因此，有些产品是通过冰冻或浓缩制造的。对于 FRUIT TREE 公司的大部分生产来讲，气候在决定公司能否生产出某一产品中起着很重要的作用。

十年前，FRUIT TREE 公司的产品线是瓶装果汁和灌装水果的独立包装，所有的标签都是相同的，并且只有两种标准容器——瓶和罐。如果你需要苹果、梨罐头等，FRUIT TREE 公司将会给你提供独立的产品。

然而，在过去十年中发生了许多变化，对果汁产品的要求也越来越多元化，这些多元化要求包括：世界各地的顾客需要不同的品牌；顾客不再完全为英语语种的消费者，因此需要有新的品牌和标签；顾客的消费习惯要求容器大小能有一个可变的空间；顾客的包装需要从独立的包装变为24罐的不同包装；顾客对个性化品牌包装需求呈现上升趋势；大量商品不再接受标准的托盘式装卸，而要求被重新托盘化。

在这种趋势下，公司的存储和销售出现了一些问题。单一的包装形式很难适应多元化的市场需要，从而出现了有些产品库存过多，而同类的其他产品去缺货的情况，因此公司需要寻求另一种方法来解决问题。

于是，FRUIT TREE 公司认识到，传统的生产、包装、打包、集合及运输入库的方法并不有效，问题的解决方式是重新设计对仓库的责任。这一战略将生产环节设计成为生产产品并将之放于未包装的罐和瓶上，这种产品被称为"裸装产品"。这种"裸装产品"相关的各种瓶和罐一起被送入仓库，仓库成为了一个为托盘化"裸装产品"、瓶和罐的半成品存储地。当顾客向 FRUIT TREE 公司提出每个月的购买意向后，直到货物装车前两天，公司才会确认订单，并立即将订单安排到仓库四条包装线的其中一条上。完成最后的包装和发运工作。为了保证包装生产线的利用率，当生产线有闲余时，将生产需求最大的产品，并将其入库以备后用。

FRUIT TREE 公司通过将包装业务放置到仓储过程中完成，有效地解决了库存不均匀和生产预测的复杂问题。该公司仓储改建包装流水线的总投资约 700 万美元，另外增加了 6 个包装操作员来充实包装线及安排已完工的托盘，但是库存的减少和运输成本的减少带来了 26% 的额外税后利润率。更重要的是，顾客服务的改进和对市场需求反应能力的提高，曾被认为无法实现的要求现在已能顺利完成。

案例分析

FRUIT TREE 公司"裸装产品"策略是一个类似于企业管理中"延迟战略"的物流概念：为了减少物流包装的成本与增大其价值，如何在流通过程中寻找最合理的作业地点、时间及形式。传统的货物交易通过适当延迟，可能减少风险，降低成本。"延迟战略"原理可用于国际营销系统中复杂产品的装配与包装。当产品类似但市场地点不同时，装配与包装的"延迟"，给了客户以适合自己个性化包装的机会，而且使其长途运输成本和管线中的差异化和货物库存量最小化。

商品的包装方法包括如下几类。

①防震保护方法：所谓防震包装就是指为减缓内装物受到冲击和震动，保护其免受损坏所采取的一定防护措施的包装。防震包装主要有以下三种方法：全面防震包装方法、部分防震包装方法、悬浮式防震包装方法。②防破损保护方法：缓冲包装有较强的防破损能力，因而是防破损包装技术中有效的一类。此外还可以采取以下几种防破损保护技术：捆扎及裹紧的方法、集装方法、选择高强保护材料。③防锈包装方法：主要包括防锈油、防锈蚀包装方法，气相防锈包装方法。④防霉腐包装方法：包装防霉烂变质的措施，通常是采用冷冻包装、真空包装或高温灭菌方法。⑤防虫包装方法：防虫包装技术，常用的是驱虫剂，也可采用真空包装、充气包装、脱氧包装等技术，使害虫无生存环境，从而防止虫害。⑥危险品包装技术：危险品有上千种，按其危险性质，交通运输及公安消防部门规定分为十大类，即爆炸性物品、氧化剂、压缩气体和液化气体、自燃物品、遇水燃烧物品、易燃液体、易燃固体、毒害品、腐蚀性物品、放射性物品等，有些物品同时具有两种以上危险性能。对不同的危险品要根据其特点采用不同的包装措施。⑦特种包装方法：主要包括充气包装、真空包装、收缩包装、拉伸包装、脱氧包装。

所谓包装合理化,是指在包装过程中使用适当的材料和适当的技术,制成与物品相适应的容器,节约包装费用,降低包装成本,既满足包装保护商品、方便储运、有利销售的要求,又要提高包装的经济效益的包装综合管理活动。包装合理化与标准化是"一胞双胎",二者相互依存、相互促进。

合理化包装要做到包装适当。首先,要防止包装不足。由于包装强度不足,包装材料不足等因素所造成商品在流通过程中发生的损耗不可低估。据我国1988年相关统计分析,认定因此而引起的损失,一年达100亿元以上。其次,要防止包装过剩。由于包装物强度设计过高、包装材料选择不当而造成包装过剩,这一点在发达国家表现尤为突出,日本的调查结果显示,发达国家包装过剩约在20%以上。应该从物流总体角度出发,用科学方法确定最优包装。

包装合理化措施包括以下5点。①广泛采用先进包装技术。包装技术的改进是实现包装合理化的关键。要推广诸如缓冲包装、防锈包装、防湿包装等包装方法,使用不同的包装技法,以适应不同商品的包装、装卸、储存、运输的要求。②由一次性包装向反复使用的周转包装发展。③采用组合单元装载技术,即采用托盘、集装箱进行组合运输。托盘、集装箱是包装—输送—储存三位一体的物流设备,是实现物流现代化的基础。④推行包装标准化。⑤采用无包装的物流形态。是对需要大量输送的商品(如水泥、煤炭、粮食等)来说的。

5.6 联合利华的托盘管理

当前产品生产周期的缩短和JIT订购向仓库管理者提出了挑战,德州仪器公司基于TIRIS无线电频识别技术(RFIT)开发的一项全新"Smartpallet"系统,利用自动化技术消除了重复分拣,并缩短了配送时间。

联合利华公司(意大利)是全球第一个使用Smartpallet系统的企业,现在它的订货处理时间降低了20%,员工数量减少了1/3。目前排名第25位的联合利华公司生产洗发水、牙膏、洗洁精、化妆品、地板蜡和其他各种生活消费品。在安装RFIT系统之前,联合利华的Elida-Gibbs工厂每天需要3个工人处理200个托盘,现在一个仓库管理员一天就可以发送350个托盘,这样就可以减少托盘的堆垛和再装载工序。

德州仪器公司和一家计算机工程Sinformat SRI联合开发联合利华的物流系统,此系统于1995年安装在位于米兰附近的Gaggiano工厂,Sinformat

SR设计了基于视窗操作的计算机软件EASYSEND,德州仪器公司开发了低频的RFIT系统来控制生产过程,记录产品位置,对产品称重和进行标签操作。配有无线电频率读数器的叉车在仓库装载活动中穿梭不息,这些读数器将每个托盘的状态及时传送给仓库门口的无线电应答器,然后再传送到仓库的计算机控制中心,管理人员就可以随时知道任何一笔订单所处的位置。结合半导体技术、微电子包装、计算机系统设计的TIRIS系统由无线电发射应答器、计算机系统阅读器和天线三部分组成。无线电发射应答器被固定在托盘出入的仓库门口,信息阅读器和天线被装在叉车上。

联合利华的高科技仓库中,每一个托盘都有一个条码,通过扫描仪将信息输入仓库的程序逻辑控制器。除此之外,计算机还存有该托盘的详细数据;可装箱的数量、订单装运地点、运送的商品种类。一个托盘装载了货物后,经过第一道门口时,用薄膜包装、称重,经过最后一道门时再次称重,以确保准准确度。托盘按先进先出法处理,排列顺序依次输入计算机中。当托盘被放在装载底板上时,叉车上的TIRIS信息阅读器就开始检查、传送由门口的无线电频信号,精确定位托盘,当托盘到达装货地点时,另一个无线电发射应答器就会警示计算机托盘准备装进拖车中,随后货车的衡量工具自动根据计算机记载的资料比较总负荷与单个托盘的重量,如出现任何偏差便在系统内标注记号。

联合利华公司通过对托盘的先进管理,节约了时间,减少了差错,同时也降低了物流成本。

 案例分析

信息化是物流产业发展的必然趋势,它的出现改变了传统的物流作业方式,整合优化了作业组织,本案例中联合利华的高科技仓库对搬运组织进行了重新规划设计,特别是在出入库环节中利用信息化手段确保了装载工具的先进先出,确保了包装、检验环节自动化,增大了效率、降低了人力成本,相对于传统的出入库组织安排优势非常明显。

装卸搬运就是指在某一物流节点范围内进行的,以改变物料的存放状态和空间位置为主要内容和目的活动。装卸(Lloading and Unloading):物品在指定地点以人力或机械装入运输设备或卸下。搬运(Handling/Carrying):在同一场所内,对物品进行水平移动为主的物流作业。

装卸搬运具有如下特点:①装卸搬运作业量大;②装卸搬运对象复杂;③装卸搬运作业不均衡;④装卸搬运对安全性要求高;⑤具有"伴生"性和"起讫"性;⑥具有提供"保障"性和"服务"性。

托盘是单元化装卸搬运的重要工具，是指用于集装、堆放、搬运和运输放置作为单元负荷的货物和制品的水平平台装置。其主要特点是装卸速度快、货损货差少。

托盘按其基本形态分类，分为：用叉车、手推平板车装卸的平托盘、柱式托盘、箱式托盘、板状托盘；用人力推动的滚轮式托盘；装运桶、罐等与货物外型一致的特殊构造的专用托盘。从托盘装卸的形态来分，托盘可分为保管装卸、终端装卸及托盘运输中的装卸三大类。一般常用的方法是：在保管装卸中，用叉车将托盘单元直接进行多层堆放保管的方法；利用托盘货架、流动货架的方法；利用中层货架和侧面装卸叉车配合的方法以及利用高层货架和升降吊车静配合的方法。

5.7 适合装卸作业的货物仓库布局方式

某企业是一家生产工装裤的工厂，规模不是很大，它只生产少数集中产品，而产品的主要差别仅在于的裤子的尺寸不同。

该企业在进行仓库布局设计的过程中，主要分为以下几个步骤。

一、根据产品的特点进行分类分项

在设计仓库布局时，该企业按照工装裤的尺寸大小分别存放进行考虑。先按照工装裤的腰围大小，从最小的到最大尺寸，分为若干类。然后每一类再按裤长尺寸由最小尺寸到最大尺寸，分为若干项。

二、根据分类分项进行存放

分类分享后，按顺序存放。为了减少订单分拣人员的分拣时间，除了按上述方法将工装裤按尺寸大小分类分项外，还可以将那些客户最常选购的一般尺寸就近存放在存取较为方便的货位，而将特小和特大、客户不常选购的特殊尺寸码存放在较远和高层的货位。通过货物在仓库中合理布局，从而提高了物流工作效率，实现了物流合理化。

三、进行其他空间的安排

除了货物入库和出库所需要的库房储存空间以外，为了进行仓库其他业务活动也需要有一定的场地，具体如下：

① 车辆为等待装货或卸货的停车场和员工休息室；

② 入库和出库货物的暂时存放场地；
③ 办公室所需场地；
④ 保管损坏货物、等待承运商检检查确认的场地；
⑤ 设备的保管和维护地区；
⑥ 危险品以及需要冷冻。冷藏等进行特殊保管的货物所需要的专用储存区。进行了这样的仓库的布局设计，该企业取得了很好的效果。

 案例分析

本案例考虑到作业效率及成本，将客户最常选购的尺寸就近存放在存取较为方便的货位，将特小和特大、客户不常选购的特殊尺寸码存放在较远和高层的货位。对于不同层货位所选用的装卸工具及工具产生的作业效率自然会不一样，对于不同距离货位的所实施的搬运线路选择也不一样。同时基于搬运活性因素，设置了具有不同功能的储存空间，提高了效率。

装卸搬运机械的选择包括：①装卸机械选择要与物流量相吻合；②装卸机械的选择应满足现场作业为前提；③装卸机械吨位的选择，应以现场作业量、物资特性为依据；④在能完成同样作业效能的前提下，应选择性能好、节省能源、便于维修、有利环境保护、利于配套、成本较低的装卸机械。

装卸搬运机械的配套要注意以下几点。(1) 装卸机械在生产作业区要相衔接。(2) 装卸机械在吨位上要配套。(3) 装卸机械在作业时间上要紧凑。(4) 装卸机械配套的方法：①按装卸作业量和被装卸物资的种类，进行机械配套；②运用线性规划方法，设计装卸作业机械的配套方案；③综合费用比较方法，来确定装卸机械的配套方案。

5.8 楼层库装卸搬运系统设计分析

东洲卷烟成品物流中心（简称东洲仓库）主要由1号和2号两个楼层库组成，该仓库占地60亩，包括仓储区、办公区辅助功能区，其中成品仓储区由1号仓库和2号仓库组成，每个仓库配置有8个月台，分别负责省内和省外的业务；每个仓库5层，每层建筑面积5887.5平方米，1号仓库总建筑面积29437.5平方米，2号仓库总建筑面积29437.5平方米，整个仓储区总建筑面积为58875平方米。

东洲仓库的服务对象为浙江中烟，通过物联网技术手段，使其物流模式进一步向信息化、自动化、智能化和集成化方向发展，实现货位数字化、物品数字化、状态数字化及运行轨迹数字化；现在的东洲卷烟成品物流中心正在将信息化的技术全面的应用于楼层库的模式中。例如，其每个货位下面都有信息识别设备，需要出入库作业时可通过信息系统快速、准确地找到相对应的货位，每台叉车上也装有车载终端，叉车司机可以快速、准确地接受到自己将要进行的出入库作业信息，地埋天线的设置也为整托出库作业提供了信息技术的支持。

楼层库与运输车辆之间进行出入库作业的接口是一层的月台，当接到订单时，开始通过月台进行出库作业，当东洲仓库的库存不足时，启动由生产基地向东洲仓库的移库作业，当需要向楼层库的高层取货或输送货物时，发生转储作业，需要靠升降电梯来完成。

当一层的出库能力不足以支撑当天的出库总量时，就需要进行转储作业，转储能力主要与升降电梯相关，当然也与调度的合理性相关，能否在规定时间向规定地点转运规定数量的货物对出库效率影响很大，东洲仓库的出库作业有备货提前期，若在备货提前期内完成要求的转储量，则不会影响出库作业；另外，当一层的存储量不足以应对当天出库量时，就会发生即时的转储作业，即没有提前期的转储作业，此时的转储能力能否满足出库作业的要求将对出库效率产生很大的影响。

通过对转储作业的数据进行统计和分析，得出：待售出库的成品烟在送到东洲卷烟成品物流中心月台不入库直接出库的数量占总出库量的10%，集中在2012年1～2月间；待售出库成品烟在送到东洲卷烟成品物流中心仓库一层不周转，直接出库的数量占总出库量26%；从仓库二、三、四、五层转储到一层待售的数量总出库量的42%；从二层到五层直接送到月台进行装车的数量占总出库量22%。基于以上这些数据，以订单承接能力中订单承接量最大的月台为例，分析转储能力能否满足极限订单承接能力，如果能满足，则转储能力是足够的，如果不能，则需要进行改善。

根据上述分析可知，东洲1号仓库订单承接能力中单日最大出库量为2200个托盘，其中22%也就是484个托盘是需要在当天从二层至五层通过升降电梯输送到月台，升降电梯的载运能力为6个托盘。在配置两辆装载升降电梯的叉车以及两辆卸载升降电梯的叉车的情况下，一个升降电梯完成一次转储需要的时间为平均为6分钟左右，1号仓库共有3个升降电梯，所以可得。在所列配置下，每6分钟可以完成18个托盘的转储，在165分钟内可以完成484个托盘的转储。在出库作业能力的分析中，得出结论，完成单日极限出库量2200个托盘在经过优化后极限能力可以在13分钟内完成。由此可以得出，在高峰期，当日转储能力是要求达到的极限转储能力的73%，有一定的差距，需要采取改善措施。

（来源：《楼层库装卸搬运系统设计分析——以东洲仓库为例》，陆海良等，《企业物流技术》，2012年第31卷）

面对日益高昂的土地成本，立体仓库成为越来越多物流企业的选择，但问题也接踵而至，例如库内的装卸搬运组织问题。相对于单一楼层仓储，电梯等物流瓶颈的出现，考验了仓储设计能力也考验了仓储运作组织能力，而首要考虑的问题不外乎就是搬运问题的解决。装卸搬运的运作必须配合其他的物流环节一起组织实施，本案例就考虑到了托盘化的搬运，同时设计搬运线路，增大了作业效率。

装卸搬运是衔接物流各环节必不可少的活动。在物流活动中，装卸搬运出现的频率最高，作业技巧最复杂，科技含量最高，时间和空间移动最短，但费用比例最大。有数据统计表示，在我国铁路运输占运费20%，轮船占40%。而在装卸搬运中造成的货物损失也比其他环节大得多。所以，装卸搬运是一个看似简单却不可低估的重要问题。

装卸搬运的合理化可采取以下措施。

1. 防止和消除无效作业，所谓无效作业是指在装卸作业活动中超出必要的装卸、搬运量的作业。措施如下。

（1）尽量减少装卸次数。由于装卸搬运不产生价值，作业的次数越多费用就越高，而且货物的破损率和事故的发生频率也会越高，因此，要尽量压缩装卸搬运的次数。

（2）提高被装卸物资的纯度。

（3）包装要适宜。

2. 选择适宜的装卸搬运路线

选择适宜的装卸搬运路线可以达到短距化的目的。缩短装卸搬运距离，不仅省力，省能源，又能加快作业速度，减少货物因装卸搬运距离远，时间长可能造成的摔碰损坏或其他事故。以最短的距离完成装卸搬运作业，最明显的例子即是输送带自动作业。将所要装卸搬运的货物合理的码放在输送带两侧，作业人员以最短的距离实现作业，大大地节约了时间，减少了作业人员的体力消耗，大幅度提高作业效率。

3. 提高物资装卸搬运的灵活性

所谓物资装卸搬运的活性是指在对装卸作业中的物资进行装卸作业的难易程度。所以，在堆放货物时，事先要考虑到物资装卸作业的方便性。

根据物资所处的状态,即物资装卸、搬运的难易程度,可分为0～4级共五个级别。0级为散放在地面的物资;1级为成捆或集装的物资;2级为被置于箱内以便装卸搬运的物资;3级是被置于装卸搬运机械上即可移动的物资;4级是已被起动、处于装卸搬运状态的物资。

4. 实现装卸搬运作业的省力化

在物资装卸中应尽可能地消除重力的不利影响。在有条件的情况下利用重力进行装卸搬运,有利于节省能源、减轻劳力。此外,集装化装卸多式联运、集装箱运输、托盘一贯制等都是有效的方法。省力化装卸搬运应遵循:能往下则不往上,能直行则不转弯,能用机械则不用人,能连续则不间断,能集装则不分散的原则。

5. 保证装卸搬运作业的顺畅化

保证货物装卸搬运的顺畅化是提高作业效率、保证作业安全的重要因素。做到顺畅化,就是要保证作业场地无障碍、通道畅通、作业不间断。人力作业要有合理的通道,脚下无障碍,头顶要有足够的机械作业空间,还要防止停电、线路故障和作业事故的发生。

6. 实现装卸搬运作业的机械化

利用机械化,可以快速、高效地连续作业,又可以省力。机械化程度一般可分为三个阶段:第一个阶段是用简单的装卸器具的阶段;第二个阶段是使用专用高效的装卸机具的阶段;第三个阶段是依靠计算机实现自动化的阶段。

7. 推广单元化装卸

单元化装卸是指以集装箱、托盘、框架、网袋等单元化设备来装卸搬运货物。单元化装卸搬运效率高,货物散失率、损坏率低,可节约包装材料,便于码放和储存。单元化装卸具有很多优点:(1)装卸单位大、作业效率高,可大量节省装卸作业时间;(2)能提高物资装卸搬运的灵活性;(3)操作单位大小一致,易于实现标准化;(4)不用手去触及各种物资,可达到保护物资的效果。

8. 实现装卸搬运人格化

装卸搬运工作是重体力劳动,很容易超过人的体力承受限度。在组织管理装卸搬运作业中,必须重视对作业人员的关心和尊重,如果不注意对作业员工的关心和人格的尊重,则容易发生野蛮装卸、乱扔、乱摔现象,造成不应有的货物损失。装卸搬运的货物如不能使用机构设备的,在包装时应注意考虑到人的正常能力和抓拿的方便性。这一点欧美国家在设计包装尺寸和重量时,均是以妇女的搬运能力为标准。

第6章 仓储管理与库存控制

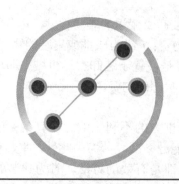

Chapter 06

6.1 英迈公司的仓储管理

2000年一年英迈公司全部库房只丢了一根电缆。半年一次的盘库,由公证公司作第三方机构检验,前后统计结果只差几分钱,陈仓损坏率为0.3%,运作成本不到营业总额的1%……这些都发生在全国拥有15个仓储中心,每天库存货品上千种,价值可达5亿人民币的英迈公司身上。他们是如何做到的呢?通过参观英迈中国在上海的储运中心,发现英迈中国运作部具有强烈的成本概念和服务意识。

一、几个数字

一毛二分三:英迈库存中所有的货品在摆放时,货品标签一律向外,而且没有一个倒置,这是在进货时就按操作规范统一摆放的,目的是为了出货和清点库存时查询方便。运作部曾经计算过,如果货品标签向内,以一个熟练的库房管理人员操作,将其恢复至标签向外,需要8分钟,这8分钟的人工成本就是一毛二分三。

3千克:英迈的每一个仓库中都有一本重达3千克的行为规范指导,细到怎样检查销售单、怎样装货、怎样包装、怎样存档、每一步骤在系统上的页面是怎样的等,在这本指导上都有流程图,有文字说明,任何受过基础教育的员工都可以从规范指导中查询和了解到每一个物流环节的操作规范,并遵照执行。在英迈的仓库中，只要有动作就有规范，操作流程清晰的观念为每一个员工所熟知。

5分钟：统计和打印出英迈在上海仓库或全国各个仓库的劳动力生产指标，包括人均收获多少钱，人均收获多少行（即多少单，其中人均每小时收到或发出多少行订单是仓储系统评估的一个重要指标)，只需要5分钟。在Impulse系统中，劳动力生产指标统计适时在线，随时可调出。而如果没有系统支持，这样的一个指标统计至少需要一个月时间。

10厘米：仓库空间是经过精确设计和科学规划的，甚至货架之间的过道也是经过精确计算的，为了尽量增大库存使用面积，只给运货叉车留出了10厘米的空间，叉车司机的驾驶必须稳而又稳，尤其是在转弯时，因此英迈的叉车司机都要经过此方面的专业培训。

20分钟：在日常操作中，仓库员工从接到订单到完成取货，规定时间为20分钟。因此仓库对每一个货位都标注了货号标志，并输入Impulse系统中，Impulse系统会将发货产品自动生成产品货号，货号与仓库中的货位一一对应，所以仓库员工在发货时就像邮递员寻找邮递对象的门牌号码一样方便快捷。

4小时：一次，由于库房经理的网卡出现故障，无法使用Impulse系统，结果他在库房中寻找了4h，也没有找到他想找的网络工作站。依赖IT系统对库房进行高效管理，已经成为库房员工根深蒂固的观念。

1个月：英迈的库房是根据中国市场的现状和生意的需求而建设的，投入要求恰如其分，目标清楚，能支持现有的经销模式并做好随时扩张的准备。每个地区的仓库经理都要求能够在1个月之内完成一个新增仓库的考察、配置与实施，这都是为了飞快地启动物流支持系统。在英迈的观念中，如果人没有准备，有钱也没用。

二、几件小事

英迈库房中的很多记事本都是搜集已打印一次的纸张装订而成，即使是各层经理也不例外。

所有进出库房都须严格按照流程进行，每一个环节的责任人都必须明确，违反操作流程，即使有总经理的签字也不可以。

货架上的货品号码标识用的都是磁条，采用的原因同样是因为节约成本，以往采用的是打印标识纸条，但因为进仓货品经常变化，占据货位的情况也不断改变，用纸条标识灵活性差，而且打印成本也很高，采用磁条后问题得到了根本性解决。

英迈要求与其合作的所有货运公司在运输车辆的箱壁上必须安装薄木

板，以避免因为板壁不平而使运输货品的包装出现损伤。

在英迈的物流运作中，厂商的包装和特制胶带都不可再次使用，否则，视为侵害客户权益。因为包装和胶带代表着公司自身知识产权，这是法律问题。如有装卸损坏，必须运回原厂出钱请厂商再次包装。而如果由英迈自己包装的散件产品，全都统一采用印有其指定国内代理怡通公司标识的胶带进行包装，以分清责任。

三、仅仅及格

提起英迈，在分销渠道中都知道其最大优势是运作成本，而这一优势又往往被归因于其采用了先进的Impulse系统，但从以上描述中已可看出，英迈运作优势的获得并非看似那样的简单，而是对每一个操作细节不断改进、日积月累而成。从所有的操作流程看，成本概念和以客户需求为中心的服务观念贯穿始终，这才是英迈竞争的核心所在。英迈中国的系统能力和后勤服务能力在英迈国际的评估系统中仅被打了62分，刚刚及格。据介绍，在美国专业物流市场中，英迈国际能拿到70～80分。

作为对市场销售的后勤支持部门，英迈运作部认为，真正的物流应是一个集中运作体系，一个公司能不能围绕新的业务，通过一个订单把后勤部门全部调动起来，这是一个核心问题。产生的覆盖面不见得是公司物流能力的覆盖面，物流能力覆盖面的衡量标准是应该经得起公司业务模式的转换，换了一种产品仍然能覆盖到原有的区域，解决这个问题的关键是建立一整套物流运作流程和规范体系，这也正是大多数国内IT企业所欠缺的物流服务观念。

 案例分析

英迈公司注重仓储管理，具有强烈的成本概念和服务意识。认为仓储管理无小事，从小事做起，对仓储管理中的每个操作细节进行改进，并始终贯彻以满足客户需求为中心的服务理念和成本管理的观念。英迈公司在服务水平与成本之间找了平衡点，在满足客户需求的前提下尽可能地降低成本。

仓储（Warehousing）是指利用仓库及相关设施设备进行物品的进库、存储、出库的作业。人们经常涉及库存、储备、储存及保管这几个概念，而且经常被混淆。其实，三个概念虽有共同之处，但仍有区别，认识这个区别有助于理解物流中"储存"的含义。

（1）库存（Inventory）：储存作为今后按预定的目的使用而处于闲置或非生产状态的物品。广义的库存还包括处于制造加工状态和运输状态的物品。库存实质上仓库中处于暂时停滞状态的物资存量。造成物资停滞状态的原因包括：能动的各种形态的储备；被动的各种形态的超储；完全的积压。

（2）储备：物品储备（Goods Reserves）：为应对突发公共事件和国家宏观调控的需要，对物品进行的储存。有当年储备、长期储备、战略储备之分。物资储备是一种有目的的储存物资的行动，也是这种有目的的行动和其对象总体的称谓。物资储备的目的是保证社会再生产连续不断地、有效地进行。所以，物资储备是一种能动的储存形式。

（3）储存（Storing）：保护、管理、储藏物品。广义的储存是包含库存和储备在内的一种广泛的经济现象，是一切社会形态都存在的经济现象。这种储存不一定在仓库中，而是在任何位置，也有可能永远进入不了再生产和消费领域。狭义的储存是指物品在仓库中的储存，这种仓库中的储存简称仓储。我们通常所讲的储存即是指狭义的储存。

（4）保管（Storage）：对物品进行储存，并对其进行物理性管理的活动。物资在储存过程中，由于其本身自然属性及外界因素的影响，随时会发生各种各样的变化，从而降低产品的使用价值甚至丧失其使用价值。仓储物资保管就是研究物资性质及其在储存期间的质量变化规律，积极采取各种有效措施和科学的保管方法，创造一个适宜于物资储存的条件，维护其在储存期间的安全，保护物资的质量和使用价值，最大限度地降低物资的损耗。

6.2 家乐福仓储作业的启示

目前，在我国制造业的物料管理中，尚存在着许多有待解决的问题。但同时大型流通零售企业在近年的发展中都形成了很好的物流经验，特别是沃尔玛、家乐福等国际零售企业在发展中形成了良好的存货控制、仓储管理、信息管理的系统。这些经验为我国制造业物料管理提供了良好的借鉴。

一、家乐福的仓储作业

家乐福的做法是将仓库、财务、管理、营业部门的功能和供应商的数据整合在一起。从统一的视角来考虑订货、收货、销售过程中的各种影响因素。因此，看家乐福仓储作业的管理就必须联系它的OP、财务、营业部门来看，这是一个严密的有机体。仓库在每日的收货、发货之外会根据每日存货异动的资料，存量资料的数据传输给OP部门，OP则根据累计和新传输的资料生成各类分析报表。同时，家乐福已逐步将周期盘点（Cycle Count）代替传统一年两次的"实地盘点"。在实行了周期盘点后，家乐福发现，最大的功效是节省一定的人力、物力、财力，没有必要在两次实地盘点的时候大规模地兴师动众了；同时，盘点的效率得到了提高。

二、从家乐福所获得的启示

（1）加强仓库的控制作用。根据"战略储存"的观念，仓库在单纯的存储功能以外还有更重要的管理控制的功能。第一，加强成品管理，有效维护库存各物料的品质与数量。第二，强化料账管理，依据永续盘存的会计理念进行登账管理。第三，要及时提供库存资讯情报。要具备稽核功能、统计功能。以料、账和盘点的数据为基准。制订出有关资讯报表。第四，注重呆废料管理。通过制订呆废料分析表，利用检查及分析等手段使仓库中的呆废料突显出来，并及早活用，最大限度地减少损失。

（2）推行周期盘点。家乐福利用周期盘点（Cycle Count）代替一年两次实地盘点的做法在一定程度上也是值得制造业企业学习的。"周期盘点"以一个月或几星期为一个周期，根据品类管理对物料的分类，同样也对所储存的物料进行盘点周期的分类。每一次盘点若干个储位或料项，根据盘点的结果进行调整，并生成周期盘点的相关报表。采用"周期盘点"可以达到缩短盘点周期、及早发现"人"的问题以及仓储中存在的问题。但周期盘点的实施需要企业财务、采购、仓库各个部门有更强的控制能力和相互间联系反应的能力。

案例分析

家乐福公司通过加强仓储作业管理，降低了流通成本，提高了作业效率，在激烈的市场竞争中不断发展。在实际的经济活动中，仓储对于企业具有两方面的作用。

一方面是积极作用。①可以避免由于紧急情况而出现停产或供应中断。在经营中，企业通常保持一定数量的库存作为缓冲，以防在运输或订货方面出现问题，而影响生产或销售活动。制造商不愿意因为原材料缺货而关闭装配线，因为这样做成本非常高。对于零售商，也不愿意因为存货缺少而出现商品脱销的不利局面，因为由此而带来销售机会散失。②调整供需之间的季节差异。对于以农作物为原材料的企业，由于农作物只在一年中某些时间之内生产，因而需要存储这些产品以满足全年的需求。在冬季，使得货物运输存在一定的困难，而选择提前或滞后交货，以避免天气的影响。对于生产企业来讲，根据需求高峰而设计生产，风险极大；为了避免风险，而采取长期有规律性地进行小规模生产，形成了非高峰需求地库存。③防止市场异常变化。由于生产全球化程度的不断提高，企业产品销售的范围和原材料采购趋向全球化，市场不确定因素也越来越多。如果供应国发生政变或经济危机，那么供应就会中断，从而导致缺货。因此，对于从事国际货物交易的企业来讲，必须保证一定量的安全库存。④可以节约经营成本。企业原材料的采购可以逐日采购、按月采购等，但采购成本不尽相同。如果采用定期采购，增加了采购量，可以减少采购货物价格。同时，大批量采购导致了大量运输，由于整车运输的运费率比零担运输低得多，从而减少运输成本。

另一方面是消极作用。①占用资金。由于不能及时交货，使得企业不能及时收回资金，势必影响企业的经营。众所周知，提高资金周转率，可以提高企业的年利润率，这是很多企业努力的目标。②支付各种费用和货物的消耗。由于物品的交付需要一个间隔期，需要场所和措施保持货物的使用价值，就必须耗用相应的人力和物力，因而势必支付保管费、房租费等各种费用。同时，货物在储存期间，不可避免地发生自然损耗和异常损耗，造成货物的自然和人为减量。

在企业管理实践中，必须根据企业的实际情况，加强仓储管理，扬长避短，发挥出仓储的最大效用。

6.3 晋亿公司的自动化立体仓库

位于浙江嘉善的晋亿公司占地面积30万平方米，厂房面积17万平方米，毗邻上海，总投资13亿元，其中半数用于投资固定资产，主要包括制造设备、物流设施和信息管理系统，建有私家内河码头及存放10万吨产品的自动化立体仓库，公司主要生产各类高品质紧固件，产品远销美国、日本、欧洲等市场。

一、靠整合大赚物流钱

"现在不是靠造螺丝赚钱的时代了，晋亿赚的是物流的钱，赚的是管理的钱。"晋亿公司董事长蔡永龙说。

从跨出我国台湾地区开始，晋亿公司就有计划地搜集世界各国螺丝市场交易现况，建立一个国家整体螺丝进出口与使用现况的信息库，每年不断地搜集包括各国最大代理商当年度买卖状况，输入计算机建立资料与分析。依据这套系统，晋亿公司所有的库存按照市场实时状况予以调整，缺什么螺丝就生产什么螺丝。

晋亿公司不仅精确掌握全美最大螺丝代理商 Fastenal 下给全球各大螺丝厂订单的数量，还帮助 Fastenal 分析整体美国市场的最新状况，教 Fastenal 如何抓住螺丝市场的商机。同时不仅帮助 Fastenal 解决订单难题，还要替它节省成本。过去螺丝交货是一个个货柜运往洛杉矶，Fastenal 收货之后再自行依不同规格与数量分装送往各大据点，而通过晋亿的自动仓储与两万种螺丝分类，Fastenal 只要告知各据点需求与数量，晋亿的工厂就按照这些需求，直接送往美国各地，节省了 Fastenal 自行分装的人力与物流的费用。螺丝生产毛利仅 10%，但晋亿一次式服务却能加收 5% 的服务费，在晋亿公司看来，螺丝产业不再是制造业，完全变成另一套管理与服务模式。

影响螺丝成本的四项主要因素分别是原材料、模具、运输和管理，而运输成本约占总成本的 25%～30%，基于这一至关重要的原因，晋亿工厂的选址成为一项事关全局的战略。在晋亿公司总投资一亿美元中，半数以上用于投资固定资产，主要包括制造设备、物流设施和信息管理系统，而晋亿工厂的内部物流设施投资，仅自动化立体仓库一项，就超过了 7000 万美元。经过 3 年时间的系统规划与建设，各组织单元构成了一个完整的企业内部制造与仓储物流系统。

二、规划从工厂选址开始

晋亿最终选定嘉善建厂显然有其道理。嘉善位于沪杭铁路、302 国道和大运河三线交汇处，有高速公路直通，离火车站约 5 分钟车程。晋亿公司的原材料库与大运河河岸直接相通，并自建 3 座自备码头接驳货物。由于河运成本低，这条河已成为晋亿目前采购原材料的主要运输通路，有八成以上的原材料通过水路运抵工厂。有了良好的外部物流环境，晋亿的重点是整合内部物流体系。

内部物流体系首先解决的是螺丝制造过程中原材料、模具、半成品、包装及制成品的流转，根据螺丝产品的制造特性和制造程序，每个组织单元（车间或仓库）的分布都是精心规划的，而且每个组织单元之间都有轨道联通，使物品在相关工序之间（工序）方便而快捷地运送。

然而，对于制造螺丝产品而言，一个最主要的特性是——投入的原材料品种相对单一，因此供应物流的管理相对简单，但经过数道加工程序之后，会产出成千上万种不同规格的半成品、成品，货物的流量类似一个"大喇叭"。因此，随着不同物理状态的半成品或成品数量的迅速增加，整个工序的管理难度也不断加大。

更为复杂的是，螺丝产品的制造并非连续生产，加之许多订单要求是非标准件，需要特殊的工序，因此，不同规格的螺丝一旦进入大规模生产，其间物流的流量与路径就相当复杂。

首当其冲的是，数以万计不同规格的半成品、成品以及大量的模具在动态与静态之间转换时，如何与仓库之间进行及时、准确地存取？手工管理条件和传统的仓库管理方式显然无力解决这些问题。尤其在整个制造系统高速运行的状况下，仓管员只能无所适从，例如$\Phi16$型螺栓存放在仓库的什么地方？怎么从堆积如山的成品仓库中找到$\Phi21$型螺丝？如何知道仓库账物是否相符呢？如何完成生产车间与仓库之间的快速搬运呢？显然，大规模、多品种的生产与物流管理之间的矛盾同步增长，出入库与仓储管理的难度越来越大。

三、自动化立体仓库帮大忙

为解决出入库与仓储管理的困难，公司建立了自动化立体仓库。自动化立体仓库采用开放式立体储存结构，半成品、模具和制成品3个自动仓库分别设计了10万个库位单元。库位单元的区分首先解决了仓库空间的有序利用，仅就空间而言，晋亿公司3个自动仓库相比于传统仓库节省了6万平方米。

晋亿的实践证实了一个命题——工业经济时代的制造业，由于生产设备自动化程度已经非常高，产能的增长轻而易举。换言之，处于生产线上的"动态产品"物流自动化并不困难，企业可以实现低成本的作业管理，而管理处于仓库的"静态物品"由于设备和工具落后显得非常困难，因为在整个物流过程中传统仓库成为约束流量的瓶颈，尤其是产品动/静态快速高频转换（出入库）时无法同步，无形中企业付出了高昂的管理成本，甚至无法做到大规模生产。从物流路径的角度分析，传统仓库已是滞后的工具，晋亿应用先进的自动仓储技术旨在突破这一瓶颈。

晋亿的自动化立体仓库采用开放式立体储存结构，半成品、模具和制成品三个自动仓库分别设计了4968个、14400个和41488个库位单元，5万多个库位单元的区分首先解决了仓库空间的有序利用。以制成品仓库为例，其存放高度达18米，可存放15层，存放空间相当于传统仓库的5倍。仅就空间而言，晋亿三个自动仓库相对于传统仓库节省了18000多平方米，这意味着晋亿因此节省了相当于4个足球场的面积。

同时，自动仓库采用电脑自动控制输送设备和高架吊车，使货物的搬运、存取完全自动化,自动仓库的分布与制造系统紧密结合在一起。实际上,晋亿的自动仓库与制造系统构成了一个一体化的物流体系,其中半成品与模具自动仓库是配合制造工序必不可少的一部分,而成品自动仓库成为实现企业内/外产品转移的物流中心。

立体化、机械化与信息化是自动仓库的三大特性,也是晋亿实现地尽其利、货畅其流的主要技术基础。尤为重要的是,IT技术的应用是晋亿整个管理体系实现整合的基础平台。

四、信息管理系统显威力

自动化仓储技术解决了晋亿内部物流的一个核心环节问题。公司借助MIS计算机信息管理系统和互联网,实现了产、供、销的科学控管,而MIS生产管理系统则有效地解决了其前端的制造物流过程这一问题,并且与自动仓库系统整合为一套完整的信息管理系统。

更为重要的是,自动仓库从根本上解决了传统仓库和手工状况下无法实现的库存管理瓶颈。首先是账物明晰,运用条码技术,每一个库位的货物都有一个唯一的"身份证号码",在信息系统的管理下,对于货物的出入、存放、盘点管理,都有一本"清晰的账"传统方式下无法实现的"先进先出"管理难题迎刃而解。

晋亿将MIS系统与自动仓库系统整合为一套完整的信息管理系统。晋亿的信息管理系统包括业务、生产、技术、成本、采购、材料及制成品等9个相互关联的子系统,晋亿借此实现按订单生产、采购和交货。晋亿的目标显然不止于制造业,更重要的战略升级是——运用其成熟的物流管理技术做中国第一家五金行业的专业第三方物流公司。

(来源:中国物流与采购网,http://www.chinawuliu.com.cn,2008-11-19)

案例分析

"物流"已经成为企业挖掘利润的新源泉,作为传统的生产型企业晋亿公司寻找到了新的利润增长点——物流。从工厂的选址到自动化立体仓库的建设都可以看出晋亿公司充分考虑物流对本企业的重要性。同时也认识库存成本占物流总成本非常大的比重,因此改变传统的仓储管理方式方法,将MIS系统与自动仓库系统整合为一套完整的信息管理系统,提高了仓储管理的效率降低了库存成本。

仓储与仓库的发展经历了漫长的过程。在原始社会中,由于生产力的发展,剩余产品的产生了,也就形成了储备。由于采用弓箭等狩猎工具,获得猎物增加，因此除了自己享用和用于交换货物之外，出现了猎物的腌制和晾干等技术，以备食物短缺。同时，也出现了从事谷物栽培技术，到了收获季节，打下的粮食，一下吃不完，把它储存起来，就形成了储备。这种储备的作用，是储备剩余物资，以待后用。后来，人们为了防备战争和灾害，平时有计划有目的进行储备。这种储备的作用，是预防以后的需要。随着农业、工厂手工业的发展，特别是17世纪以来商业和工业的发展，出现多环节的生产过程和流通过程，为保障生产和流通的各环节的顺利进行，需要一些物资处于等待、准备状态，这种在生产和流通的各环节上进行的储备，是生产和流通顺利进行的条件。这种储备即为周转储备，它的作用是缓冲各环节间供和需在时间上和空间上的矛盾，保证各环节都能顺利进行。

仓库按功能分类：储备仓库、周转仓库。按用途分类：自用仓库、营业仓库、公共仓库、保税仓库。按保管形态分类：普通仓库、冷藏仓库、恒温仓库、危险品仓库。按结构和构造分类：平房仓库、多层仓库、立体仓库、散装和罐式仓库。

6.4 四川长虹公司的仓储信息化管理

四川长虹电器股份有限公司是一家集彩电、背投、空调、视听、数字网络、电源、器件、平板显示、数字媒体网络等产业研发、生产、销售的多元化、综合型跨国企业。其下辖吉林长虹、江苏长虹、广东长虹等多家参股、控股公司。该公司引入无线网络通讯技术进行仓储信息化管理，取得了明显成效。

一、囤积彩管之痛

在物流领域，从家电行业整体情况看，高成本、低效率、多环节是其面临的主要问题。电器行业的一个重要特点就是物品的贬值率特别高，物品存放在仓库一天要损失5%的利润。这对已经趋于"微利"的家电企业来说，无疑是制约企业发展的重要因素。作为我国家电业"龙头"的长虹也不例外。

1998年，四川长虹犯囤积彩管的错误造成了重大的损失。当时，四川长虹是中国家电企业第一品牌，从资本市场筹集数十亿元资金，又是中国彩电产能最大的企业。针对当时的彩电价格战，善打价格战的四川长虹打起小算盘，控制上游彩管资源，既可以消化大量的存货，又可以引发彩电市场价格回升，以稳固四川长虹在行业里的龙头老大地位。在 1998 年前后，通过精心策划，四川长虹发动了震惊中外的囤积彩管事件，花费的资金多达数十亿元人民币。这是四川长虹在其鼎盛时期所犯的最大错误。在此前一年，四川长虹获得的盈利高达 26 亿元，市场地位崇高。在其企业领导人贸然作出囤积彩管资源的错误决策后，由于市场出现了变化，该决策最后以失败而告终，造成了经营上的重大损失。

二、物流是流动的仓库

囤积彩管失误之后，长虹管理层认为，目前家电企业的竞争力不单纯体现在产品质量能否满足市场要求，更重要的是如何在市场需求的时候，以最快速的速度生产和递交顾客满意的产品及服务。这就要求企业不仅要保证高节奏的生产，而且要实现最低库存下的仓储。

由此，长虹提出了"物流是流动的仓库"的思路，用时间消灭空间，摒弃了存货越多越好的落后观念，全面提升速度观念。

长虹在绵阳拥有 40 多个原材料库房，50 多个成品库房，200 多个销售库房。过去的仓库管理主要由手工完成，各种原材料信息通过手工录入。虽然应用了 ERP 系统，但有关原材料的各种信息记录在纸面上，而存放地点完全依靠工人记忆。在货品入库之后，所有的数据都由手工录入到电脑中。对于制造企业来说，仓库的每种原材料都有库存底线，库存不能过多影响成本，而库存不够时，需要及时订货，但是纸笔方式具有一定的滞后性，真正的库存与系统中的库存永远存在差距，无法达到实时。由于库存信息的滞后性，让总部无法作出及时和准确的决策。而且手工录入方式效率低，差错率高，在出库频率提高的情况下，问题更为严重。

为了解决上述问题，长虹决定应用条码技术及无线解决方案。经过慎重选型，长虹选择了美国讯宝科技公司及其合作伙伴——高立开元公司共同提供的企业移动解决方案。该解决方案采用讯宝科技的条码技术，并以 SymbolMC3000 作为移动处理终端，配合无线网络部署，进行仓库数据的采集和管理。目前长虹主要利用 SymbolMC3000 对其电视机生产需要的原材料仓库以及 2000 多平方米的堆场进行管理，对入库、出库以及盘点环节的数据进行移动管理。

（1）在入库操作方面。一个完整的入库操作包括收货、验收、上架等操作。长虹在全国有近 200 家供应商，根据供应商提供的条码对入库的原材料进行识别和分类。通过条形码进行标识，确保系统可以记录每个单体的信息，进行单体跟踪。长虹的仓库收货员接到供应商的送货单之后,利用SymbolMC3000扫描即将入库的各种原材料条码,并扫描送货单上的条码号,通过无线局域网络传送到仓库数据中心,在系统中检索出订单,实时查询该入库产品的订单状态,确认是否可以收货,提交给长虹的 ERP 系统。

收货后长虹的 ERP 系统会自动记录产品的验收状态,同时将订单信息发送到收货员的 SymbolMC3000 手持终端,并指导操作人员将该产品放置到系统指定的库位上。操作员将货物放在指定库位后扫描库位条码,系统自动记录该物品存放库位并修改系统库存,记录该配件的入库时间。通过这些步骤,长虹的仓库管理人员可以在系统中追踪到每一个产品的库存状态,实现实时监控。

(2)在出库操作方面。一个完整的出库操作包括下架、封装、发货等操作。通过使用无线网络,长虹的仓库管理人员可以在下架时实时查询待出库产品的库存状态,实现先进先出操作,为操作人员指定需发货的产品库位,并通过系统下发动作指令,实现路径优化。封装时系统自动记录包装内的货物清单并自动打印装箱单。发货时,系统自动记录发货的产品数量,并自动修改系统库存。

通过这些步骤,长虹可以在系统中追踪到每个订单产品的发货情况,实现及时发货,提高服务效率和客户响应时间。仓库操作人员收到仓库数据中心的发货提示,会查阅无线终端上的任务列表,并扫描发货单号和客户编码,扫描无误后确认发送,中心收到后关闭发货任务。

(3)在盘点操作方面。长虹会定期对库存商品进行盘点。在未使用条码和无线技术之前,长虹的仓库操作人员清点完物品后,将盘点数量记录下来,并将所有数据单提交给数据录入员输入电脑。由于数量清点和电脑录入工作都需要耗费大量的时间且又不能同时进行,因此往往先是电脑录入员无事可做,然后忙到焦头烂额;而仓库人员在盘点时手忙脚乱,而后围在电脑录入员身边又要等待盘点结果。这样的状态,几乎每个月都要发生一次。部署了讯宝科技的企业移动解决方案后,彻底杜绝了这种现象。仓库操作人员手持 SymbolMC3000 移动终端,直接在库位上扫描物品条形码和库位,系统自动与数据库中记录进行比较,通过移动终端的显示屏幕将盘点结果返回给仓库人员。通过无线解决方案可以准确反映货物库存,实现精确管理。

三、仓储信息化管理效果显著

条形码结合无线技术的企业移动解决方案令长虹的库存管理取得非常

明显的效果，不仅为长虹降低了库存成本，大大提高了供应链效率，更为重要的是准确、及时的库存信息，让长虹的管理层可以对市场变化及时作出调整，大大提高了长虹物流的整体水平和长虹在家电市场的竞争力。

一是库存的准确性大幅提高。无线手持移动终端或移动计算机与仓库数据中心实现了数据的实时双向传送后，保证了长虹原材料仓库和堆场中的货物从入库开始到产品出库结束的整个过程各环节信息都处在数据中心的准确调度、使用、处理和监控之下，使得长虹库存信息的准确性达到100%，便于决策层作出准确的判断，大大提高长虹的市场竞争力。

二是增加了有效库容，降低了企业成本。由于实现了实时数据交换，长虹仓库货物的流动速度提高，使得库位、货位的有效利用率随之提高。增加了长虹原材料仓库的有效库容，降低了产品的成本，提高了长虹的利润率。

三是实现了无纸化操作，减少了人工误差。由于整个仓库都通过无线技术传递数据，从订单、入库单、调拨单、装箱清单、送货单等都实现了与仓库数据中心的双向交互、查询，大大减少了纸面单据，而采用SymbolMC3000手持移动终端进行条形码扫描识别，让长虹在提高数据记录速度的同时减少了人员操作错误。

四是提高了快速反应能力。现在长虹可以在第一时间掌握仓库的库存情况，这让长虹可以对复杂多变的家电市场迅速作出反应和调整，让长虹获得了很强的市场竞争力。

（来源：中国物流与采购网，http://www.chinawuliu.com.cn，柴凤伟，2008-06-25）

案例分析

长虹我国家电业"龙头"在一次错误的仓储决策上损失惨痛，由此认识到了仓储管理对企业的重要性，甚至决定着企业的生产与发展。长虹提出了"物流是流动的仓库"的思路，用时间消灭空间，摒弃了存货越多越好的落后观念，全面提升速度观念。仓储信息化管理也大大地提高了长虹物流的整体水平和长虹在家电市场的竞争力。

仓储作业是完成仓库物资储存、入库、出库，以及流通加工等不可缺少的手段。整个仓储作业，基本上包括进货入库、储存保管和出库发送三个阶段。见图6-1。

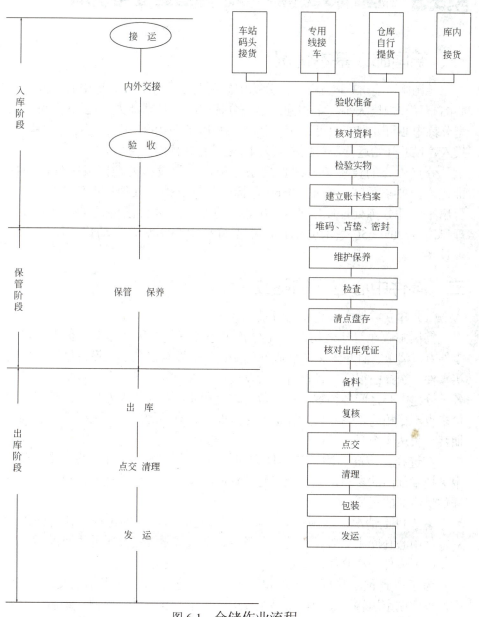

图 6-1 仓储作业流程

6.5 德国邮政零件中心仓库的建立与管理

一、德国邮政基本情况

德国邮政有 83 个国内邮件分拣中心和两个国际邮件分拣中心。分拣中心的布局和规模大小各不相同。小型分拣中心日处理能力可达 75 万份，大型分拣中心日处理能力可达 450 万份。在 1995～1998 年间，分拣中心陆续投入建设并开始运营，总投资额为 17 亿马克（德国前货币）。

分拣中心的设备按照邮件规格分类，同类设备处理同类邮件，在标准化方面要求更高。购置了 569 台标码分拣机处理处理标准化邮件，169 台扁平函件分拣处理厚度低于 20 毫米的邮件，18 台倾覆式托盘分剪机处理厚度在 20～50 毫米的邮件，小型分拣中心不配置自动化信匣这类处理设备。

二、零件中心仓库的建立

（1）建立零件中心仓库的背景

德国邮政在筹建之初，85 个分拣中心各有各的零件仓库，负责各自的零件有货清单、订单、来货验收和结账；还需要自己负责从设备厂商那里购买零件，选择面很窄。经检查比较发现：尽管分拣设备标准化水平高，但是各个分建中心之间各种零部件存货的数量和质量存在很大差异，同种零件的价格也不尽相同。在零件盘存最佳化方面，各有各的标准，某些零件的到货期甚至长达 4 个月。

在选择供应商和测试新零件方面，缺乏系统统一致的要求，甚至没有中央技术部门的参与。无法准确地统计库存零件、零件消耗率，也无从调查评估供应商的素质。

鉴于以上情况，德国邮政的管理层经过长达一年的论证，认为必须设立零件中心仓库来克服过去的种种弊端、降低成本并提高零件本身的质量。

（2）零件中心仓库的选址

为了达到预定目标，选址很重要。中心仓库的位置需临近交通要道、方便夜间航空运输，还应该紧靠主要的分拣中心和零件供应商。最后一条限制意味着只有 3 个位置可以考虑。

经过详细的评估，法兰克福得分最高，这个位置就被选为中心仓库的厂址。

（3）零件中心仓库的作用

建立中心仓库的突出优点是节约成本，主要表现在：靠统一采购减低价格；靠中央仓仓储减少盘存；靠故障分析优化库存和订货。

中心仓库在分拣中心与零件厂商之间起着缓冲作用。从中心仓库到各个分拣中心之间的送货时限通常为 24 小时，紧急订单送货时限为 8 小时。出现极端紧急的情况，则选中 9 个分拣中心专门储备需零件，保证在 4 小时内到货。设立中心仓库可以统一零件供应渠道，实现集中采购和验收，控制供应商的数量和素质。

三、零件中心仓库运营的成果与管理经验

（1）利用中央数据库，提高管理效率

所有设备消耗的零件在中央数据库中都有记录，因此零件的故障率可以计算出来，在出现了不正常情况时，可以借此与供应商沟通协调。利用数据库，管理者可以查阅零件消耗的有关数据。通过选择节约效果最好的零件，节省了大量成本，系统地测试了新供应商提供的 60 种不同的替代零件，通过对零件测试和研究，找到磨损严重的部分，进行局部维修，较之以前推给厂商换货，成本大为降低。

（2）减少零件的库存

在中心仓库建成以后，有了综样数据库，每年实际的零件消耗量可以计算的。与分散库存相比，集中库存可以大幅度降低库存量，尤其贵重零件的库存量。

（3）采购一体化和集中送货

由于采购一体化、批量大、成本可以大度幅度降低。集中送货，也降低了运输成本，价格最大降幅可达 85%。在这方面，中央数据库也起了很重要的作用。

（4）选择合适的供应商

在设备保修期内，无法选择供应商，只能向厂商订购或者由厂商指定供应商。中心仓库建成以后，分拣中心的多数设备保修期已过，可以自己选择供应商，有了直接面对零件厂商的机会，对厂商的素质进行调查，跟踪和分析记录同样离不开中央数据库及其网络的支持。

（5）以人为本，提高员工素质

在零件集中经营过程中，管理者们创造了配套的新办法和新的内部管理程序，不断学习掌握信息技术及软、硬件的知识。同时让员工学会成本分析，逐步培养成本意识，达到了减少成本的目的。

案例分析

德国邮政通过建立零件中心仓库消除了之前各个分建中心之间各种零部件存货的数量和质量存在差异,减少了零件的在库时间,减少了库存量,进而降低了仓储成本,提高了企业资金的周转效率。中心仓库在分拣中心与零件厂商之间起着缓冲作用,通过设立中心仓库可以实现零件统一供应,实现集中采购和验收,控制供应商的数量和素质。

储存合理化措施包括如下几项。

(1) 进行储存物资的 ABC 分类管理。在 ABC 分析基础上实施重点管理,分别决定各种物资的合理库存储备数量及经济地保有合理储备的办法,乃至实施零库存。ABC 分类管理方法在下一任务将进行详细介绍。

(2) 适度集中储存。所谓适度集中储存是利用储存规模优势,以适度集中储存来代替分散的小规模储存、实现合理化。集中储存是面对储存费和运输费这两个制约因素,在一定范围内取得的优势的办法。适度集中的含义是主要在这两方面取得最优集中程度。

(3) 加速总的周转,提高单位产出。储存现代化的重要课题是将静态储存变为动态储存,具体做法诸如采用单元集装存储、建立快速分拣系统等,都有利于实现快进快出、大进大出。

(4) 采用有效的"先进先出"方式。保证每个被储物的储存期不至过长,"先进先出"是一种有效的方式,也是储存管理的准则之一。有效的先进先出方式主要有:①贯通式货架系统;②"双仓法"储存;③计算机存取系统。

(5) 提高储存密度,提高仓容利用率。①采取高垛的方法,增加储存的高度。可采用高层货架仓库、采用集装箱等。②缩小库内通道宽度以增加储存有效面积,可采用窄巷道式通道、采用侧叉车、推拉式叉车等。③减少库内通道数量以增加储存有效面积。可采用密集型货架、可进车的可卸式货架、各种贯通式货架、不依靠通道的桥式吊车装卸技术等。

(6) 采用有效的储存定位系统。储存定位的含义是被储物位置的确定。行之有效的方式主要有以下几种。①"四号定位"方式。用一组四位数字来确定存取位置的固定货位方法,这四个号码是:序号、架号、层号、位号。②电子计算机定位系统。

(7) 采用有效的监测清点方式。①"五五化"堆码,是我国手工管理中采用的一种科学方法;②光电识别系统,在货位上设置光电识别装置,该装置对被存物扫描,并将准确数目自动显示出来;③电子计算机监控系统。

(8) 采用现代储存保养技术。①气幕隔潮;②气调储存;③塑料薄膜封闭。

（9）采用集装箱、集装袋、托盘等运储装备一体化的方式。采用集装箱后，本身便是一栋仓库，不需要再有传统意义的库房，在物流过程中，也就省去了入库、验收、清点、堆垛、保管、出库等一系列储存作业，是储存合理化的一种有效方式。

6.6 新华公司的库存管理

新华公司是一家专门经营进出口医疗用品的公司，2001 年该公司经营的产品有 26 个品种，共有 69 个客户购买其产品，年营业额为 5800 万人民币。对于新华公司这样的贸易公司而言，因为进出口产品交货期较长，库存占用资金大。因此，库存管理显得尤为重要。

新华公司按销售额的大小，将其经营的 26 个产品排序，划分为 ABC 三类。排序在前 3 位的产品占到总销售额的 97%，因此把它们归为 A 类产品；第 4～7 种产品每种产品的销售额在 0.1%～0.5% 之间。把它们归为 B 类，其余的 21 种产品（共占销售额的 1%），将其归为 C 类。

对于 A 类的 3 中产品，新华公司实行了连续性检查策略，每天检查库存情况。随时掌握准确的库存信息，进行严格的控制，在满足客户需要的前提下维持尽可能低的经常量和安全库存量。通过与国外供应商的协商，并且对运输时间作了认真的分析，算出了该类产品的订货前置期为 2 个月（也就是从下订单到货物从新华公司的仓库发运出去，需要 2 个月时间）。即如果预测在 6 月份销售的产品，应该在 4 月 1 日下订单给供应商，才能保证在 6 月 30 日可以出库。其订单的流程见表 6-1。

表 6-1 订单的流程图

4月1日	4月22日	5月2日	5月20日	5月30日	6月30日
下订单给供应商（按预测6月份的销售量）	货物离开供应商仓库，开具发票，已经算作新华公司库存	船离开美国港口	船到达上海港口	货物入新华公司的仓库，可以发货给客户	全部货物销售完毕

由于该公司的产品每个月的销售量不稳定，因此，每次订货的数量就不同，要按照实际的预测数量进行订货。为了预防预测的不准确和工厂交货时间的不确切，还要保持一定的安全库存，安全库存是下一个月预测销售数

量的 1/3。该公司度该类产品实行连续检查的库存管理，即每天对库存进行检查，一旦手中实际的存货数量加上在途的产品数量等于下两月的销售预测数量加上安全库存时，就下订单订货，订货量为第三个月的预测数量。因其实际的销售量可能大于或小于预测值，所以，每次订货的间隔时间也不相同。这样进行管理后，这三种 A 类产品库存的状况基本达到了预测的效果。由此可见，对于货值高的 A 类产品应采用连续检查的库存管理方法。

对于 B 类产品的库存管理，该公司采用周期检查策略。每个月检查库存并订货一次，目标是每月检查时应有以后两个月的销售数量在库里（其中一个月的用量视为安全库存），另外在途中还有一个月的预测量。每月订货时，再根据当时剩余的实际库存数量，决定需订货的数量。这样就会使 B 类产品的库存周转率低于 A 类。对于 C 类产品，该公司采用了定量订货的方式。根据历史销售数据，得到产品的半年销售量为该产品的最高库存量，并将其两个月的销售量作为最低库存。一旦库存达到最低库存时就订货，将其补充到最高库存量。这种方法，比前两种更省时间，但库存周转率低。

该公司实行了产品库存的 ABC 管理以后，虽然 A 类产品占用了最多的时间、精力进行管理，但得到了满意的库存周转率。而 B 和 C 类产品，虽然库存的周转率较慢，但相对于其很低的资金占用和很少的人力支出来说，这种管理也是个好方法。

在对产品进行 ABC 分类以后，该公司又对其客户按照购买量进行了分类。发现了 69 个客户中，前 5 位的库户购买量占全部购买量的 75%。将这 5 个客户定为 A 类客户，到第 25 位客户时，其购买量已经达到 95%。因此，把 6～25 位的客户定为 B 类客户，其他的 26～69 位客户归为 C 类。对于 A 类客户，实行供应商管理库存，一直保持与他们密切的联系，随时掌握他们的库存状况。对于 B 类客户，基本上可以用历史购买记录得出他们的需求预测并以此作为订货的依据。对于 C 类客户，有的是新客户，有的一年也只购买一次，因此，只在每次订货数量上多加一些，或者用安全库存进行调节。这样一方面可以提高库存周转率，同时也提高了对客户的服务水平，尤其是 A 类客户对此非常满意。

通过新华公司的实例，可以看到将产品及客户分为 ABC 类后，再结合其他库存管理方法，如连续检查法、定期检查法、供应商管理库存等，就会收到很好的效果。

（来源：锦程物流网，www.jctrans.com）

案例分析

新华公司作为一家专门经营进出口医疗用品的公司,由于进出口产品交货期较长,库存占用资金大,所以库存管理对于公司来说显得尤为重要。该公司对产库存品和客户实行了 ABC 分类管理,即实现了对物资的有重点的管理也实现了对重要客户的重点管理,并取得了很好的效果。

库存控制(Inventory Control)是在保障供应的前提下,使库存物品的数量最少所进行的有效管理的技术经济措施。库存控制是对制造业或服务业生产、经营全过程的各种物资、产成品以及其他资源进行管理和控制,从而使其储备保持在经济、合理的水平上。

库存物资数量管理的措施包括如下几种。

(1)物资编码。所谓物资编码,就是对库存物资的品种类别规格性等进行调查统计整理的基础上,形成物资类别品种体系,并进行系统化的统一编码标识工作。最基本的物资编码是组合序列码,还有一种是实践中运用广泛的条形码。

(2)ABC 分类管理。ABC 分类管理是从 ABC 曲线转化而来的一种管理方法。ABC 分类管理是帕累托原理在仓储管理中的具体运用。它是对错综复杂的经济活动根据两个相关因素的统计分布进行分类,从中找出关键的少数(A 类)和次要的多数(B 类、C 类),对不同类别实行不同的管理。对 A 类因素特别注意,加以慎重处理;对 B 类也比较注重地加以处理;而对 C 类仅予以一般处理。ABC 分类管理法见表 6-2。

表 6-2　ABC 分类管理法

分类结果	品种	资金占用额	管理级别	管理重点
A	10%～15%	75%～80%	特别重要的库存	精细管理,严格控制,采用定时定量供应,将库存压到最低水平
B	20%～25%	10%～15%	一般重要的库存	正常的例行管理和控制,采用定期订货、批量供应,按经营方针来调节库存水平
C	60%～65%	5%～10%	不重要的库存	简单的管理和控制,集中大量订货,不费太多力量

(3) CVA 管理法。CVA 管理法（Critical Value Analysis）即关键因素分析法主要由于 ABC 分类法中 C 类货物得不到足够的重视，往往因此而导致生产停工，因此引进 CVA 管理法来对 ABC 分类法进行有益的补充。它是将货物分为最高优先级、较高优先级、中等优先级、较低优先级四个等级，对不同等级的物资，允许缺货的程度是不同的。CVA 库存种类及管理策略见表 6-3。

表 6-3 CVA 库存种类及管理策略

库存类型	特　点	管理措施
最高优先级	经营管理中的关键物品，或 A 类重点客户的存货	不许缺货
较高优先级	生产经营中的基础性物品，或 B 类客户的存货	允许偶尔缺货
中等优先级	生产经营中比较重要的物品，或 C 类客户的存货	允许合理范围内缺货
较低优先级	生产经营中需要，但可替代的物品	允许缺货

6.7 雀巢公司的 VMI 管理系统

一、背景介绍

雀巢公司是世界上最大的食品公司，由亨利·雀巢设立于 1867 年。1959 年在法国创立的家乐福公司为世界第二大的连锁零售集团。

雀巢与家乐福公司在全球均为流通产业的领导厂商，在 ECR（有效客户反应）方面的推动都是不遗余力的。总目标是：增加商品的供应率，降低客户（家乐福）库存持有天数，缩短订货前置时间以及降低双方物流作业的成本。为了加强双方的竞争力，雀巢与家乐福达成了合作的意向。

二、VMI 管理系统的实施

雀巢与家乐福双方都认识到 VMI（供货商管理库存）是 ECR 中的一项运作模式或管理策略。这种运作模式的实施可大幅缩短供货商面对市场的响应时间，较早获得市场确实的销售情报；降低供货商与零售商用以适应市场变化的不必要库存，在引进与生产市场所需的商品、降低缺货率上取得理想的提前量。

雀巢公司与家乐福公司在确立了亲密伙伴关系的基础上，采用各种信息技术,由雀巢为家乐福管理它所生产产品的库存(供应商管理库存VMI)。

雀巢专门为此引进了一套 VMI 管理系统,家乐福也及时为雀巢提供其产品销售的 POS 数据和库存情况,通过集成双方的管理信息系统,经由 Internet、EDI 交换信息,就能及时掌握客户的真实需求,从而作出快速、准确供应。

(1)实施目标

雀巢对家乐福物流中心产品到货率达 90%,家乐福物流中心对零售店面产品到货率达 95%,家乐福物流中心库存持有天数下降至预设标准,以及家乐福对雀巢建议订货单修改率下降至 10% 等。

(2)运作流程

通常,家乐福的每天订货业务情况是这样的。

9:30 以前,家乐福把售出货物和现有库存的信息用电子形式传送给雀巢公司。

9:30~10:30,雀巢公司将收到的信息合并至供应链管理 SCM 系统中,并产生预估的订货需求,系统将此需求量传输到后端的 APS/ERP 系统中,以实际库存量(供需双方的库存量)计算出可行的库存量,并产生建议订单。

10:30,雀巢公司在将该建议订单用电子形式传送给家乐福。

10:30~11:00,家乐福公司确认订单并对数量与产品项目作必要的修改后回传至雀巢公司。

11:00~11:30,雀巢公司依据确认后的订单进行拣货与出货,并按照订单规定的时间交货。

(3)实施 VMI 供货商管理库存系统所取得的效益

① 在具体成果上的体现。雀巢对家乐福物流中心产品到货率由原来的 80% 左右提升至 95%(超越目标值),家乐福物流中心对零售店面产品到货率也由 70% 左右提升至 90% 左右而且仍在继续改善中,库存天数由原来的 25 天左右下降至目标值以下,在订单修改率方面也由 60%~70% 的修改率下降至现在的 10% 以下。

② 双方合作关系上的体现。对雀巢来说,最大的收获却是在与家乐福合作的关系上:过去与家乐福是单向的买卖关系。经过合作,双方更为相互了解,也愿意共同解决问题,有利于根本性改进供应链的整体效率。另一方面,雀巢也进一步考虑降低各店缺货率、促销合作等计划的可行性。

三、特点与启示

从雀巢与家乐福的 VMI 供货商管理库存系统应用情况来看，如果信息的运用与电子商务只是单纯地将既有作业电子化与自动化，只能带来作业成本的减少等效益，其本身意义并不大，唯有针对经营的本质实行改善，才能产生较大幅度的效益提升。

① 雀巢与家乐福供应商管理库存中体现了双方高度的合作意愿及行动，由此才能建立战略合作伙伴关系。

② 雀巢与家乐福供应商管理库存系统追求总成本最低，供应商管理库存不是关于成本如何分配或由谁支付的问题，而是共同协作减少总成本的问题。

③ 实施供应商管理库存系统，雀巢与家乐福达成目标一致。

④ 精心设计与开发，供应商管理库存系统，与供应商共享需求的透明性和获得更高的客户信任度。

（来源：物流天下网，http://www.56885.net，2007-3-12）

案例分析

雀巢与家乐福两大企业的成功合作无疑是本案例的亮点，雀巢作为家乐福的供应商既要保证家乐福的销售，同时还要降低家乐福的库存，因此雀巢实施 VMI 供货商管理库存系统实时监控家乐福卖场商品的存货数量，做到即时补货，大大降低了家乐福的库存数量，同时也降低了家乐福的缺货率。双方的紧密合作实现了共赢。

库存控制策略包括如下几类。

（1）供应商管理库存。供应商管理库存（Vendor Managed Inventory，VMI）通过信息共享，由供应链上的上游企业根据下游企业的销售信息和库存量，主动对下游企业的库存进行管理和控制的管理模式。VMI 是以零售商和供应商双方都获得最低成本为目的，在一个共同的协议下由供应商管理库存，并不断监督协议执行情况和修正协议内容，使库存管理得到持续性改进的合作性策略。供应商管理库存是供应链管理理论出现以后出来的一种新的库存管理方式。是供应商管理核心企业库存的一种库存管理模式，是对传统的由核心企业自己从供应商购进物资、自己管理、自己消耗、自负盈亏的模式的一种革命性变动。

（2）联合库存管理。联合库存管理（Joint Managed Iinventory，JMI）是指供应链成员企业共同制订库存计划，并实施库存控制的供应链库存管理方式。简单地说，联合库存管理是一种在供应商库存管理（VMI）的基础上发展起来的上游企业（供应商）和下游企业（销售商）权利责任平衡和风险共担的库存管理模式。JMI 是一种风险分担的库存管理模式，是解决供应链系统中由于各节点企业的相互独立库存运作模式导致的需求放大现象，提高供应链的同步化程度的一种有效方法。这种库存管理策略打破了各自为政的库存管理模式，有效地控制了供应链的库存风险，是一种新的有代表性的库存管理思想。建立供应链协调管理机制，有效实施联合库存管理策略要从以下几个方面着手：①建立供应链共同远景；②建立联合库存的协调控制方法；③建立利益的分配、激励机制；④建立信息沟通渠道。

（3）准时制与零库存管理。①准时制（Just in Time，简称 JIT）的产生缘于 1973 年爆发的全球石油危机及由此所引起的日益严重的自然资源短缺，这对于当时靠进口原材料发展经济的日本冲击最大。生产企业为提高产品利润，增强公司竞争力，在原材料成本难以降低的情况下，只能从物流过程寻找利润源，降低由采购、库存、运输等方面所产生的费用，这一思路最初为日本丰田公司提出并应用，并取得了意想不到的成果。随后，其他许多日本公司也采用这一技术，为日本经济的发展和崛起作出了重要贡献。②准时制生产的基本原理是以需定供，即，供方根据需方的要求（或称看板），按照需方需求的品种、规格、质量、数量、时间、地点等要求，将物品配送到指定的地点。不多送，也不少送，不早送，也不迟送，所送品种要个个保证质量，不能有任何废品。JIT 生产理论的核心是无情地消除浪费，即消除一切只增加产品成本、而不向产品中附加价值的活动。从这一基本的生产理论出发，形成了 JIT 生产方式的本质。③零库存管理。零库存的提出可以解决库存管理中的部分浪费现象。所谓零库存是指以仓库储存形式的某种或某些种物品的储存数量很低，甚至可以为"零"，即不保持库存。零库存管理的要点包括以下内容：降低在制品库存；生产过程的同步化；建立 JIT 制造单元；从根源上保证质量，实施全面质量管理；尊重员工，推行"以人为中心"的管理；实施 JIT 采购；与供应商合作，建立良好的合作伙伴关系。

第 7 章 运输管理

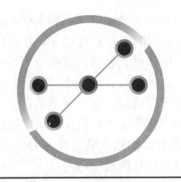

7.1 丹麦的物流发展战略

丹麦是一个小国,但在国际运输物流产业中具有较强劲的竞争力,拥有如 A.P. 穆勒这样的大型跨国集团。其运输物流业发展的经验很值得我们学习和借鉴。

拥有统一的发展战略是丹麦的运输物流业发展的重要经验之一。目前,丹麦运输物流业的主要战略仍是 1997 年政府与业界制定的战略。在 1997 年丹麦商业与工业部与丹麦工业界进行了一次对话中,丹麦运输工业以及运输服务的使用者们表达了在物流和运输领域制定全国发展战略的强烈愿望。于是丹麦商业与工业部同丹麦运输部、环境与能源部顺应企业的需要于 1997 年底开始共同制定统一的战略。

来自公共部门和私营部门的代表举行了关于工业所面临的挑战的研讨会,就以下几个方面提出战略应对措施并成为政府与企业的共识。

① 工业所面临的挑战。企业全球化给运输业提出了新挑战,物流变得越来越重要。面对全球性的竞争,运输业应该对整个制造业供应链提供增值服务;应与外国运输企业联合;应发展多式联运,包括卡车、铁路、飞机和船舶。

② 需要创造良好的业界环境。内容包括:公共法规、知识掌握、资金渠道、政府与企业互动以及国际竞争条件等方面。

③ 公共法规。对运输产业的管理应在国际范畴进行。丹麦企业和政府应积极参与国际相关运输法规的制定。通过各国协调关税及认证来发展有利于环保的运输。

④ 知识掌握。为便于产业创新,应通过大学、技术研究部门和产业之间的紧密合作来加强对物流和运输的研究。政府机构可以对由研究部门与产业界共同进行的研究项目提供资助。同时推行新的运输物流师教育也是十分重要的。

⑤ 资金渠道。包括中间融资、风险基金和丹麦工业发展基金均应向运输业倾斜。 政府制定货物运输税收政策时要考虑企业的全球竞争力,另外还强调政府应降低公司税。

⑥ 政府与企业互动。发展基础设施,解决瓶颈问题,建立多式运输中心。建立福门海峡(Femern Strait)的永久运输线。提高海关效率,管理好保税仓库。政府与企业就运输中的环境问题加强对话。

⑦ 国际竞争条件。在国际上强调运输企业和运输工具同业之间的平等竞争。政府要在国际上积极反对贸易壁垒和国家补贴以改善丹麦企业的市场进入条件。为方便多式运输,运输部保证放开铁路货物运输,同时调查是否需要修订丹麦港口的一些法律,以适应新战略。

(来源:中国物流与采购网,http://www.chinawuliu.com.cn)

  案例分析

丹麦的运输物流业发展的重要经验之一是制定了统一的发展战略。丹麦的工业、商业、环境与能源等部门与运输部门共同制定统一的战略。政府与企业在公共法规、知识掌握、资金渠道、政府与企业互动以及国际竞争条件等方面达成共识,为物流业的发展创造了良好的环境。

运输(Transportation)是用运输设备将物品从一地点向另一地点运送。其中包括集货、分配、搬运、中转、装入、卸下、分散等一系列操作。在商业社会中,因为市场的广阔性,商品的生产和消费不可能在同一个地方进行,因此,一般来说,商品都是集中生产、分散消费的。为了实现商品的价值和使用价值,使商品的交易过程能够顺利完成,必须经过运输这一道环节,把商品从生产地运到消费地,以满足社会消费的需要和进行商品的再生产。如果将原材料供应商、工厂、仓库以及客户看作物流系统中的固定节点,那么,商品的运输过程正是连接这些节点的纽带,是商品在系统中流动的载体。因此,我们把商品运输称为现代物流的动脉。

运输与搬运不同,它是在不同的地域范围内对物品进行空间位移,是较大空间范围的移动。搬运是在同一地域的活动,一般是指短距离、小批量的运输。运输与配送也不同,运输多数是一点对一点的货物运送,是大范围的地区间(或节点间)的货物移动,是长距离、大批量的货物移动。而配送一般是一点对多点的货物运送,是小范围的地区内部的连接最终客户的货物移动,是短距离、小批量的货物移动。

企业的发展必须依靠高效的生产和大量的销售,在现代信息技术、计算机网络技术和通信技术的条件下,这并不难达到,但是,如果没有高效低价的商品运输能力,仍然难以实现企业的发展。商品运输在商品贸易中发挥着举足轻重的作用,可以将它称作现代企业生存和发展的基础。

运输实现了物品位移功能,是物流的主要功能之一。按物流的概念,物流是物品实体的物理性运动,这种运动不但改变了物品的时间状态,也改变了物品的空间状态。而运输承担了改变空间状态的主要任务,是改变空间状态的主要手段;运输再配以搬运、配送等活动,就能圆满完成改变空间状态的全部任务。在现代物流概念未诞生之前,甚至就在今天,仍有不少人将运输等同于物流,其原因是物流中很大一部分责任是由运输承担的,是物流的主要功能,因而出现上述认识。运输的主要职能就是将物品从原产地转移到目的地,实现了物品在空间上的移动职能。运输是在物流环节中的一项增值活动,它通过创造空间效用来创造价值。空间效用的含义是:同种物品由于空间场所不同,其使用价值的实现程度则不同,其效益的实现也不同。由于改变空间而最大发挥使用价值,最大限度地提高了投入产出比,因而称之为"空间效用"。通过运输,将物品运到效用最高的地方,就能发挥物品的潜力,实现资源的优化配置。从这个意义来讲,也相当于通过运输提高了物品的使用价值。

7.2 青岛啤酒的"新鲜度"管理

对于新鲜度要求极高的商品——例如啤酒,对物流有什么要求?

"我们要像送鲜花一样送啤酒,把最好的啤酒以最快的速度、最低的成本让消费者品尝。"这是青岛啤酒股份有限公司的经营理念。

啤酒产品有较高的保鲜要求,即使产品在保质期内,产品新鲜度对啤酒口味、口感等指标也有较大的影响。产品从生产到消费的时间越短,各项合理化指标的变化越小,啤酒的新鲜度越高,口味越纯正,口感越好。在实行新鲜度管理之前,生产地青岛库存量过大——近3万吨,存放时间都在一个月以上,有些品种甚至存放两个月以上,影响了啤酒的口味。优化物流体系，就是要尽可能缩短产成品进入市场的时间，提高产品的新鲜度，增强产品的竞争力。

具体措施是从运输、仓储环节入手，基于 Oracle 的 ERP 系统和基于 SAP 的物流操作系统提供信息平台支持，对其过程的各个环节进行重新整合、优化，以减少运输周转次数。同时加强仓储、运输调度，减少中间环节。接到客户订单后，产品由生产厂直接送往港、站，而省内订单则直接由生产厂运到客户仓库。仅此一项运输成本就下降了 0.5 元/箱，运往外地的速度比以往提高了 30% 以上。

（来源：中国物流与采购网，http://www.chinawuliu.com.cn，2012 年 10 月 24 日）

案例分析

青岛啤酒招商物流公司运营以来，青岛啤酒在物流效率的提升、成本的降低、服务水平的提高等方面成效显著，运输起到了关键的作业。

通过改善物流流程，实现了运输的物品储存功能。从本质上看运输车辆也是一种临时储存设施，具有临时储存物品的功能。如果转移中的产品需要储存，而短时间内产品又需重新转移，卸货和装货的成本也许会超过储存在运输工具中的费用，这时，便可考虑采用这种方式，当然用做临时储存物品的车辆是移动的，而不是闲置状态。另外，在仓库空间有限的情况下，利用运输工具储存也不失为一种可行的选择。可将货物装上运输工具，采用迂回路径或间接路径运往目的地。尽管用运输工具储存产品可能是昂贵的，但如果从总成本或完成任务的角度来看，考虑装卸成本、储存能力的限制等，那么用运输工具储存往往是合理的，甚至有时是必要的。在国际贸易中人们常常利用远洋运输来实现产品的储存功能。从某种意义上讲，JIT 的物流配送模式实际上也是利用了运输的储存功能。

在最终到达顾客手中的商品的价格中，物流成本是一个重要的组成部分，运输成本的下降可以达到以更低的成本提供优质顾客服务的效果，从而提高企业在市场中的竞争优势。首先，运输是运动中的活动，它和静止的保管不同，要靠大量的动力消耗才能实现，且运输又承担大跨度空间转移的任务，所以活动的时间长、距离远、消耗大。消耗的绝对数量大，其节约的潜力也就大。其次，从运费来看，运输在物流的总成本中占据最大的比例，一般综合分析计算社会物流费用，运输费在其中占近 50% 的比例，有些产品运费高于其生产成本。所以，节约的潜力非常大。再次，由于运输总里程远，运输总量大，通过体制改革和运输合理化可大大缩短运输公里数，从而获得比较大的节约。

7.3 日本花王公司的复核运输体系

花王公司是日本著名的日用品生产企业,其物流不仅以完善的信息系统闻名,而且还拥有极为发达、相当合理的运输体系,主要手段是建立公司独特的符合运输来优化各种方式及路线。花王公司复合运输的主要特征表现在自动仓库、特殊车辆、计划运输、组合运输等。到20世纪70年代末,花王公司的物流起点是工厂的自动化仓库,公司的所有工厂全部导入了自动立体化仓库,从而完全实现列自动机械化作业。商品从各工厂进入仓库是,所有商品用平托盘装载,然后自动进行库存。出货是根据在线供应系统的指令,自动备货分拣,并装载在货车上。

符合运输系统的终点是销售公司的仓库,为了提高销售公司仓库的效率花王公司配备了三段式的平托盘和叉车,商品托盘运输比率为100%充分发挥了符合运输的优势。除此之外,自动化立体仓库也在花王销售公司中得到了大力推进。到20世纪80年代中期,近29万个销售公司的仓库都实现了自动机械化。

在花王公司积极推进工厂仓库和销售公司仓库自动机械化的同时,起着连着作用的运输方式也是花王物流系统变革中的重要一环。这方面的成就主要表现在特殊车辆的开发,这种特殊车辆就是能装载14.5吨的轻型货车,该货车可以装载20个TII型的平托盘,并用轻型铝在货车货台 配置了新型货车。与此同时,针对从销售公司到零售点的商品运输,花王公司开发出了"特殊架装车",特殊架装车是有面向版店的厢式车、对应不同托盘的托盘车以及衣架展示运输车等8种特种车辆组成,后来又积极开发和推动了集装箱运输车,后者成为了对零售店配送的主力工具。

在花王的物流运输体系中,最有名的是其计划运输系统。所谓计划运输系统就是为了避免交通阻塞,提高物流作业效率,选择最佳的运输路线和最佳的运输时间,以在最短的时间内将商品运抵客户的计划系统。例如,面向日本静冈花王销售公司的货车一般在夜里2点钟从东京出发,走东名高速公路,于早上7点钟抵达静冈花王,从而使货车能避开交通高峰,顺利、通畅地实现商品配送。依次类推,花王公司针对每个销售公司的地理环境,交通道路状况和经营特点,安排了不同的运输的时间和运输路线,而且所有这些计划都是用图表的形式表示,真正确保商品的即时配送,最终实现了全公司商品的高效率。

花王公司计划运输体系是与花王公司的另一个系统——商品组合运输

系统相联系，商品组合运输系统解决的问题是防止货车往返之中的空载。显然，要真正做到防止货物空载，就必须搜寻运输的商品。开始时，花王公司主要是与花王的原材料供应商进行组合运输，亦即花王公司将商品从工厂或总公司运抵销售公司后，与当地的花王公司供应商联系，将生产所需要的原材料撞车运回工厂，这样就不会出现空载。后来，商品运输组合的对象逐渐扩大，已不仅仅限于与花王公司经营相关的企业，所有其他企业都可以利用花王公司的车辆运载商品。例如，前面所列举的静冈花王每天早 8 点钟卸完货物后就装载清水的拉面或电动机零部件运到客户位于东京的批发店，现在参与花王组合运输的企业达 100 多家，花王工厂与销售公司之间近 80% 的商品运输都实现了组合运输。应当看到的是，花王公司的组合运输之所以能实现和大力发展，一个最大的原因是其计划运输系统确保了商品运输的定时和及时运输；换句话说，正是因为花王的运输系统能确保及时、合理的运输，所以，越来越多的企业都愿意加入组合商品运输，如果没有前者的效率化，是不可能实现组合运输的。

 案例分析

　　运输的社会化和共同运输将是运输业发展的未来趋势，企业内部或不同企业之间可以合作开展运输，不仅可以提高运输效率还可以大大降低运输成本。花王公司计划运输体系的实施对于花王公司整体运作效率的提高发挥了非常大的作用。

　　在古老的市场交易过程中，商品只在本地进行销售，每个企业所面对的市场都是有限的。随着各种商品运输工具的发明，企业通过商品运输可以到很远的地方去进行销售，企业的市场范围可以大大地扩展，企业的发展机会也大大增加。随着基于现代信息技术的先进交易形式的发展，企业的市场范围随着网络的出现而产生了无限扩大的可能，任何有可能加入互联网的地方，都有可能成为企业的市场。为了真正地将这种可能变成现实，必须使企业的商品能够顺利地送达这个市场中，这就必须借助于商品运输过程。因此，商品运输可以帮助企业扩大它的市场范围，并给企业带来无限发展的机会。

　　各个地区因为地理条件的不同，拥有的资源也各不相同。如果没有一个顺畅的商品运输体系，其他地区的商品就不能到达本地市场，那么，本地市场所需要的商品也就只能由本地来供应，正是因为这种资源的地域不平衡性，造成了商品供给的不平衡性。因此，在一年中，商品的价格可能会出现很大的波动。但是，如果拥有了一个顺畅的商品运输体系，那么，当本地市场对商品的供给不足时，外地的商品就能够通过这个运输体系进入本地市场，本地的过剩产品也能够通过这个体系运送到其他市场，从而保持供求的动态平衡和价格的稳定。

随着社会的发展，为了实现真正意义的社会的高效率，必须推动社会分工的发展，而对于商品的生产和销售来说，也有必要进行分工，以达到最高的效率。但是，当商品的生产和销售两大功能分开之后，如果没有一个高效的商品运输体系，那么，这两大功能都不能够实现。商品运输是商品生产和商品销售之间不可缺少的联系纽带，只有有了高效的商品运输体系，才能真正地实现生产和销售的分离，促进社会分工的发展。

马克思将运输称为"第四个物质生产部门"，是生产过程的继续。这个"继续"虽然以生产过程为前提，但如果没有这个"继续"，生产过程则不能最后完成。所以，虽然运输这种生产活动和一般生产活动不同，它不创造新的物质产品，不增加社会产品数量，不赋予产品以新的使用价值，而只变动其所在的空间位置，但这一变动则使生产能继续下去，使社会再生产不断推进，并且是一个价值不断增值的过程，所以将其看成一个物质生产部门。

7.4 DHL 助力美国家族企业打拼国际时尚市场

2009年2月16日，美国佛罗里达，全球领先的快递和物流公司 DHL 近日成功与总部位于纽约的国际珠宝供应商 International Inspiration 续约，作为其全球唯一物流合作伙伴，继续助力该家族企业完成每年数百万美元的销售业绩。凭借 DHL 往返于美国和亚洲之间快捷的递送能力，International Inspirations 自 2005 年起每年业绩增长达三位数。

四年前，Mandy 和 Shaya Reiter 夫妇白手起家，从毫无经验的家庭作坊逐渐发展成为一家知名珠宝设计供应商，提供流行设计、自有品牌创意、最新款配饰如项链、耳环、手镯、头饰等服务，产品遍及全美超过 40 家专业珠宝零售店。

作为 International Inspiration 全球产销流水线的物流合作伙伴，DHL 的工作包括从中国的工厂将大批珠宝成品运送到 International Inspirations 位于美国新泽西的 10000 平方英尺配送中心，并递送珠宝设计样品往返中国，以及将零售包装材料寄往中国工厂。

International Inspirations 公司共同合伙人 Shaya Reiter 说："得益于 DHL 的帮助，我们可以在选择中国供应商时更多元化，规划不同工厂多次进货的时间而不必担心货物的拼装、航空公司的最小运量以及航班冲突等问题。有了 DHL，我们能够在短短的两天里进行洲际间的大型包裹加急运送，同时还享受到快捷的服务和具有竞争力的价格。"

"我经常看到大批货物从距离上海数百里的中国工厂起程，仅仅两个工作日就到达我们在美国的分销中心了。在时尚产业，只有引领潮流才能取胜，所以产品的上市时间对于我们至关重要。为此，我们要感谢 DHL。" Reiter 说道。

今天，DHL 的服务已经覆盖了中国 401 个城市，每周有 700 多架次的商业航班和专机将这些城市与世界相连。近些年，DHL 在整个大中华地区的投资约为 13 亿美元。

DHL 通过其进口到付服务对 International Inspirations 公司大部分货物进行管理。进口到付服务是 DHL 提供的快速进口美国的全包价、门到门服务。DHL 位于美国肯尼迪国际机场口岸以及公司俄亥俄州枢纽的员工对 International Inspirations 公司的所有货物进行全程监控——从货物录入 DHL 系统到最终派送，确保清关过程快速通畅。

DHL 快递高级副总裁兼东北亚地区总经理 Charles Brewer 先生说："凭借独一无二的全球运输网络和国际快递产品，DHL 以富有竞争力的成本在洲际间高效、快速地递送货件，帮助企业与全球的供应商进行贸易往来。"

（来源：中国物流与采购网，http://www.chinawuliu.com.cn，2009-2-27）

 案例分析

DHL 作为物流运输市场的供给方提供社会化的运输服务。DHL 是全球领先的快递和物流公司，其物流服务设施和网点的分布在物流行业中有非常大的优势，因此 DHL 可以为 International Inspirations 公司提供专业化、全面化和系统化的物流服务，使得 International Inspirations 公司在行业竞争中取得竞争优势。

运输与物流其他环节有着密切的关系。（1）运输与包装的关系。货物包装的材料、规格、方法都不同程度地影响运输。包装的外部尺寸应与车辆的内部尺寸相吻合，这对提高货物的装载率有重要意义。（2）运输与装卸的关系。只要有运输活动发生就必然伴随装卸活动。物品在运输前的装车、装船活动是完成运输的先决条件。当货物运达目的地后的卸车搬运作为最终完成运输任务的补充劳动，使运输的目的最终完成。装卸还是各种运输方式的衔接环节，当一种运输方式向另一种运输方式转换时必须依靠装卸作为必要的衔接手段。（3）运输与储存的关系。储存保管是货物的停滞状态，是货物投入消费前的准备。运输对货物的储存有重大影响,如果运输活动组织不善或运输工具不得力,就会延长货物在仓库的储存时间,这不仅增大了货物的储存量,而且还会使货物的损耗增大。(4)运输与配送的关系。在物流活动中将货物大批量、长距离从生产工厂直接运达客户或者配送中心,称为运输。从配送中心就近发运到地区内各客户手中,称为配送。配送属于连接客户的末端运输。在物流系统中必须实现运输与配送的有机结合,才能高效地完成物流任务。

7.5 强生集团怎样做物流

强生集团在2007年宣布收购辉瑞制药。对于最优秀的卫生护理品巨头强生集团（Johnson&Johnson.，J&J）旗下的全球交通运输专业公司——强生营销和物流有限公司来说,接下来的一年看起来是非常繁忙的一年。2006年强生的销售额达到533亿美元。2006年12月,由于收购了辉瑞制药（Pfizer）消费者健康护理的生意,其资产猛增了40亿美元。这笔生意将把辉瑞制药的李施德林防腐液和黑白分明滴眼露的产品增加到业已存在的强生消费者品牌诸如邦迪、泰诺和甜蜜素的网络中。

一、收购辉瑞制药带来的物流挑战

在2007年,强生营销和物流有限公司将整合这两条供应链,这将大大增加强生公司的消费者业务。

在收购辉瑞业务之前,公司的消费者业务去年达到98亿美元。它将形成一个年销售额达到232亿美元的药品部门以及总计203亿美元的医药设备,例如诊断设施。

强生营销和物流有限公司能够将已经拥有的最好的实际经验应用到辉瑞业务中。据估计,在辉瑞业务被吸收以后,大约有50人将组成全球运输系统的组织。在两家公司都有强大分部的波多黎各,两家公司可以联合起来,特别是来自于辉瑞拥有相关知识、经验和思想的专家可以加入到团队中来。两家公司的组织是不同的,有着不同的组织结构,但是他们都擅长他们所做的事情。现在仍是合并阶段的早期,强生的资深运输分析家Michael Chianese说:"辉瑞业务对于两家公司都将创造机会,不仅增加运量,而且也能利用后方优势以及货物的三角路径运输。"

辉瑞消费者业务的确在美国国内产量上占了很大的比例,但是强生是面向国际经营的。辉瑞消费者在其他国家占有一半左右的销量，而强生44%的销售量来自于国外。

强生的采购是全球性采购，而并不是都从亚洲采购的。在收购辉瑞消费者业务之前，强生148个制造设施中的63个位于美国。16个在美国以外的美洲地区；37个在欧洲；32个在非洲、亚洲和太平洋地区。这些设施中一些是供应地区市场的，但是大部分是在全球运输产品的。比如你手上的邦迪护手霜就是在巴西制造的。

强生以它的分权管理而著称，同时它也把分权运用到物流中。当全球运输组织会对大部分位于美国国内的强生运输以及进出口负责的同时，也有其他强生的组织将对运输负责。但是，从强生的证券和交易委员会中，每个人都能理解对于像强生这样的公司物流成本是多么重要。据透露，去年强生集团用于运输和货物处理的成本达到6.93亿美元。

二、减少空运和海运承运人

公司即将完成空运货物的研究报告。强生一直在努力减少货运代理商的数目，努力降低运费。从十年前的十几家减少到现在的不到十家。公司主要使用无资产的货运代理。先进的技术将使强生能够使用更少的供应商。大部分的交易关系是在网上进行的，所以有许多理由来使用更少的供应商。当公司把评估运输供应商的绩效指标标准化后，使用更少数量的承运人变得相当容易。

公司也对使用远洋运输进行了研究，虽然这个研究相对于航空货运还处于早期阶段。强生将按照相同的机会进行分类。其中的一个原因在于这些数据并不存在于一个地方，它们有不同的来源。强生更多地使用远洋运输，一个原因在于一些远洋承运人是地区性的，例如 Jones Act carrier 是专门从事美国境内至波多黎各的运输的。另一个原因在于强生不想依赖于一个承运人。从业务持续开展的角度来说，强生并不想依赖于某一个承运人。为了避免恶劣天气、罢工等事件带来的运输中断，强生倾向于使用多个承运人。公司已经通过业务训练演练验证和测试了这些承运人。

强生依靠班轮公司和运输中介，例如货运代理和无船承运人来安排远洋运输。这通常就是成本和服务的权衡，强生和班轮公司签有合同，强生可以在一些航线装载大量的货物，或者能够使用无船承运人来得到更密集的服务，因为他们使用更多的承运商。

在运量不大的地方，强生同样可以使用无船承运人，同时，使用从出口到入口的无缝隙的过程有许多优点。并不是所有的货物都是一样的。在过去十年中，全球运输集团逐渐参与到运输过程中，通过公司的供应链并不仅仅运输产成品，还有原材料和中间产品。

在最近的几十年中，运输方面的一个大的转变在于运输的标准化——集装箱的出现，在合同下按照固定的价格而不是在关税条件下的特定的条款。

三、强生怎样选择承运人

强生经常提醒承运人：并不是所有的货物都是平等的。很难说你或者你的公司比别的公司更优异，但是事实上强生有能够拯救生命的产品。比如，由于使用医用产品是注射入人体的，因此必须进行产品质量控制。对于运输供应商来说了解"货物是移动的"这一点非常重要，可以使他们采取合适的保管和防护措施使得产品送到强生用户时仍是安全的。

强生选择承运人的标准之一在于承运人如何照管他们的产品。强生对此有已经颁布的保管条例，强生要求运输提供商必须理解这些规定并且同意遵循这些规定。运输提供商必须填写一个调查表，并且证明他们关注于使用一个安全的供应链。另一个关注的热点在于货物的冷藏，越来越多的强生货物必须通过冷链来运输。

强生对于员工的发展同样投入了很多的关注。强生营销和物流有限公司里的员工有终生的强生员工，也有刚到营销和物流公司才几个月的员工。公司致力于使得每个人都有机会，无论是那些想在运输行业长期工作的人，还是那些想有兼职工作的人。公司高层最想看到就是员工的创造性。

例如，公司愿意看到承运人或者货代努力安排平常种类的货物运输，寻找城市间每周都需要运输货物的托运人，然后形成三角关系。用这种方式，提供极具吸引力的运费。

（来源：中国物流与采购网，www.jctrans.com，2008-3-24）

 案例分析

强生公司和物流公司作为供应链上的节点企业，通过整合供应链增强了强生公司的消费者业务。强生公司通过评估运输供应商的绩效指标标准化不仅减少货运代理人的数目，而且大大地提高了运输效率，降低运输成本。强生公司的分权管理理念加强了与物流公司的合作，不但实现了合作双方的共赢，更实现了供应链节点企业的共赢，这样的合作关系也是值得我国企业借鉴的。

商品运输可以采用不同的运输方式，各种不同的运输方式各有其自身的特点。基本的运输方式有铁路运输、公路运输、水路运输、航空运输以及管道运输。每一种运输方式所能提供的服务内容和服务质量各不相同，因而，每一种运输方式的成本也各不相同。企业应该根据自身的要求，综合考虑各方面的因素，选择合适的运输方式。

通过铁路运输商品，最大的优势就是能够以相对较低的价格运送大量的货物。铁路运输的主要货物的共同特点是低价值和高密度，且运输成本在商品售价中所占的成本比较大。铁路运输一般可以分为整车运输和集装箱运输两种类型。铁路运输的主要优点：铁路运输一般符合规模经济和距离经济的要求，对于大批量和长距离的运输情况来说，货物的运输费用会比较低；现有的铁路网络四通八达，可以很好地满足远距离运输的需要；铁路可以全年全天候运营，受地理和气候的影响比较小，具有较高的连续性和可靠性；铁路运输的安全性也在逐步提高；相对来说，铁路的运输速度比较快。但是，铁路运输也有自身的局限性：对于小批量的货物和近、中距离的大宗货物来说，铁路运输费用比较高；铁路运输不能实现"门到门"的服务；因为车辆调配困难，铁路运输不能满足应急运输的要求。

公路运输也是陆路运输方式之一，可称为汽车运输，是使用公路设施、设备运送物品的一种运输方式。在电子商务的环境下，特别是对于B2C、C2C等交易方式来说，公路运输是城市配送的主要形式。公路运输的主要优点：在近距离的条件下，公路运输可以实现"门到门"的服务，而且运输速度也比较快；公路运输可以根据需要，灵活制订运输时间表，而且对于货运量的大小也有很强的适应性；对于近距离的中小量的货物运输来说，使用公路运输的费用比较低。公路运输的主要缺点：汽车的载重量有限，一般公路运输的批量都比较小，不太适合大量的运输；在进行长距离运输时，运费比较高；公路运输比较依赖于气候和环境的变化，因此，气候和环境的影响可能会影响运送时间。

水路运输由船舶、航道和港口所组成，它是一种历史悠久的运输方式，是使用船舶运送客货的一种运输方式，也称为船舶运输。水路运输主要用于长距离、低价值、高密度、便于用机械设备搬运的货物运输。水路运输的主要优点：水路运输最大的优点就是成本低廉；可以运用专用的船只当来运输散装原材料，运输效率比较高；此外水路运输的运载量比较大，因此它的劳动生产率也比较高。水路运输的主要缺点：水路运输的运输速度比较慢，它在所有的运输方式中时间是最长的；行船和装卸作业受天气的制约；水路运输所运输的货品必须在码头停靠装卸，相当费时、费成本，而且无法完成"门到门"的服务。

使用飞机运送货物的方式称为航空运输，简称空运。对于国际货物的运输，航空运输已经成为一种常用的运输形式。航空运输的主要优点：运输速度非常快,一般在 800～900 公里/小时左右;飞机的机动性能好,几乎可以飞越各种天然障碍,可以到达其他运输方式难以到达的地方,因此,适合运输急需的物资或者易腐烂、易变质的货物;被运输的货物只需要简单包装,节省包装费用。航空运输的主要缺点:航空运输成本高昂,只适宜长途旅客运输和体积小、价值高的物资,鲜活产品及邮件等货物运输;恶劣的天气情况会对航空运输造成极大的影响,影响送货及时性的实现。

利用管道设施、设备来完成物质资料运送的运输方式称为管道运输。利用管道运输的大部分物品都是一些流体的能源物资,如石油、天然气以及成品油等。管道运输的主要优点:运输量大;运输工程量小,占地少;能耗小,在各种运输方式中是最低的;安全可靠,无污染,成本低;不受气候影响,可以全天候运输,送达货物的可靠性高;管道可以走捷径,运输距离短;可以实现封闭、连续运输,损耗少。管道运输的主要缺点:专用性强,只能运输石油、天然气及固体料浆(如煤炭等);管道起输量与最高运输量间的差额幅度小;管道运输路线一般是固定的,管道设施的一次性投资也较大;管道运输这种运输方式不灵活,只有接近管道的用户才能够使用;管道运输的速度也比较慢。

在多式联运的形式当中,集装箱多式联运相对普遍,它是在集装箱运输的基础上产生发展起来的一种综合性的连贯运输方式,它一般是以集装箱为媒介,按照多式联运合同,把海、陆、空各种单一运输方式有机地结合起来,以至少两种不同的运输方式,由多式联运经营人将货物从一国境内接管货物的地点运至另一国境内指定交付货物的地点,组成一种国际间的连贯运输。在经济全球化的时代,集装箱多式联运在国际贸易运输中发挥着举足轻重的作用,主要方式有:海陆空路联运、海路铁路联运、航空公路联合、铁路/公路—内河与海上—内河、微型陆桥、陆桥等。

7.6 运输方式的选择以及运输决策

一、如何选择成本最低的运输方式

某公司欲将产品从坐落位置 A 的工厂运往坐落位置 B 的公司自有的仓库,年运量 D 为 700000 件,每件产品的价格 C 为 30 元,每年的存货成本 I 为产品价格的 30%。公司希望选择使总成本最小的运输方式。据估计,运输时间每减少一天,平均库存水平可以减少 1%,Q 为年存货量。企业希望选择总成本最小的运输方式。运输方式的种类和特征详见表 7-1 及表 7-6。

表 7-1 运输方式的种类和特征（一）

运输方式	运输费率 R/（元/件）	运达时间 T/天	每年运输批次	平均存货量 $Q/2$/件
铁路运输	0.10	21	10	100000
驼背运输	0.15	14	20	50000
公路运输	0.20	5	20	50000
航空运输	1.40	2	40	25000

在途运输的年存货成本为 $ICDT/365$，两端储存点的存货成本各为 $ICQ/2$，但其中的 C 值有差别，工厂储存点的 C 为产品的价格，购买者储存点的 C 为产品价格与运费率之和。

由表 7-2 的计算可知，在四种运输服务方案中，卡车运输的总成本最低，因此应选择卡车运输。

表 7-2 运输服务方案成本计算表

成本类型	计算方法	运输方式（单位）			
		铁路运输	驼背运输	公路运输	航空运输
运输	$R \times D$	（0.10×700000） =70000	（0.15×700000） =105000	（0.20×700000） =140000	（1.4×700000） =980000
在途存货	$ICDT$/365	（0.30×30× 700000×21） /365=362465	（0.30×30× 700000×14） /365=241644	（0.30×30× 700000×5） /365=86301	（0.30×30× 700000×2） /365=34521
工厂存货	$ICQ/2$	（0.30×30 ×100000） =900000	（0.30×30×50000 ×0.93）=418500	（0.30×30× 50000×0.84） =378000	（0.30×30×25000 ×0.81）=182250
仓库存货	$Ic'Q/2$	（0.30×30.1 ×100000） =903000	（0.30×30.15× 50000×0.93） =420593	（0.30×30.2× 50000×0.84） =380520	（0.30×31.4×25000 ×0.81）=190755
总成本		2235465	1185737	984821	1387526

二、供应商如何进行运输决策

某制造商分别从两个供应商购买了共 3000 个配件，每个配件单价 100 元。目前这 3000 个配件是由两个供应商平均提供的，如供应商缩短运达时间，则可以多得到交易份额，每缩短一天，可从总交易量中多得 5% 的份额，即 150 个配件。供应商从每个件可赚得占配件价格（不包括运输费用）20% 利润。

于是供应商 A 考虑，如将运输方式从铁路转到卡车运输或航空运输是否有利可图。各种运输方式的运费率和运达时间如表 7-3 所示。

表 7-3 运输费率及时间表

运输方式	费率/（元/件）	运输时间/天
铁路运输	2.50	7
公路运输	6.00	4
航空运输	10.35	2

由表 7-4 可知，如果制造商对能够提供更好运输服务的供应商给予更多的交易份额的承诺兑现，则供应商 A 应当选择公路运输。当然，与此同时供应商 A 要密切注意供应商 B 可能做出的竞争反应行为，如果出现这种情况，则可能削弱供应商 A 可能获得的利益，甚至化为泡影。

表 7-4 运费及利润计算表

运输方式	零件销售量/个	毛利/元	运输成本/元	净利润/元
铁路运输	1500	1500×100×0.2=30000	3750	26250
公路运输	1500+150×3=1950	1950×100×0.2=39000	11700	27300
航空运输	1500+150×5=2250	2250×100×0.2=45000	23287	21713

在考虑运输服务的直接成本的同时，有必要考虑运载工具对库存成本和运输绩效对物流渠道成员购买选择的影响。除此之外，还有其他一些因素需要考虑，其中有些是企业运输决策者不能控制的因素，如表 7-5 所示。

表 7-5　决策者不能控制的考虑因素

考虑因素	详述
对彼此成本的了解	如果供应商和买方对彼此的成本有一定了解或有过合作的基础，将会促进双方进一步的有效合作
分拨渠道中有相互竞争的供应商	如果分销渠道中有相互竞争的供应商，买方和供应商都应该采取合理的行动来平衡运输成本和运输服务，以获得最佳收益。当然，谁也无法保证各方都会理智行事
运输服务水平对价格的影响	假如供应商提供的运输服务优于竞争对手，他很可能会通过提高产品的价格来补偿（至少是部分补偿）增加的成本。因此，买方在决定是否购买时应同时考虑产品价格和运输绩效
动态因素	运输费率、产品种类、库存成本的变化和竞争对手可能采取的应对措施等动态因素，在此并没有直接涉及，但这些因素在不同环境、不同时间内都可能产生一定程度的影响，有些甚至是决定性的
运载工具选择的间接作用	这里没有考虑运输方式的选择对供应商存货的间接作用。供应商也会和买方一样由于运输方式变化改变运输批量，进而导致库存水平的变化。供应商可以调整价格来反映这一变化，反过来又影响运输服务的选择

案例分析

　　运输方式的选择条件有输送物品的种类、输送量、输送距离、输送时间、输送成本五个方面。在上述五个选择条件中，输送物品的种类、输送量和输送距离三个条件是物品自身的性质和存放地点决定的，因而属于不可变量。与此相反，运输时间和运输成本是不同运输方式相互竞争的重要条件，运输时间与运输成本必然带来所选择的运输方式的改变；一般来说，运输速度（特别是技术速度）与运输成本有很大的关系，为正相关系。200公里以内选择公路运输合适，200～500公里以内选择铁路运输比较合适，500公里以上适合选择航空运输。

　　在各种运输方式中，如何选择适当的运输方式是物流合理化的重要问题。可以选择一种运输方式也可以选择使用联运的方式。

表 7-6　运输方式的种类和特征（二）

运输方式	特征与优点	缺点	适用情况
公路运输	我国主要的运输方式，主要工具为汽车，主要特点是灵活机动、运输过程的换装环节少，运输速度较快，运输费用较低	运量比较小，长距离运输比铁路运输效率低、费用高	适合于中短距离、中少数量的高频率配送
铁路运输	我国货物运输的主要方式之一，运量大、速度快、可靠性高。连续性强、远距离运输费用低。一般不受气候因素影响	受线路、货站、运行时刻、配车、编列等因素影响，不够灵活、近距离运输的费用较高	适合中长距离的运输
水路运输	特点是载重量大、能耗小、航道投资省、运输费用低	运输速度慢、运载搬运费用较高，航运和装卸作业受气候条件约束	适合于长距离、大批量的运输，适应于原材料、中间产品的运输
航空运输	运输速度快，货物包装要求低	运输费用高、重量受限制，对航空港设施要求高，受气候条件影响大	适合于长距离、快速运输以及生鲜商品和高价、低重量小体积商品的运输
管道运输	运量大，连续性强，损耗小，运输安全、建设投资省，高度专业化，货物不需要包装，不受地面气候影响	单向封闭的运输系统，灵活性很差，一次性固定投资大	主要用于成品油、天然气等液体和气体的运输
集装箱运输	是一种现代化运输方式，运费较低，最大限度减少货损，高效率、高质量、标准化、专业化、节省包装费用，适用性强	需要采用统一的集装箱和配套的运输车辆，对搬运装卸机械的要求高	适用于各种产品

运输方式的选择，需要根据运输环境、运输服务的目标要求，采取定性分析与定量分析的方法进行考虑。

（1）运输方式选择的定性分析法

①单一运输方式的选择。单一运输方式的选择,就是选择一种运输方式提供运输服务。公路、铁路、水路、航空和管道五种基本运输方式各有自身的优点与不足,可以根据五种基本运输方式的优势、特点,结合运输需求进行恰当的选择。②多式联运的选择。多式联运的选择,就是选择两种以上的运输方式联合起来提供运输服务。在实际运输中,一般只有铁路与公路联运、公路或铁路与水路联运、航空与公路联运得到较为广泛的应用。

(2)运输方式选择的定量方法

① 综合评价法。综合评价选择法法是运输方式选择的一种重要的定量分析防范,它是根据影响运输方式选择的4个要素,即经济性、迅速性、安全性和便利性进行综合评价,根据评价的结果选择运输工具的选择方法。②成本比较法。运输成本比较分析法是运输机工具选择的量化分析,运输的速度可靠性会影响托运人和买方的库存水平。③竞争因素衡量法。运输方式的选择如果直接涉及竞争优势,则应考虑竞争因素衡量法。当买方通过供应渠道从若干个供应商处购买商品时,物流服务和价格就会影响到买方对供应商的选择。反之,供应商也可以通过对供应渠道运输方式的选择来控制物流服务要素。

7.7 韩国三星公司合理化运输

韩国三星公司从1989～1993年实施了物流运输工作合理化革新的第一个五年计划。这期间,为了减少成本和提高配送效率进行了"节约成本200亿"、"全面提高物流劳动生产率"等活动,最终降低了成本,缩短了前置时间,减少了40%的库存量,并使三星公司获得首届韩国物流大奖。

三星公司从1994～1998年实施物流运输工作合理化革新的第二个五年计划。重点是将销售、配送、生产和采购有机结合起来,实现公司的目标,即将客户的满意程度提高到100%,同时将库存量再减少50%。为了这一目标,三星公司将进一步扩展和强化物流网络同时建立了一个全球性的物流链使产品的供应路线最优化,并设立全球物流网络上的集成订货-交货系统,从原材料采购到交货给最终客户的整个路径上实现物流和信息流的一体化,这样客户就能以最低的价格得到高质量的服务,从而对企业更加满意。基于这种思想,三星公司物流工作合理化革新小组在配送选择、实物运输、现场作业和信息系统四个方面去进行物流革新。

一、配送选址新措施

为了提高配送中心的效率和质量,三星公司将其划分为产地配送中心和销地配送中心。前者用于原材料的补充,后者用于存货的调整。对每个职能部门都确定了最优工序,配送中心的数量被减少、规模得以最优化。便于向客户提高最佳的服务。

二、实物运输革新措施

为了及时交货给零售商,配送中心考虑货物数量和运输所需要时间的基础上确定出合理的运输路线;同时,一个高效的调拨系统也被开发出来。这方面的革新加强了支持销售的能力。

三、现场作业革新措施

为使进出工厂的货物更方便、快捷地流动,公司建立了一个交货点查询管理系统,可以查询货物进出库频率,高效地配置资源。

四、信息系统革新措施

三星公司在局域网环境下建立了一个通信网络,并开发了一个客户服务器系统,公司集成系统(SAPR)的1/3将投入物流中使用。由于将生产配送和销售一体化,整个系统中不同的职能部门将能实现信息共享。客户如有涉及物流的问题都可以通过实时订单跟踪系统得到回答。

另外,随着客户环保意识的增强,物流工作对环境保护负有更多的责任,三星公司不仅对客户许下了保护环境的承诺,还建立一个全天开放的由回收车组成的回收系统,并由回收中心来重新利用那些废品,以此来提升自己企业在客户心目中的形象,从而更加有利于企业的经营。

案例分析

韩国三星公司在实施运输合理化革新,不仅降低成本、减少了库存量,而且全面提高了物流生产效率。公司还从配送中心的选址、运输线路合理化、重新设计现场作业的流程和完善的信息系统等四个方面进行了全面的革新,此外在回收物流和废弃物物流等方面进行了重新设计,由此可以看出三星公司也非常重视对环境的保护。

物品从生产地到消费地的运输过程中,从全局利益出发,力求运输距离短、运输能力省、运输费用低、中间转运少、到达速度快、运输质量高,并充分、有效地发挥各种运输工具的作用和运输能力，是运输活动所要实现的目标。运输合理化的影响因素很多，起决定性作用的有五方面的因素，称为合理运输的"五要素"。这"五要素"包括运输距离、运输环节、运输工具、运输时间、运输费用。

运输的合理化对策包括如下几种。（1）减少运输数量，缩短运输距离。减少运输数量、缩短运输距离，不仅可以节约人力、物力，还可以节约能源和动力以此达到降低物流成本费用，提高经济效益的目的，在这方面有许多成功的实例。在煤炭基地建设发电厂，就地发电，再输送到其他地区，可以减少大量煤炭的运输；在林区建立木材加工厂，经过加工后的木材运输可以大大减少运量；在矿山附近建炼钢厂和在农副产品基地健食品厂都是减少运输数量、缩短运输距离的有效方法。（2）选择最佳运输方式，避免能源动力的浪费。铁路、公路、水运、航空、管道这五大运输方式，各有所长、各有不足，做到扬长避短，各取其优。不同的运输方式各有优劣，在科学的选择运输方式中，必须要做到全方位的思考，不能只考虑一点或几点，一定要全面、具体地分析。如航空运输费用高，但时间短，虽然运费高，但仓储费、装卸费用、包装费用都有可能降低，物流总成本不一定比其他方式高太多，但却能带来时间效益或形象效益。总之，科学的选择运输方式要全面考虑，因事而议，具体问题具体解决。（3）增强运输科技含量、提高运输效益。在物流系统中运输系统是一个子系统，在对运输系统进行合理化设计时，必须与企业的采购、销售、运输、配送等各个环节一同考虑。对企业运输网络格局怎么进行合理化，都必须充分考虑到企业的各个环节，并周密进行设计，并在周密计划的基础上尽量采用现代运输方法。例如，多式联运、一贯托盘运输、集装箱运输、门到门运输、散装化运输、智能化运输、全球化卫星定位，充分利用各种运输方法的优势，以适当的方法，运送相应的货物，取得最佳效益。而做到这些又免不了要注意到提高运输装配的技术水平，因为这直接关系到运输作业的效益、质量和安全，这是一个十分值得重视的问题。在提高运输效益上另一个值得推广的方式是配送与共同配送。配送与共同配送是运输合理化的主要途径之一，可以克服许多不合理的运输矛盾，避免无谓的浪费，这将成为运输合理化的重要选择。

第 8 章 流通加工

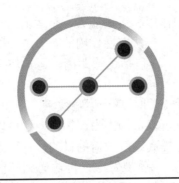

Chapter 08

8.1 来自厄瓜多尔的玫瑰花

南美洲厄瓜多尔中部火山地区常年气候温暖，雨水充足，虽然山高林密，地势险要，却是玫瑰花和其他珍贵花卉的盛产之地。美国迈阿密州的布里恩花卉物流公司向北美各大城市配送的玫瑰花就是在这个地区的三家大型农场定点采购的。

当人们在花店中看到玫瑰花娇艳欲滴、感到花香袭人时，必会为之心动。但是不可否认的是，玫瑰花娇嫩易损，一旦残败凋零，其价值则丧失殆尽。根据鲜花种植专家测定，玫瑰花从农场收割后，通常可以在正常情况下保鲜 14 天。这是在整个运输过程中万无一失的情况下才能够做到的，而且玫瑰花不能受到挤压，一旦花枝变形也会大大降低玫瑰花的品质。那么，如何让人们看到最高贵的玫瑰花呢？

一、玫瑰花的旅途

Ctopaxi 地区：新的一天又开始了。昨夜一场大雨过后，空气格外清新，Rose 走向农场，准备开始一天的劳作。这些玫瑰含苞待放，露珠在枝叶上微微颤抖，不禁惹人怜爱，然而它们实在太娇嫩了，经不起日晒雨淋。所以 Rose 将园中的玫瑰花枝剪下来之后立即包装起来。为了防止花枝受到挤压，这些盒子都非常结实，盒子装满鲜花后既使站一个人上去都不会变形，而且这种良好的包装使得运输过程中避免了重复包装。每次，Rose 都将 50 枝玫瑰花包成一盒，然后将盒子装入 2℃ 的冷藏集装箱内。在农场中，所有的人都在这么做。等集装箱装满之后就被送到厄瓜多尔的首都 Quito 国际机场，再从这里被连夜送往美国迈阿密机场。

美国迈阿密国际机场：由于布里恩花卉物流公司发明了一种环保集装箱，它的保温时间可以持续 96 小时，而且还能储藏在宽体飞机底部的货舱内。所以，这些玫瑰花整晚都安安静静地躺在飞机底部货舱。第二天凌晨，满载着新鲜玫瑰花的货机徐徐降落在迈阿密国际机场。在此等候的工作人员将鲜花迅速从飞机舱口运到温控仓库里。早晨，海关和动植物检验所的工作人员来对鲜花进行例行检查。之后，花卉就被转运到集装箱卡车或国内航空班机上，直接运达美国各地配送站、超市和大卖场，再通过它们将鲜花送往北美大陆各大城市街道上的花店、小贩和快递公司等处，并最终到达消费者手中。整个过程是快速衔接的，在时间上不能有任何差错。这样，北美地区的人们就能够欣赏到来自南美洲厄瓜多尔最美丽的玫瑰花了。

二、旅途多舛

当然，并不是所有的玫瑰花都能够如此顺利地到达人们手中。在玫瑰花从不远千里的厄瓜多尔农场来到北美各大城市的过程中，任何一个环节发生意外或处理不当都有可能导致玫瑰花香消玉陨。比如说，飞机晚点、脱班或飞机货舱容量不够大，抑或冷藏集装箱的温控设备失灵等都会影响玫瑰花的品质。此外，还有一些人为的因素，例如，有些货主为了降低运费，不采用具有温控设备的运输工具来运送玫瑰花等。

总而言之，鲜花物流的标准是非常苛刻的。因为鲜花十分容易枯萎甚至腐烂，其结果将导致鲜花一文不值。因此，布里恩花卉物流公司必须将新鲜花卉运输途中可能遇到的各种障碍和意外风险都降低到最低点。为此，布里恩花卉物流公司牵头，由美国赫尔曼国际货运代理公司主持，成立了迈阿密赫尔曼保鲜物流集团，从事花卉的进出口运输工作；还与联邦快递（FedEx）和 UPS 签订了一体化快递服务合同，把鲜花直接运送到美国各地。

案例分析

对于生鲜商品来说，流通加工在市场经营过程中发挥着重要作用。合理的流通加工能够降低损耗和成本，提高运输效率和企业效益。

流通加工（Distribution Processing）是指物品在从生产地到使用地的过程中，根据需要施加包装、分割、计量、分拣、刷标志、拴标签、组装等简单作业的总称。

流通加工是为了提高物流速度和物品的利用率，在物品进入流通领域后，按客户的要求进行的加工活动，即在物品从生产者向消费者流动的过程中，为了促进销售、维护商品质量和提高物流效率，对物品进行一定程度的加工。流通加工通过改变或完善流通对象的形态来实现"桥梁和纽带"的作用，因此流通加工是流通中的一种特殊形式。随着经济增长，国民收入增多，消费者的需求出现多样化，促使在流通领域开展流通加工。目前，在世界许多国家和地区的物流中心或仓库经营中都大量存在流通加工业务，在日本、美国等物流发达国家则更为普遍。

流通加工示意图，如图8-1所示。

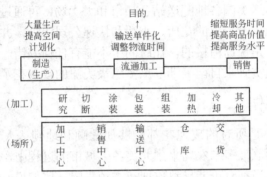

图 8-1 流通加工示意图

流通加工是在流通领域中进行的简单生产活动，具有生产制造活动的一般性质。但是，从根本上说二者之间有着明显的区别。生产加工改变的是加工对象的基本形态和功能，是一种创造新的使用价值的活动。而流通加工并不改变商品的基本形态和功能，是一种完善商品的使用功能，提高商品附加价值的活动。二者之间的区别，如表8-1所示。

表 8-1 流通加工与生产加工的区别

项目	流通加工	生产加工
加工对象	进入流通过程的商品	原材料、半成品、零配件
所处环节	流通过程	生产过程
加工难度	简单	复杂
价值	完善或提高价值	创造价值及使用价值
加工单位	流通企业	生产企业
目的	促进销售、维护产品质量、实现物流高效率	消费

8.2 钢铁物流之流通加工

流通加工是在物品从生产领域向消费领域流动的过程中,为厂促进销售、维护产品质量和提高物流效率,对物品进行加工。使物品发生物理、化学或形状的变化。

流通加工对于钢铁企业而言是钢铁产品的纵向延伸业务,具有产品增值及战略协同的双重功能。目前,随着钢铁产业的成熟,竞争环境的变化,产业分工的调整,世界钢铁企业日益重视钢材流通加工业务的拓展。但由于钢铁企业面临的不同环境及不同战略的追求,加之钢材流通加工本身涵盖领域广、层次多,技术、质量及用户类别差异大,导致钢铁企业的流通加工业务在生成方式、发展程度上各有不同,在实践中形成了不同的发展模式。宝山钢铁公司(简称"宝钢")作为以钢铁为主业的大型企业集团,也较早地涉足了深加工,并在反复探索中初步形成了梯级定位、内外结合、聚焦发展、协同管理的战略经营模式。

一、流通加工的必要性

钢铁企业为什么要发展流通加工,其根本动因是什么?抛开企业的差别性,其根本原因是产业分工关系的演变。直观地看,钢材流通加工是钢铁业的纵向延伸业务,一般处于钢铁行业与下游汽车、家电、机械设备、建筑行业等的中间地带,既可以看作钢铁的延伸工序,也可以看作下游行业的上游工序。传统上,由于钢铁业本身的大规模生产性质以及市场的旺盛需求,钢铁业很少涉足流通加工,而多是由独立的中小企业以及下游主体行业发展。但随着技术的进步、市场供需及其竞争环境的变化,产业分工格局也跟着发生了很大的变化。

一方面,钢铁行业从整体上看,已经并正在从致力于规模扩张转向产业结构及产品结构的调整、质量及服务的完善;从关注钢铁产品本身的成本、质量竞争力转向整体供应链竞争力。另一方面,下游行业也从自身核心竞争力出发,将注意力集中到产品设计以及信息化、电子化等高附加值等领域,而将相对成熟的机械加工业务部分剥离。这种产业分工的调整造成一些诸如涂镀、制管、彩印、剪切配送、标准件出现规模化及专业化趋势。面对这两方面的变化,为充分发挥其在钢铁材料性能及加工成形方面的核心能力,提高供应链竞争力,钢铁业已经自觉由单纯的材料供应商向综合服务供应商转变,成为整合加工业务的主体之一。目前世界上几乎所有钢铁企业都或多或少、或深或浅地参与了下游深加工的整合，只不过其方式与途径不同罢了。所以，钢铁业发展流通加工，是顺应钢铁与钢材加工的关系演变，积极调整产业分工格局的合理选择，是利用并进一步巩固、提升自身核心能力、强化供应链的必要环节，具有内在的必要性和必然性。

二、流通加工的产业性质

由于流通加工发生在钢铁销售物流过程中，处于钢铁业与下游终端用户的中间环节，其目的是为了使钢材产成品通过一定的剪切、轧制等工艺流程，使产品满足客户的多样化需求，进而是钢材产品产生增值。因此，钢铁流通加工具有过渡性和双重性。

过渡性：钢材流通加工一般处于钢铁行业与下游汽车、家电、机械设备、建筑行业等的中间地带，既可以看作钢铁的延伸工序，也可以看作下游行业的上游工序，从而具有过渡产业的性质，尤其是在我国这样的非成熟市场环境下更是如此。从市场博弈上看，这种过渡性导致了一定程度的依附性。所以，钢铁业涉足加工的核心目的并不是发展独立的多元产业，而是供应链的优化与整合。甚至可以说，流通加工是钢铁企业在与下游企业渠道博弈中形成的。同时，流通加工的过渡性也必然导致大多数深加工业务属于分散性业务，不具备规模经济性，不适合钢铁企业经营。

双重性：钢铁业涉足流通加工，不仅理论上减少了相互之间的交易费用，更加重要的是使深加工成为钢铁业的分销环节、技术试验厂以及新市场拓展基地。所以，流通加工不仅具有一般产业的资本增值价值，而且具有与钢铁业互动发展的战略协同价值，从而使其产业功能具有双重性，钢铁企业发展流通加工，应兼顾其双重性。

三、流通加工的现实意义

促进我国钢铁物流的现代化，提高钢铁物流的效率，压缩钢铁企业成本，削减流通费用，并以最小的投入获得最大的产出，做好钢铁流通加工有着不可忽视的现实意义。

首先，钢铁流通加工可以增加钢材产成品附加值。通过流通加工实现产品增值，从而提高产品盈利能力，是发展流通加工的最基本目的。只是这种附加值并不必然体现在流通加工环节，而是或隐或显地体现在整个供应链上。理论上看，纵向产业链的利润总额是由各产业环节共同创造的，利润的分配形式（平均分配或向某个产业积聚）随市场供需形势以及产业竞争生态的改变而改变，"此消彼长"。近几年钢铁产业链利润向上游的积聚就是利润转移的明证。所以，附加值应理解为产业链整体价值的附加。

其次，优化供应链。供应链管理是近几年众多管理专家们共同研究探讨的问题，所谓供应链，是指产品生产和流通过程所涉及的原材料供应商、生产商、批发商、零售商以及最终消费者组成的供需网络。即由物料获取、物料加工，并将成品送到用户手中这一过程所涉及的企业和企业部门组成的一个网络。供应链管理就是在商品供给的链条中，企业间就商品在流通过程中发生的各种管理活动，加强相互间的合作，形成战略联盟，通过信息的共有化、需求预测的共有化等，来实现物流机能的分担，实现商品流通全过程的效率最大化。流通加工作为分销增值手段，能有效满足下游用户的个性化需求，弥补钢铁产品大规模生产的不足。可通过合理的布局，降低综合物流成本，部分突破与客户及竞争对手博弈中的不利局面，从而平抑产业链利润转移波动，增强产业链的竞争力，使自身产业链的盈利能力最大化。

再次，发展新市场。流通加工作为钢铁的基本市场，其本身就有市场发现的功能。钢铁业以自身材料性能及加工成形的核心能力，开发新产品、寻找新用途、拓展新领域，从而提高钢铁产品竞争力。

最后，创新高技术。钢铁与钢材流通加工的互动，更有利于发现并完善高新技术，包括材料研发技术及产品应用技术。

四、流通加工的模式及其特点

由于流通加工范围庞杂，不同类型的深加工对钢铁企业的意义也必然不同。我们从钢铁业供应链角度依次将钢铁深加工分为三类：材料型加工、营销型加工、产业型加工。

（1）材料型加工

材料型深加工一般是指以提高性能、增加功能、方便用户为目的的在线加工业务，是钢铁产品的自然延伸。因其仍具有原材料性质，适合大规模生产，一般纳入钢铁生产平台。如涂镀、焊管、线材制品等，是推动技术升级，开发新产品，提高产品附加值，增强产品竞争力的基础手段。

（2）营销型加工

营销型深加工首先是指服务最终用户、控制分销渠道的中间品加工业务，属于服务营销型深加工；其次是指配合宝钢高附加值新产品的研发与促销而介入的产成品加工业务，属于技术营销型深加工。如剪切加工配送（包括激光拼焊）、减振板等市场示范类产品等，是针对竞争对手的营销增值手段，且不与战略用户产生竞争。

(3) 产业型加工

产业型加工是指以发展产业为目的的最终产品的深加工业务。如金属包装（二片罐、捆带）、钢结构。与钢铁业在市场、技术上的互动最为深入，对宝钢整体提升技术创新，控制并创造市场有着不可替代的作用。当然，由于产业型深加工拥有自身的核心价值链，且多与钢铁业的最终用户产生直接竞争，所以，并不是所有的产业型加工对钢铁企业都存在同样的必要性。

当前营销型加工尤其是剪切加工配送成为流通加工中最为热门的一种形式。钢材材的剪切加工配送作为一种新型的物流服务方式，它的机能就是拥有库存钢材，在中心切断、加工、检查，在最佳时间内配送给各个用户。著名的现代钢材物流企业——美国瑞森公司，其属下拥有30家左右加工配送中心，统一使用瑞森品牌，几乎能为北美、南美所有的钢材用户提供服务，满足客户的加工、配送、信息指导、仓储、运输等需求。

现代物流方式对我国传统的从生产到流通全由钢厂一手操办的流通模式，构成了极大的冲击和挑战。随着国外钢材贸易集团进入中国市场，由各种形式的物流中心、配送中心、网上钢材交易等新型的营销方式及流通业态，来取代包括钢材在内的生产资料批发市场和生产厂家的供销公司，是必然的趋势。

目前，国内已经建成的钢材加工配送中心有200家左右，很多由外商独资或合资投建。仅韩国浦项在中国华北、华东和华南地区就建有三个板卷加工中心，年生产能力达到37万吨。日本商社更是在10年间在中国建设了29家钢材加工中心。这些钢材加工配送中心的主要服务对象集中在外资、合资企业和一些上规模的民营企业，还没有普遍得到国内制造厂家的认同。另外，有些地方组建的钢板开平厂，由于档次低，无法提供保证商品质量的钢板和钢卷。

钢材配送制作为一种先进的社会化流通体制和一种最合理高效的现代物流方式，其对社会生产总成本的大量节约所产生的巨大效益正日益显现。当钢材用户对钢材的品种、规格、数量要求越来越分散时，钢材加工配送模式就越来越体现出优势。

这种现代物流方式，一是顺应了钢铁企业的需求。尽管中国大多数钢铁企业都自备横、纵剪线，具有较强的剪切加工能力，但其生产周期长，钢材利用率低、加工成本高，影响到企业产品的竞争力。而钢材加工配送中心能据用户所需钢材的品种、规格、数量进行资源的组合备库，集中下料和合理套裁，从而压缩流通时间，降低流通费用。这种社会专业化分工，也有益于提高钢铁企业的生产集约化程度。

二是顺应了钢材用户的需求。钢材用户自行加工钢材，尤其是在使用量不多的情况下，加工费用远高于外委。当它委托剪切加工时，既可节省加工设备的投资和劳务安排，又可得到相应的产品质量保证，还可享受剪切中心的适时供货服务，从而有可能实现"用多少加工多少"的零库存管理。事实上，有些钢材用户已准备卖出现有的剪切设备，与贸易商联手投资兴建配送中心，以享受现代物流服务。

三是顺应了贸易公司的要求。贸易公司利用剪切中心将板卷销售给用户，同时提供原料库存、及时加工、迅速交货等完整的配套优质服务。通过钢材加工配送和钢材贸易的结合，不仅提高钢材使用率，满足用户对钢材品种、规格、数量的个性要求，也增强了贸易公司自身的综合竞争能力。

2008年的钢材市场，钢价波动剧烈，钢厂、钢材流通企业都面临着巨大的挑战和机遇，传统贸易方式向钢铁产品的电子交易＋剪切加工＋配送，达到门对门服务的现代物流转变，已经成为一个不可逆转的趋势，做好产品的流通加工，将成为我国钢铁物流业一个重要的创收渠道。

（来源：一诺钢铁物流网，http://www.yn56.com，2009-1-6）

案例分析

随着技术的进步、市场供需及其竞争环境的变化，产业分工格局也发生了很大的变化，市场竞争日益激烈。生产企业重视流通加工工作，有利于增强企业的竞争实力。流通加工对于钢铁企业而言是钢铁产品的纵向延伸业务，具有产品增值及战略协同的双重功能。

流通加工可以提高物流活动的效率，满足消费者的多样化需求，同时还可以增加物流企业的经济效益。其目的的具体表现在以下几个方面。（1）强化流通阶段的保管功能。食品类商品的保鲜包装、罐装食品的加工等，可以保证在食品克服了时间距离后，仍然可以保证其新鲜状态。（2）回避流通阶段的商业风险。钢板、玻璃等产品的剪裁，一般都是在接到客户的订单后才进行剪裁，这样就可以明显提高产品的附加价值。（3）提高商品附加价值。蔬菜等原材料经过深度加工，如加工成半成品；稻米经过精加工，加工成免淘米等流通加工活动，可以明显提高产品的附加价值。（4）满足消费者多样化的需求。例如，不同顾客对于商品的包装量有不同的要求，通过改变商品的包装量，就可以满足不同的消费者的需求。（5）提高运输保管效率。组装型商品，如组合家具等商品的运输和保管都采用散件形态，待出库配送前或者到达客户后再进行组装，这样可以大大提高运输工具的装载率和仓库的保管率。

随着科学技术的发展和技术革新的开展，流通加工的形态也在不断地增加，并且对流通领域也产生了重大的影响。一种全新的生产流通模式已经出现，并且以较快的速度发展。这就是在生产制造工厂并不对加工对象完成全部商品化的工作，而是在最靠近消费者的地方才完成随后阶段的商品化工作。另外，经济全球化和国际分工的发展，以及采购全球化的趋势，产品的原材料和零部件往往由一个国家流向另一个国家，这样，就使得原材料和零部件的物流环节和距离变得更长。因此，流通加工也会变得越来越重要。

总而言之，流通加工在提高物流效率，满足消费者多样化需求，以及降低物流成本，增加物流企业效益方面的作用会不断加大。

8.3 流通加工的效果实例

一、提高原材料利用率

利用流通加工环节进行集中下料，是将生产厂直运来的简单规格产品，按使用部门的要求进行下料。例如将钢板进行剪板、切裁；钢筋或圆钢裁制成毛坯；木材加工成各种长度及大小的板、方等。集中下料可以优材优用、小材大用、合理套裁，有很好的技术经济效果。

北京、济南、丹东等城市曾经对平板玻璃进行流通加工（集中裁制、开片供应），玻璃利用率从60%左右提高到85%～95%。

二、进行初级加工，方便用户

用量小或临时需要的使用单位，缺乏进行高效率初级加工的能力，依靠流通加工可使使用单位省去进行初级加工的投资、设备及人力从而搞活供应，方便了用户。

目前发展较快的初级加工有净菜加工、将水泥加工成生混凝土、将原木或板方材加工成门窗、冷拉钢筋及冲制异型零件、钢板预处理、整形、打孔等加工。

三、提高加工效率及设备利用率

由于建立集中加工点，可以采用效率高、技术先进、加工量大的专门机具和设备。这样做的好处：一是提高了加工质量，二是提高了设备利用率，三是提高了加工效率。其结果是降低了加工费用及原材料成本。

例如，一般的使用部门在对钢板下料时，采用气割的方法，需要留出较大的加工余量，不但出材率低，而且由于热加工容易改变钢的组织，加工质量也不好。集中加工后可设置高效率的剪切设备，在一定程度上克服了上述缺点。

四、充分发挥各种输送手段的最高效率

流通加工环节将实物的流通分成两个阶段。一般说来由于流通加工环节设置在消费地，因此，从生产厂到流通加工这第一阶段输送距离长，而从流通加工到消费环节的第二阶段距离短。第一阶段是在数量有限的生产厂与流通加工点之间进行定点、直达、大批量的远距离输送，因此，可以采用船舶、火车等大量输送的手段；第二阶段则是利用汽车和其他小型车辆来输送经过流通加工后的多规格、小批量、多用户的产品。这样可以充分发挥各种输送手段的最高效率，加快输送速度、节省运力运费。

五、改变功能，提高收益

在流通过程中进行一些改变产品某些功能的简单加工，其目的除上述几点外还在于提高产品销售的经济效益。

例如，内地的许多制成品（如洋娃娃玩具、时装、轻工纺织产品、工艺美术品等）在深圳进行简单的装潢加工，改变了产品外观功能，仅此一项就可使产品售价提高 20% 以上。

（来源：物流知识网，http://www.siod.cn）

案例分析

在物流领域中，流通加工可以成为高附加价值的活动。这种高附加价值的形成，主要着眼于满足用户的需要，提高服务功能而取得的，是贯彻物流战略思想的表现，是一种低投入、高产出的加工形式。

根据不同的目的，流通加工具有不同的类型。(1) 为适应多样化需要的流通加工。生产部门为了实现高效率、大批量的生产，其产品往往不能完全满足用户的要求。这样，为了满足用户对产品多样化的需要，同时又要保证高效率的大生产，可将生产出来的单一化、标准化的产品进行多样化的改制加工。例如，对钢材卷板的舒展、剪切加工；平板玻璃按需要规格的开片加工；木材改制成枕木、板材、方材等加工。(2) 为方便消费、省力的流通加工。根据下游生产的需要将商品加工成生产直接可用的状态。例如，根据需要将钢材定尺、定型，按要求下料；将木材制成可直接投入使用的各种型

材；将水泥制成混凝土拌合料，使用时只需稍加搅拌即可使用等。（3）为保护产品所进行的流通加工。在物流过程中，为了保护商品的使用价值，延长商品在生产和使用期间的寿命，防止商品在运输、储存、装卸搬运、包装等过程中遭受损失，可以采取稳固、改装、保鲜、冷冻、涂油等方式。例如，水产品、肉类、蛋类的保鲜、保质的冷冻加工、防腐加工等。（4）为弥补生产领域加工不足的流通加工。由于受到各种因素的限制，许多产品在生产领域的加工只能到一定程度，而不能完全实现终极的加工。例如，木材如果在产地完成成材加工或制成木制品的话，就会给运输带来极大的困难，所以，在生产领域只能加工到圆木、板、方材这个程度，进一步的下料、切裁、处理等加工则由流通加工完成；钢铁厂大规模的生产只能按规格生产，以使产品有较强的通用性，从而使生产能有较高的效率，取得较好的效益。（5）为促进销售的流通加工。流通加工也可以起到促进销售的作用。比如，将过大包装或散装物分装成适合依次销售的小包装的分装加工；将以保护商品为主的运输包装改换成以促进销售为主的销售包装，以起到吸引消费者、促进销售的作用；将蔬菜、肉类洗净切块以满足消费者要求等。（6）为提高加工效率的流通加工。许多生产企业的初级加工由于数量有限，加工效率不高。而流通加工以集中加工的形式，解决了单个企业加工效率不高的弊病。以一家流通加工企业的集中加工代替了若干家生产企业的初级加工，促使生产水平有一定的提高。（7）为提高物流效率、降低物流损失的流通加工。有些商品本身的形态使之难以进行物流操作，而且商品在运输、装卸搬运过程中极易受损，因此需要进行适当的流通加工加以弥补，从而使物流各环节易于操作，提高物流效率，降低物流损失。例如，造纸用的木材磨成木屑的流通加工，可以极大提高运输工具的装载效率；自行车在消费地区的装配加工可以提高运输效率，降低损失。（8）为衔接不同运输方式、使物流更加合理的流通加工。在干线运输和支线运输的结点设置流通加工环节，可以有效解决大批量、低成本、长距离的干线运输与多品种、少批量、多批次的末端运输和集货运输之间的衔接问题。在流通加工点与大生产企业间形成大批量、定点运输的渠道，以流通加工中心为核心，组织对多个用户的配送，也可以在流通加工点将运输包装转换为销售包装，从而有效衔接不同目的的运输方式。比如，散装水泥中转仓库把散装水泥装袋、将大规模散装水泥转化为小规模散装水泥的流通加工，就衔接了水泥厂大批量运输和工地小批量装运的需要。（9）生产 - 流通一体化的流通加工。依靠生产企业和流通企业的联合，或者生产企业涉足流通，或者流通企业涉足生产，形成的对生产与流通加工进行合理分工、合理规划、合理组织，统筹进行生产与流通加工的安排，这就是生产-流通一体化的流通加工形式。这种形式可以促成产品结构及产业结构的调整，充分发挥企业集团的经济技术优势，是目前流通加工领域的新形式。（10）为实施配送进行的流通加工。这种流通加工形式是配送中心为了实现配送活动，满足客户的需要而对物资进行的加工。例如，混凝土搅拌车可以根据客户的要求，把沙子、水泥、石子、水等各种不同材料按比例要求装入可旋转的罐中。在配送路途中，汽车边行驶边搅拌，到达施工现场后，混凝土已经均匀搅拌好，可以直接投入使用。

8.4 日本南王公司的流通作业

成立于1951年的南王运送株式会社，以当时150万日元的资本额、14名员工及10辆车投入物流业。到1993年，资本额已增长到1亿日元、车辆300辆、员工1200名、仓储面积4600多平方米。1995年营业额达123亿日元。南王运送，如何在物流产业中，从当初默默无闻的小企业，成长为今日国际知名的物流巨人的呢？分析起来，大致有以下几个方面的经验。

一、建立"共同化"的经营思想

创业之初，南王运送，即以"共同化"的思想经营，不断地向物流系统挑战。

它以东京、神奈川县等为业务经营的区域，发展至今，主要的服务内容包括货物配送、流通加工、代行交货、代理检验及食品共同配送等，并向顾客提供一系列系统化、完整的"综合物流系统"服务。

二、创新"综合物流系统"

这种"综合物流系统"形态的发展，因面临多品种小批量的市场需求，以及交货期日益缩短趋势的制约，而向高频率出货、高频率配送的方向发展，共同配送是最符合经济效益的经营方式；同时，代顾客保管、流通加工、交货、品检服务的完整物流服务需求，亦愈来愈旺盛。在顺应共同配送及提供完整物流服务的情况下，南王运送服务产品开发，也经历了不断的发展。

三、划分"三大事业部"

南王运送，按事业部进行管理，共分为三大事业部：第一事业部，以拼装运输、搬家、共同配送为经营重点；第二事业部，负责保管及流通加工；

第三事业部,则处理代行交货及代行品检的业务。1995年的营业额中,第一事业部占23%,第二事业部占35%,第三事业部占42%。

四、"ABC作战"计划模式

面对极具变化与挑战的未来,1986年南王运送以"ABC作战"来激励所有的员工。所谓的ABC作战,隐含着两种意义:一是,为关系公司命运而建设的"有明物流中心",得以投入使用;二是,ABC即"Action,Balance,Creation"的简称,Action是期望每个员工面对时代的变化,都能积极地挑战自己工作的态度,Balance则指必须找出公司与顾客、人与人之间、工作与休闲之间正确的平衡点,至于Creation则是鼓励员工,应常具有好奇心,保持打破老、旧观念的勇气,且在创立新业务时,不要拘泥于过去或过于保守,应该勇敢向前挑战。

(1) 成立背景

过去受设施的限制,无法将综合物流系统,汇集于大型物流中心,必须分散到各地进行,经济效益不显著。在共同配送趋势与顾客对保管、流通加工、百货店代行交货、品检服务需求不断扩增下,物流中心空间的扩大及物流功能与设施的充实,便成为南王运送必须立即解决的课题。因此,该公司积极筹建有明综合物流中心,并继续开设第二ABC、第三ABC,及第四ABC。

(2) 建筑物的布置

ABC总占地面积为13000平方米,总建筑物面积35000多平方米,地上5层楼,有11部电梯。二楼的百货店,使用2吨、4吨卡车,共计140辆,代行交货部门工作,上下午进行两次集货及配送;建筑物,也考虑包含了外部的进货及业务接洽用车在内,按每天可使150~200辆车辆进行的构想进行布置。一楼,是按进货及载积场所来规划的,并以车辆的圆滑运行为优先考虑因素,若货物处理场所空间不够使用,或为提高卸货速度,则可将二楼的一部分当作一楼的延伸。因此,一楼、二楼以输送带及电梯相互连接,且三楼的一部分也可利用输送带来上货、卸货;另外,在安全梯、加工作业的照明、餐厅、休息室、冷暖设备等工作环境方面,亦相当重视。

(3) 有明综合物流中心的机能

① 百货部代行交货、代行品检部门 该部门负责将1500家供应商出货的商品,运送到60个百货店的品检处。以ABC为中心,20公里商圈内,每天供应两次;20公里商圈外,每天供应一次。仅以南王为东急百货代行交货为例,便使东急百货,降低了至少半天的备货时间。集货任务包括ABC中心至品检处的搬运,而货物处理必须相当迅速,因此,该中心引进了自动分

类机，以达到省力和缩短货物处理时间的目的。目前，该自动分类机一小时即可分类7200箱货品。

② 保管、流通加工原则上保管、流通加工部门，应装备能够配合顾客所要求的功能和南王实际作业的场所，故尽量追求效率及经济上的设计，所处理的多为流行商品。所谓流通作业，是指商品的检取、配合顾客订货单位的重新包装、制作顾客店铺的标签、挂价签、制作传票、捆包、出货等各种作业。

（4）ABC中心引进的省力机器

① 自动分类机因JIT生产及交期缩短的需求而引起的高频率出货，常受限于都市交通经常阻塞、供应商往郊外迁移等，致使集货时间越来越延迟，故南王运送必须朝提高内部作业效率方向努力，于是引进自动分类机及笼车作业的搬运方式。

② 垂直式回转料棚为使不熟练的拣货员也能容易操作，不必花费寻找商品的时间，同时符合人性化作业环境，因此引进垂直式回转料棚。这样不仅使拣取作业能够顺利进行，也能有效地利用空间。

③ 天空棚线高速轨道南王运送，以天空棚线高速轨道，来达到最合理有效地输送衣服类商品、适时将需要的商品供应至需要的场所、按需求量供应正确的数量及高效率地利用空间等目的。而在考虑了进货作业、进货检验、缝制检验、加工作业、包装作业、出货作业等以后，必须充分考虑场所、导线及商品量等，为此，南王运送，将四楼保管及流通加工部门分为四区，对物品进行分类作业。为能顺利地把商品供应给这些保管场所，才有了天空棚线高速轨道，该高速轨道总长470公尺，是用自动搬送装置来搬送的，并采取长距离搬送的设计。目前，ABC中心的悬挂式料架总长为11200公尺，并有两部天空棚架，可保管214060套服装。

（来源：牛鱼龙，中国物流与采购联合会网，http://www.chinawuliu.com.cn，2004-9-6）

案例分析

南王运送株式会社的发展历程，对中小型的货运公司及物流企业而言，应有相当的激励作用。"共同化"的经营思想是其成功的核心，现代化的管理机制和智能化的物流中心提供了有力保障。

流通加工合理化的含义是实现流通加工的最优配置，也就是对是否设置流通加工环节、在什么地方设置、选择什么类型的加工、采用什么样的技术装备等问题作出正确抉择。这样做不仅要避免各种不合理的流通加工形式，而且要做到最优。

不合理的流通加工形式包括如下几种。(1) 流通加工地点设置的不合理。流通加工地点设置即布局状况是决定整个流通加工是否有效的重要因素。一般来说，为衔接单品种、大批量生产与多样化需求的流通加工，加工地点设置在需求地区，才能实现大批量的干线运输与多品种末端配送的物流优势。如果将流通加工地设置在生产地区，一方面，为了满足用户多样化的需求，会出现多品种、小批量的产品由产地向需求地的长距离的运输；另一方面，在生产地增加了一个加工环节，同时也会增加近距离运输、保管、装卸等一系列物流活动。所以，在这种情况下，不如由原生产单位完成这种加工而无需设置专门的流通加工环节。另外，一般来说，为方便物流的流通加工环节应该设置在产出地，设置在进入社会物流之前。如果将其设置在物流之后，即设置在消费地，则不但不能解决物流问题，又在流通中增加了中转环节，因而也是不合理的。即使是产地或需求地设置流通加工的选择是正确的，还有流通加工在小地域范围内的正确选址问题。如果处理不善，仍然会出现不合理的情况。比如说交通不便，流通加工与生产企业或用户之间距离较远，加工点周围的社会环境条件不好等。(2) 流通加工方式选择不当。流通加工方式包括流通加工对象、流通加工工艺、流通加工技术、流通加工程度等。流通加工方式的确定实际上是与生产加工的合理分工。分工不合理，把本来应由生产加工完成的作业错误地交给流通加工来完成，或者把本来应由流通加工完成的作业错误地交给生产过程去完成，都会造成不合理情况的出现。流通加工不是对生产加工的代替，而是一种补充和完善。所以，一般来说，如果工艺复杂，技术装备要求较高，或加工可以由生产过程延续或轻易解决的，都不宜再设置流通加工。如果流通加工方式选择不当，就可能会出现与生产加工争利的恶果。(3) 流通加工作用不大，形成多余环节。有的流通加工过于简单，或者对生产和消费的作用都不大，甚至有时由于流通加工的盲目性，同样未能解决品种、规格、包装等问题，相反却增加了作业环节，这也是流通加工不合理的重要表现形式。(4) 流通加工成本过高，效益不好。流通加工的一个重要优势就是它有较大的投入产出比，因而能有效地起到补充、完善的作用。如果流通加工成本过高，则不能实现以较低投入实现更高使用价值的目的，势必会影响它的经济效益。

8.5 松江出口加工区物流发展优势分析

纵观当今世界，凡是经济发展水平较高的地区和国家，物流的发展水平也高。物流在各个国家和地区的不同历史时期都发挥着重要的作用。从某种意义上讲，物流的发展水平已成为一个国家或地区综合竞争力的标志。

位于上海市区西南18公里的松江出口加工区，是国务院2000年批准的全国首批试点的15个出口加工区之一。继江苏昆山加工区之后，全国第二家正式运行的国家级出口加工区。2007年，上海松江出口加工区被国务院批准为全国七个试点出口加工区之一，在原先的保税加工功能之外，拓展了保税物流功能，并取得了开展研发、测试和维修等新业务的试点。随着松江区整体经济不断的增长，出口加工区功能的逐渐完善，加快发展现代物流业的发展已成为提高松江出口加工区综合竞争能力的重要决策。

一、政府大力支持出口加工区物流的发展

2006年12月15日，松江区专门召开现代物流业发展国际研讨会。区长孙建平出席了研讨会。出席研讨会的上海部分大学的专家教授、海内外的物流企业以及在松部分企业代表就如何加快松江区现代物流业发展问题进行交流和研讨。孙建平指出，松江要通过加快发展现代物流业，提升城市集聚辐射功能，促进产业结构调整和经济持续健康发展。政府将坚持"政府引导、企业运作、规范市场、配套环境"的发展方针，主要从五个方面来发展现代物流业。即：采取多种方式积极引进国内外著名物流企业，吸引国内外大公司来松投资办采购中心和销售中心，以促进松江现代物流业水平的提高；通过大力发展电子商务物流等方式推动现代物流业的产业代进程，提高松江现代物流业发展的信息化水平；鼓励以市场运作的方式对传统物流资源进行整合，实现资源的优化配置，培育和壮大物流市场主体，提高现代物流业发展的市场化水平；建立陆运、水运、空运相互衔接配套的运输网络，为客户提供快捷的配送服务；以现代仓储、商贸流通、工业园区为基础，规划建设物流园区，构筑现代物流的汇聚地，形成现代物流产业新的增长点。

二、优越的地理交通条件决定了出口加工区物流的发展

松江出口加工区作为上海西南的重要门户，具备了优越的地理交通条件，为发展成为重要的物流综合基地打下了结实的基础。

① 水路：距上海吴淞港47公里，有三个千吨码头。

② 铁路：距上海铁路新客站40公里。上海通往中国南方的铁路干线贯穿松江工业区；城南有一个大型货运编组站。松江到上海市区的轻轨正在建设中。

③ 公路：周边有沪杭高速公路、同三国道、嘉金高速公路、松闵公路、

沪松公路等高等级的公路；同三国道将沪杭高速公路和沪宁高速公路连成一体，构成便捷的公路交通网络。上海市区外环线距松江工业区 18 公里。

④ 航空：距上海虹桥国际机场 20 公里；距上海浦东国际机场 42 公里。

松江出口加工区依靠优越地理交通条件，充分依托区内流通加工业快速发展和松江新城城市化建设为整个出口加工区带来的巨大空间，以现代物流为重点，提升出口加工区整体规模和水平，为全区经济可持续发展发挥重要的支撑作用。

三、国内的第三方物流企业促进了出口加工区物流的发展

通过功能拓展试点，出口加工区内仓储企业的"第三方物流"作用初步显现，区内企业的产业链得以进一步延伸，区域竞争力也有了明显增强。全方物流与美国百事食品公司是供应链上的紧密型合作伙伴，全方物流为百事食品提供物流配送服务。广达集团出资建立的达伟仓储公司规划面积达 3.6 万平方米，建成后将成为上海出口加工区内最大的仓储物流企业。上海大众投资的现代化 VMI 仓库快要建造完毕，将从事汽车零配件、物料 JIT 配送。国内第三方物流企业的兴起，能有效实施企业的物流功能，充分发挥第三方物流整合社会物流资源和物流流程的价值贡献，从而实现加快松江出口加工区物资周转速度、降低企业的物流成本。

四、国际物流公司带动了出口加工区物流的发展

松江工业企业众多，工业总产值占全市近七分之一，出口创汇占六分之一，发展物流业正逢其时。众多世界物流公司看到了其中蕴藏的商机，纷纷投资松江。2005 年，宜家物流一期 6.75 万平方米仓库投入使用后，二期占地 6.1 万平方米仓库又在建设中。届时，宜家松江仓库不仅可以配送国内产品到整个亚太地区，还可以直接组织进口欧洲产品销往亚太地区宜家商场。意大利物流行业的排头兵维龙物流紧随其后，将在洞泾新建公司地区总部、管理中心和信息中心。作为世界一流的物流配送设施开发商、拥有全球 1000 强企业中近一半客户的美国普洛斯信托公司对松江情有独钟，斥资近 3.2 亿美元，将世界领先的物流配送设施网络延伸到松江出口加工区。普洛斯落户松江后，其松江物流园将打造为上海西南地区的物流中心。由阳明海运、好好国际物流、中华航空和大荣汽车货运等 4 家公司组成的阳明物流，将海、陆、空的物流优势尽揽旗下，也在松江斥资近 1 亿美元，欲与普洛斯

分庭抗礼。松江出口加工区最终形成西部物流基地以普洛斯、阳明物流等项目为载体，逐步形成完善的货物集散、货物储存、信息服务、电子商务等服务功能；北部以宜家、维龙为首的配送基地以推进上海市区的城市商品的流通配送为发展目标，同时满足松江新城对商业物流的需求；东部物流基地以区域物流和内陆物流为主，形成综合型物流基地。

大型国际物流公司入驻松江，填补了松江物流产业的空白，三大物流基地将形成"布局合理、设施配套、技术领先、高效低耗"的现代物流服务体系。不仅能为松江的五大支柱产业提供配套服务，还带来了国际先进的物流经营管理模式，会进一步促进国内物流业的良性发展。

（来源：中国大物流网，http://www.all56.com，2009-03-18）

案例分析

松江出口加工区具备了发展现代物流的众多优势条件，建设上海新的物流综合园区已经势在必行。届时，物流园区不仅有利于区内生产企业实现"零库存"模式，又有利于区内物流企业实现真正意义上的"物流"，打通了"区外—区内—境外"的货物流通环节，加快出口加工区国际物流业的发展，促进了出口加工区产业的协调发展，最终成为松江整体经济可持续发展的重要的新支柱型产业。

流通加工是否合理化，最终的判断标准是要看其是否实现了社会效益和企业自身效益的最优化。流通加工企业与生产企业的区别，主要是前者更要把社会效益放在首位（当然所有的企业都要注重社会效益）这是流通加工的性质所决定的，如果流通加工企业为了追求自己的利益，不从宏观上考虑社会经济的需要不适当地进行加工，甚至与生产企业争利，这就违背了流通加工性质，或者其本身也就不属于流通加工企业了。

8.6 阿迪达斯公司的组合式鞋店

阿迪达斯公司在美国有一家超级市场，设立了组合式鞋店，摆放着不是做好了的鞋，而是做鞋用的半成品。款式花色多样，有6种鞋跟、8种鞋底，均为塑料制造的，鞋面的颜色以黑、白为主，搭带的颜色有80种，款式有百余种。顾客进来可任意挑选自己所喜欢的各个部位，交给职员当场进行组装。只要10分钟，一双崭新的鞋便唾手可得。

这家鞋店昼夜营业，职员技术熟练。鞋子的售价与成批制造的价格差不多，有的还稍便宜些。所以顾客络绎不绝，销售金额比邻近的鞋店多十倍。

 案例分析

本案例中的鞋店，充分发挥了流通加工的功效，满足不同顾客的个性化需求。现代企业竞争依靠的是核心竞争力，满足个性化需求是重要因素。

实现流通加工合理化的途径包括如下几种。(1) 加工和配送结合。就是将流通加工设置在配送点中。一方面按配送的需要进行加工，另一方面加工又是配送作业流程中分货、拣货、配货的重要一环，加工后的产品直接投入到配货作业，这就无需单独设置一个加工的中间环节，而使流通加工与中转流通巧妙地结合在一起。同时，由于配送之前有必要的加工，可以使配送服务水平大大提高，这是当前对流通加工做合理选择的重要形式，在煤炭、水泥等产品的流通中已经表现出较大的优势。(2) 加工和配套结合。"配套"是指对使用上有联系的用品集合成套地供应给用户使用。例如，方便食品的配套。当然，配套的主体来自各个生产企业，如方便食品中的方便面，就是由其生产企业配套生产的。但是，有的配套不能由某个生产企业全部完成，如方便食品中的盘菜、汤料等。这样，在物流企业进行适当的流通加工，可以有效地促成配套，大大提高流通作为供需桥梁与纽带的能力。(3) 加工和合理运输结合。我们知道，流通加工能有效衔接干线运输和支线运输，促进两种运输形式的合理化。利用流通加工，在支线运输转干线运输或干线运输转支线运输等这些必须停顿的环节，不进行一般的支转干或干转支，而是按干线或支线运输合理的要求进行适当加工，从而大大提高运输及运输转载水平。(4) 加工和合理商流结合。流通加工也能起到促进销售的作用，从而使商流合理化，这也是流通加工合理化的方向之一。加工和配送相结合，通过流通加工，提高了配送水平，促进了销售，使加工与商流合理结合。此外，通过简单地改变包装加工形成方便的购买量，通过组装加工解除用户使用前进行组装、调试的难处，都是有效促进商流的很好例证。(5) 加工和节约结合。节约能源、节约设备、节约人力、减少耗费是流通加工合理化重要的考虑因素，也是目前我国设置流通加工并考虑其合理化的较普遍形式。

对于流通加工合理化的最终判断，是看其是否能实现社会的和企业本身的两个效益，而且是否取得了最优效益。流通企业更应该树立社会效益第一的观念，以实现产品生产的最终利益为原则，只有在生产流通过程中不断补充、完善为己任的前提下才有生存的价值。如果只是追求企业的局部效益，不适当地进行加工，甚至与生产企业争利，这就有违于流通加工的初衷，或者其本身已不属于流通加工的范畴。

第9章 配送与配送中心管理

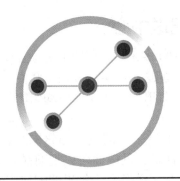

9.1 沃尔玛的配送中心

沃尔玛在全球 10 个国家开设了超过 5000 家商场，员工总数 160 多万，分布在美国、墨西哥、波多黎各、加拿大、阿根廷、巴西、中国、韩国、德国和英国 10 个国家。每周光临沃尔玛的顾客近一亿四千万人次。2004 年沃尔玛全球的销售额达到 2630.09 亿美元，荣登《财富》杂志世界 500 强企业榜首和"最受尊敬企业"排行榜。2005 年达到 2879.89 亿美元，名列世界 500 强第一；2006 年为 3156.54 美元，名列世界 500 强第二；2007 年为 3511.39 亿美元，再次荣登世界 500 强榜首。

沃尔玛的业务之所以能够迅速增长，并且成为现在非常著名的公司之一，是因为沃尔玛在节省成本以及在物流配送系统与供应链管理方面取得了巨大的成就。稍了解沃尔玛的人都知道，低成本战略使物流成本始终保持低位，是像沃尔玛这种廉价商品零售商的看家本领。在物流运营过程中尽可能降低成本，把节省后的成本让利于消费者，这是沃尔玛一贯的经营宗旨。

沃尔玛在整个物流过程当中，最昂贵的就是运输部分，所以沃尔玛在设置新卖场时，尽量以其现有配送中心为出发点，卖场一般都设在配送中心周围，以缩短送货时间，降低送货成本。沃尔玛在物流方面的投资，也非常集中地用于物流配送中心建设。

一、快速高效的物流配送中心

物流配送中心一般设立在 100 多家零售店的中央位置，也就是配送中心设立在销售主市场。这使得一个配送中心可以满足 100 多个附近周边城市的销售网点的需求；另外运输的半径既比较短又比较均匀，基本上是以 320 公里为一个商圈建立一个配送中心。

沃尔玛各分店的订单信息通过公司的高速通讯网络传递到配送中心，配送中心整合后正式向供应商订货。供应商可以把商品直接送到订货的商店，也可以送到配送中心。有人这样形容沃尔玛的配送中心：这些巨型建筑的平均面积超过 11 万平方米，相当于 24 个足球场那么大；里面装着人们所能想象到的各种各样的商品，从牙膏到电视机，从卫生巾到玩具，应有尽有，商品种类超过 8 万种。沃尔玛在美国拥有 62 个以上的配送中心，服务着 4000 多家商场。这些中心按照各地的贸易区域精心部署。通常情况下，从任何一个中心出发，汽车可在一天内到达它所服务的商店。

在配送中心，计算机掌管着一切。供应商将商品送到配送中心后，先经过核对采购计划、商品检验等程序，分别送到货架的不同位置存放。当每一样商品储存进去的时候，计算机都会把他们的方位和数量一一记录下来；一旦商店提出要货计划，计算机就会查找出这些货物的存放位置，并打印出印有商店代号的标签，以供贴到商品上。整包装的商品将被直接送上传送带，零散的商品由工作人员取出后，也会被送上传送带。商品在长达几公里的传送带上进进出出，通过激光辨别上面的条形码，把它们送到该送的地方去，传送带上一天输出的货物可达 20 万箱。

配送中心的一端是装货平台，可供 130 辆卡车同时装货，在另一端是卸货平台，可同时停放 135 辆卡车。配送中心 24 小时不停地运转，平均每天接待的装卸货物的卡车超过 200 辆。沃尔玛用一种尽可能大的卡车运送货物，大约可能有 16 米加长的货柜，比集装箱运输卡车还要更长或者更高。在美国的公路上经常可以看到这样的车队，沃尔玛的卡车都是自己的，司机也是沃尔玛的员工，这些车队在美国各个州之间的高速公路上运行，而且车中的每立方米都被填得满满的，这样非常有助于节约成本。

公司 6000 多辆运输卡车全部安装了卫星定位系统，每辆车在什么位置、装载什么货物、目的地是什么地方，总部都一目了然。因此，在任何时候，调度中心都可以知道这些车辆在什么地方，离商店还有多远，调度中心的工作人员也可以了解到某个商品运输到了什么地方，还有多少时间才能运输到商店。对此，沃尔玛精确到小时。如果员工知道车队由于天气、修路等某种原因耽误了到达时间，装卸工人就可以不用再等待，而可以安排别的工作。

灵活高效的物流配送使得沃尔玛在激烈的零售业竞争中技高一筹。沃尔玛可以保证，商品从配送中心运到任何一家商店的时间不超过48小时，沃尔玛的分店货架平均一周可以补货两次，而其他同业商店平均两周才能补一次货；通过维持尽量少的存货，沃尔玛既节省了存储空间又降低了库存成本。

经济学家斯通博士在对美国零售企业的研究中发现，在美国的三大零售企业中，商品物流成本占销售额的比例在沃尔玛是1.3%，在凯马特是8.75%，在希尔斯则为5%。如果年销售额都按照250亿美元计算，沃尔玛的物流成本要比凯马特少18.625亿美元，比希尔斯少4.25亿美元，其差额大得惊人。

二、沃尔玛配送中心采用的作业方式

配送中心的一端是装货的月台，另外一端是卸货的月台，两项作业分开。看似与装卸一起的方式没有什么区别，但是运作效率由此提高很多。配送中心就是一个大型的仓库，但是概念上与仓库有所区别。

交叉配送（Cross Docking，CD）的作业方式非常独特，而且效率极高，进货时直接装车出货，没有入库储存与分拣作业，降低了成本，加速了流通。800名员工24小时倒班进行装卸、搬运、配送。

商品在配送中心停留不超过48小时，沃尔玛要卖的产品有几万个品种，吃、穿、住、用、行各方面都有；尤其像食品、快速消费品这些商品的停留时间直接影响到使用。

沃尔玛如何不断完善其配送中心的组织结构？

每家店每天送1次货（竞争对手每5天1次），至少一天送货一次意味着可以减少商店或者零售店里的库存。这就使得零售场地和人力管理成本都大大降低。要达到这样的目标就要不断地完善组织结构，使得建立一种运作模式能够满足这样的需求。

1990年的时候在全球有14个配送中心，发展到2001年一共建立了70个配送中心。沃尔玛作为世界500强企业，到现在为止它只在几个国家运作，只在它看准有发展前景的地区经营，沃尔玛在经营方面十分谨慎，在这样的情况下发展到70个，说明它的物流配送中心的组织结构调整做得比较到位。

（来源：《沃尔玛供应链管理经验》，http://class.wtojob.com/class681_35355_2.shtml）

  案例分析

沃尔玛始终如一的思想就是要把最好的东西用最低的价格卖给消费者，这是它成功的原因所在。低廉的价格与低物流成本关系密切,沃尔玛的配送成本占它销售额的2%,而一般来说物流成本占整个销售额一般都要达到10%左右,有些食品行业甚至达到20%或者30%。同时,沃尔玛百分之九十几的商品是进行集中配送的,只有少数商品可以从加工厂直接送到店里去,而其竞争对手一般只有50%的商品进行集中配送,从而大大降低了成本、提高了综合竞争力。

配送(Distribution)是在经济合理区域范围内,根据客户要求,对物品进行拣选、加工、包装、分割、组配等作业,并按时送达指定地点的物流活动。配送是物流中一种特殊的、综合的活动形式,几乎包括了所有的物流功能要素,是物流的一个缩影或在某小范围中物流全部活动的体现。一般的配送,集装卸、包装、保管、运输于一身,通过这一系列活动完成将货物送达的目的。特殊的配送则还要以加工活动为支撑,涵盖的方面更广。同过去的运输学、仓库学、搬运装卸学相比配送是创新产物。

配送是相对于干线运输而言的概念,从狭义上讲,运输分为干线运输和支线配送。从工厂仓库到配送中心的批量货物空间位移称为运输,从配送中心向最终用户之间的多品种小批量货物的空间位移称为配送。配送是从最后一个物流结点到用户之间的物资空间移动过程。最后一个物流结点设施一般是指配送中心或零售店铺。配送的附加功能要远远超过运输。作为配送活动的全过程,不仅包括了最后阶段的货物送达作业,而且还包括按要求在物流结点设施内开展的流通加工、订单处理、货物分拣等作业活动。

配送的分类包括如下几种。①按实施配送的结点不同分类:配送中心配送、仓库配送、商店配送、生产企业配送。②按配送商品种类及数量分类:少品种大批量配送、多品种少批量配送、配套成套配送。③按配送时间及数量分类:定时配送、定量配送、定时定量配送、定时定路线配送、即时配送。④按经营形式不同分类:销售配送、供应配送、销售—供应一体化配送、代存代供配送。⑤按配送企业专业化程度分类:综合配送、专业配送。

9.2 广药公司的货物配送

广州医药有限公司(简称"广药")是华南地区经营医药商品最多、最全的医药专业公司,公司自1951年成立以来,效益一直稳居全国同行业前列,属下专业批发部6个,健民医药连锁分店100多家,建立了以广东省为中心、辐射全国的庞大销售网络,包括医疗单位网络、商业调拨网络和零售连锁网络。随着广药旗下的健民医药连锁、采芝林中成药连锁门店及经销体系的飞跃发展，以及顾客追求个性化的需求，早期的黄金围、118和大朗仓库已不能满足现状需求。

目前，广药面临许多需要改善的问题，最严重的是流通过程中的物流管理滞后，各个流通环节分散、重叠，物流成本没有综合核算和控制。这严重阻碍了物流服务的开拓和发展，已成为广药流通业发展的"瓶颈"。广药物流流通不畅，具体表现在以下方面：收货货车等待；设备不合理临时存放；收货员不知道将药品放在什么地方；收货地点过分拥塞；指定地点被占用；储存货道拥塞；过多的蜂窝型空缺；不同种类药品的不规则混存，订货拣选不到所需的药品；产品贴错标签；药品集结货场拥塞；药品归类不对，运输延迟；车辆等待……

上述症状的出现，最主要的原因就是缺乏系统管理。问题集中体现在配送中心的功能没有发挥。①供应商不稳定，没有实现集中采购、进货；采购较高。目前，广药订货都是一种随着销售量的变化来确定每次订货的多少，而没有考虑到订货成本、运输成本、库存成本以及每次订货所发生的其他费用。②没有实现统一的存货和库存管理。库存比较分散，库存管理未实行单品管理，未强化仓储各种费用的核算和管理。③没有实现统一的运输安排，配送率低；未加强运输成本的核算；未规划合理的运输路线和合理的运输方式；未对药品运输进行整合规划，以做到"合理调运"和"合理流向"。④药品的搬运环节过多，存在众多重复劳动，药品损耗率过高，装卸时间过长；标准化程度低，药品包装规格不一，未实现包装作业的机械化；组织散装物流能力薄弱。⑤物流设施落后，科技含量低。

目前，由于广药物流管理过程中存在以上诸多问题，不仅使企业的实物运动不合理，造成成本居高不下，并使企业未取得应有的规模效益和竞争中的价格优势，从而严重影响了企业中商流的顺利进行，最终使规模经营效应在广药企业运作中未能发挥出应有的积极作用。

（来源：广州医药公司改造物流配送中心探讨与分析，http://56zg.com）

案例分析

广药物流管理过程中存在的诸多问题也是我国很多企业在实际运作中遇到的问题，只有根据企业的实际情况，构建现代化的物流配送体系，才能够在激烈的市场竞争中占有一席之地。

配送中心（Distribution Center）是从事配送业务具有完善的信息网络的场所或组织，应基本符合下列要求：①主要为特定的用户服务；②配送功能健全；③辐射范围小；④多品种、小批量、多批次、短周期；⑤主要为末端客户提供配送服务。《现代物流手册》对配送中心的定义是："从供应者手中接受多种大量的货物，进行倒装、分类、保管、流通加工和情报处理等作业，然后按照众多需要者的订货要求备齐货物，以令人满意的服务水平进行配送的设施。"王之泰在《物流学》中定义如下："从事货物配备（集货、加工、分货、拣选、配货）和组织对客户的送货，以高水平实现销售或供应的现代流通设施。"

在长期的配送实践中，形成了各种各样的配送中心，主要类型如下：①专业配送中心；②柔性配送中心；③供应配送中心；④销售配送中心；⑤城市配送中心；⑥区域配送中心；⑦储存型配送中心；⑧流通型配送中心；⑨加工配送中心；⑩依配送中心的拥有者分类，还可分为制造商型配送中心、零售商型配送中心、批发商型配送中心、专业配送中心（第三方物流企业所有）、转运型配送中心；⑪按配送货物种类分类，还可分为食品配送中心、日用品配送中心、医药品配送中心、化妆品配送中心、家电品配送中心、电子（3C）产品配送中心、书籍产品配送中心、服饰产品配送中心、汽车零件配送中心。

9.3 上海联华生鲜食品加工配送中心物流配送运作

上海联华生鲜食品加工配送中心是我国国内目前设备最先进、规模最大的生鲜食品加工配送中心，总投资6000万元，建筑面积35000平方米，年生产能力20000吨，其中肉制品15000吨，生鲜盆菜、调理半成品3000吨，西式熟食制品2000吨，产品结构分为15大类约1200种生鲜食品；在生产加工的同时配送中心还从事水果、冷冻品以及南北货的配送任务。连锁经营的利润源重点在物流，物流系统好坏的评判标准主要有两点：物流服务水平和物流成本。联华生鲜食品加工配送中心对这两个方面都做得比较好的一个物流系统。

生鲜商品按其秤重包装属性可分为定量商品、秤重商品和散装商品；按物流类型可分为储存型、中转型、加工型和直送型；按储存运输属性可分为常温品、低温品和冷冻品；按商品的用途可分为原料、辅料、半成品、产成品和通常商品。生鲜商品大部分需要冷藏，所以其物流流转周期必须很短，节约成本；生鲜商品保值期很短，客户对其色泽等要求很高，所以在物流过程中需要快速流转。两个评判标准在生鲜配送中心通俗地归结起来就是"快"和"准确"。下面分别从几个方面来说明联华生鲜配送中心的做法。

1. 订单管理

门店的要货订单通过联华数据通信平台，实时地传输到生鲜配送中心，在订单上明确各商品的数量和相应的到货日期。生鲜配送中心接受到门店的要货数据后，立即在系统中生成门店要货订单，按不同的商品物流类型进行不同的处理。

① 储存型的商品：系统计算当前的有效库存，比对门店的要货需求以及日均配货量和相应的供应商送货周期自动生成各储存型商品的建议补货订单，采购人员根据此订单再根据实际的情况作一些修改即可形成正式的供应商订单。

② 中转型商品：此种商品没有库存，直进直出，系统根据门店的需求汇总按到货日期直接生成供应商的订单。

③ 直送型商品：根据到货日期，分配各门店直送经营的供应商，直接生成供应商直送订单，并通过EDI系统直接发送到供应商。

④ 加工型商品：系统按日期汇总门店要货，根据各产成品／半成品的BOM表计算物料耗用，比对当前有效的库存，系统生成加工原料的建议订单，生产计划员根据实际需求做调整，发送采购部生成供应商原料订单。

各种不同的订单在生成完成／或手工创建后，通过系统中的供应商服务系统自动发送给各供应商，时间间隔在10分钟内。

2. 物流计划

在得到门店的订单并汇总后，物流计划部根据第二天的收货、配送和生产任务制订物流计划。

① 线路计划：根据各线路上门店的订货数量和品种，进行线路的调整，保证运输效率。

② 批次计划：根据总量和车辆人员情况设定加工和配送的批次，实现循环使用资源，提高效率；在批次计划中，将各线路分别分配到各批次中。

③ 生产计划：根据批次计划，制订生产计划，将量大的商品分批投料加工，设定各线路的加工顺序，保证和配送运输协调。

④ 配货计划：根据批次计划，结合场地及物流设备的情况，进行配货的安排。

3. 储存型物流运作

商品进货时先要接受订单的品种和数量的预检，预检通过方可验货，验货时需进行不同要求的品质检验，终端系统检验商品条码和记录数量。在商品进货数量上，定量的商品的进货数量不允许大于订单的数量；不定量的商品提供一个超值范围。对于需要重量计量的进货，系统和电子秤系统连接，自动去皮取值。

拣货采用播种方式，根据汇总取货，汇总单标识从各个仓位取货的数量，取货数量为本批配货的总量，取货完成后系统预扣库存，被取商品从仓库仓间拉到待发区。在待发区配货分配人员根据各路线各门店配货数量对各门店进行播种配货，并检查总量是否正确，如不正确向上校核，如果商品的数量不足或其他原因造成门店的实配量小于应配量，配货人员通过手持终端调整实发数量，配货检验无误后使用手持终端确认配货数据。

在配货时，冷藏和常温商品被分置在不同的待发区。

4. 中转型物流运作

供应商送货同储存型物流先预检，预检通过后方可进行验货配货；供应商把中转商品卸货到中转配货区，中转商品配货员使用中转配货系统按商品再路线再门店的顺序分配商品，数量根据系统配货指令的指定执行，贴物流标签。将配完的商品采用播种的方式放到指定的路线门店位置上，配货完成统计单个商品的总数量/总重量，根据配货的总数量生成进货单。

中转商品以发定进，没有库存，多余的部分由供应商带回，如果不足则在门店间进行调剂。

三种不同类型的中转商品的物流处理方式如下。

（1）不定量需称重的商品

设定包装物皮重；由供应商将单件商品上秤，配货人员负责系统分配及其他控制性的操作；电子秤称重，每箱商品上贴物流标签。

（2）定量的大件商品

设定门店配货的总件数，汇总打印一张标签，贴于其中一件商品上。

（3）定量的小件商品（通常需要冷藏）

在供应商送货之前先进行虚拟配货，将标签贴于周转箱上；供应商送货时，取自己的周转箱，按箱标签上的数量装入相应的商品；如果发生缺货，将未配到的门店（标签）作废。

5. 加工型物流运作

生鲜的加工按原料和成品的对应关系可分为组合和分割这两种类型，两种类型在 BOM 设置和原料计算以及成本核算方面都存在很大的差异。在 BOM 中每个产品设定一个加工车间，只属于唯一的车间，在产品上区分最终产品、半成品和配送产品，商品的包装分为定量和不定量的加工，对于称重的产品/半成品需要设定加工产品的换算率（单位产品的标准重量），原料的类型区分为最终原料和中间原料，设定各原料相对于单位成品的耗用量。

生产计划/任务中需要对多级产品链计算嵌套的生产计划/任务，并生成各种包装生产设备的加工指令。对于生产管理，在计划完成后，系统按计划内容出标准领料清单，指导生产人员从仓库领取原料以及生产时的投料。在生产计划中考虑产品链中前道与后道的衔接，各种加工指令、商品资料、门店资料、成分资料等下发到各生产自动化设备。

加工车间人员根据加工批次加工调度，协调不同量商品间的加工关系，满足配送要求。

6. 配送运作

商品分拣完成后，都堆放在待发库区，按正常的配送计划，这些商品在晚上送到各门店，门店第二天早上将新鲜的商品上架。在装车时按计划依路线门店顺序进行，同时抽样检查准确性。在货物装车的同时，系统能够自动算出包装物（笼车、周转箱）的各门店使用清单，装货人员也据此来核对差异。在发车之前，系统根据各车的配载情况出各运输的车辆随车商品清单，各门店的交接签收单和发货单。

商品到门店后，由于数量的高度准确性，在门店验货时只要清点总的包装数量，退回上次配送带来得包装物，完成交接手续即可，一般一个门店的配送商品交接只需要5分钟。

（来源：物流天下网，http://www.56885.net，2007-3-14）

 案例分析

本案例中包含着生鲜商品秤重包装、物流类型、储存运输属、商品的用途各个种类的配送操作作业，尤其是按物流类型分的储存型、中转型、加工型和直送型四大类型作业模式涵盖了生鲜类配送所有的作业方式。对于定量的、通常需要冷藏小件商品，华联在可能的条件下与供应商建立战略联盟，供应商不进行虚拟配货，而在送货时，已经按配送的EDI订货数据信息在周转箱中按门店装入相应的商品。这样的流程可以更快地实现作业效率。

配送中心的效益主要来自"统一进货，统一配送"。配送中心的作业流程要便于实现如下两个主要目标：一是降低企业的物流总成本；二是缩短补货时间，提供更好的服务。配送中心的一般作业流程如下。

（1）订单处理。在配送中心规划建设、开展配送活动之前，必须根据订单信息，对顾客分布、商品特性、品种数量及送货频率等资料进行分析，以此确定所要配送的货物的种类、规格、数量和配送时间等。订单处理是配送中心组织、调度的前提和依据，是其他各项作业的基础。

（2）进货。配送中心进货主要包括订货、接货、验收入库3个环节。①订货。配送中心收到和汇总用户的订单以后，首先要确定配送商品的种类和数量,然后查询现有存货数量是否满足配送需要。如果存货数量低于某一水平,则必须向供应商发出订单、进行订货。配送中心也可以根据需求情况提前订货,以备发货。②接货。当供应商(生产企业)接到配送中心或用户发出订单之后,会根据订单的要求组织供货,配送中心则必须及时组织人力、物力接收货物,有时还必须到站(港)、码头接运货物。③验收。货物到达配送中心,由配送中心负责对货物进行验收,验收的内容包括质量、数量、包装3个方面。验收的依据主要是合同条款要求和有关质量标准。验收合格的商品即办理有关登账、录入信息及货物入库手续,组织货物入库。

(3) 储存。配送中心的储存作业是为了给配送提供货源保证,对配销模式的配送中心来说,一次性集中采购,储备一定数量商品,可以享受价格上的优惠。在储存阶段主要任务是保证商品在储存期间质量完好,数量准确。

(4) 分拣。分拣作业即拣货作业人员根据客户订单要求,从储存的货物中拣出用户所需的商品。

(5) 流通加工。配送中心所进行的加工作业主要有:①初级加工活动,如按照用户的要求下料、套裁、改制等;②辅助性加工活动,如给商品加贴条码、拴标签、简单包装等;③深加工活动,如把蔬菜、水果等食品进行冲洗、切割、过秤、分级和装袋;把不同品种的"煤炭"混合在一起,加工成"配煤"等。加工作业不仅是一种增值性经济活动,而且完善了配送中心的服务功能。

(6) 配装出货。为了充分利用运输车辆的容积和载重能力,提高运输效率,可以将不同用户的货物组合配装在同一辆载货车上,因此,在出货之前还需完成组配或配装作业。有效地混载与配装,不但能降低送货成本,而且可以减少交通流量、改变交通拥挤状况。目前,各配送中心普遍推行混装(或同载)送货方式。

(7) 送货。通常配送中心都使用自备的车辆进行送货作业,有时也借助于社会上专业运输组织的力量,联合进行送货作业。此外,为适应不同用户的需要,配送中心在进行送货作业时,可以采取定时间、定路线为固定用户送货,也可以不受时间、路线的限制,机动、灵活地进行送货作业。

9.4 日本配送中心管理

一、基本情况

在近20年来,日本的物流配送业发展很快,特别是对连锁超市的经营和发展有很大的促进作用。日本的配送中心由于实现比较成熟的计算机管理，建立严格的规章制度和配备比较先进的物流设施，所以在确保商品配送过程的准确、及时、新鲜方面，起到了降低流通成本、加快流转速度、提高经济效益的作用，几乎可以说日本代表着世界先进的物流配送水平，有很重要的参考和学习价值。

二、日本配送中心的管理

日本配送中心具有现代化的操作方式及操作流程，具体表现如下。

（1）普遍实现计算机网络管理，使商品配送及时、准确，保证商品经营正常运行

① 日本基本上每个配送中心都有相当成熟的计算机网络管理，从商品订货进入 EOS 系统开始，信息进入中央信息中心后，立即通过网络传到配送中心，整个物流作业全都在计算机的控制下进行。

② 日本配送中心由于采用计算机联网订货、记账、分拣、配货等，使得整个物流过程衔接紧密、准确、合理，零售门店的货架存量压缩到最小程度（直接为零售店服务的配送中心基本上做到零库存），同时又大大降低了缺货率，缩短了存货周期，加速了商品周转，给企业带来了可观的经济效益。

（2）严格的规章制度使商品配送作业准确有序，真正体现了优质服务

日本的配送中心都有一套严格的规章制度，各个环节的作业安排严格按规定时间完成，并且都有严格的作业记录。例如：菱食立川物流中心主要配送的商品是冷藏食品，对送货的时间和途中冷藏车的温度要求很严格。在送货的冷藏车上安装他们自己研制的监测器，冷藏车司机送货的各个点都必须严格按计算机安排的计划执行，并且每到一个点都必须按规定按一下记录仪按钮。

又如，配送中心对于门店从订货到送货的时间都有严格的规定，一般是：保鲜程度要求高的食品要求今天定货明天送到；其他如香烟、可乐、百货等今天订货后天送到。卡世美中央流通中心将一星期内的订货循环的安排用表格形式安排得一目了然。西友座间物流中心为便利店配送商品，进货到达时间一般不超过 ±15 分钟，如途中因意外不能准时到达，必须马上与总部联系，总部采取紧急措施，确保履行合同。

（3）采用先进的物流设施，节约劳动力成本，并保证提供优质的商品

日本配送中心的物流设施一般都比较先进，表现两个方面：一是自动化程度高，节约人力；二是对冷藏保鲜控制温度要求高，保证商品新鲜。

① 物流设施高度的自动化。日本的配送中心在物流设施上非常先进，

如卡世美物流中心，笼车在规定的运行路线上可随时插入埋在地下的自动链条中，可将笼车中的商品从卸车点自行运送到各集配点，空笼车也可自行返回；又如商品储存点已不用人工记录，而将信息分送给各有关部门（如统计、结算、配车等部门）；再如，在东京的青果株式会社的大田批发市场，用一张面积大小如与一般托盘相仿的厚度2～3毫米的塑料薄片，取代传统的木制托盘，用专用的叉车与之配套操作，在水泥地上使用十分方便，大大节约了托盘的成本。

② 增加投资，保质保鲜。为了食品类商品的保鲜，日本的配送中心在温控设施上很舍得花钱投资，如立川物流中心有6 000平方米冷冻库，最低温度可达到-20℃，有冷藏库（最低温度5℃）6 000多平方米，有恒温（18℃）储存酒类仓库300多平方米。在该中心-28℃的冷冻库中，高7～8米的钢货架可以在轨道上移动，使用相当方便，大大提高了冷冻库的面积利用率和高度利用率。进货冷藏车上可同时容纳3种温度的商品，确保各类商品不同温度要求，并在整个物流过程中都能控制温度。又如西友座间配送中心将商品分5个温度档：常温、18℃、8℃、0℃、-20℃，这样可以适应各种商品的需要，为了确保冷藏食品从冷藏库出来后在理货场等待运送时间段的温度控制，CGC标本配送中心设计了一种隔热笼车，四周用白色塑料隔热材料围成，前面用拉链开启，方便又实用。另外，温控高架仓库的冷冻库和冷藏库设计科学、合理，钢货架底座设有可移动的轨道，使用方便，大大提高了冷库的面积利用率和高度利用率。送货冷藏车上可容纳三种温度的商品，确保了各类商品的不同温度要求，并在整个物流过程中都能控制温度。

"细节是魔鬼"，在配送中心中每一个作业流程都经过精心设计，这些流程是必须的同时又能满足客户的需求，每一个流程都是实现价值甚至增值的、没有冗长且不必要的环节。在每一个作业流程中的每一个步骤也都经过仔细考量，日本物流企业的核心价值体现在对细节的完善。

案例分析

配送中心已经成为供应链领域越来越重要的核心环节。"信息化、自动化"是目前配送中心的最优选择，虽然前期投入巨大，维护成本高昂，但是大规模降低的人力成本、占用土地成本、库存资金占用量，大幅度提升的库存周转率、配送作业效率将会证明这一切投入都是值得的；但同时，配送中心需要设计更完美的作业流程以实现信息化、自动化带来的巨大变革。日本配送中心的管理实践给我们很多有益的启示。

配送中心的特殊作业流程是配送中心的商品分配体系依其承担职能的

不同而形成的。配送中心的商品分配体系可以分为转运型、加工型、分货型三种模式，因而形成三种不同的特殊作业流程。(1) 转运型配送中心的作业流程。转运型配送中心主要从事配货和送货活动，本身不设储存库和存货场地，而是利用其他"公共仓库"来补充货物。有时配送中心也暂存一部分商品，但一般都把商品放在理货区，不单独设置储货区。(2) 加工型配送中心的作业流程。加工型配送中心以流通加工为主，在其配送作业流程中，储存作业和加工作业居主导地位。由于流通加工多为单品种、大批量商品的加工作业，商品种类较少，通常不专门设立拣选、配货等环节，而是将加工好的商品，特别是生产资料，直接运到用户划定的货位区内。(3) 分货型配送中心的作业流程。分货型配送中心是以中转货物为其主要职能的配送机构。在一般情况下，这类配送中心在配送货物之前都先要按照要求把单品种、大批量的货物（如不需要加工的煤炭、水泥等物资）分堆，然后再将分好的货物分别配送到用户指定的接货点。其作业流程比较简单，无需拣选、配货、配装等作业程序。

9.5 雅芳公司的多元化配送模式

雅芳公司的多元化销售模式使其销售业绩持续攀升。但是，雅芳产品从各地分公司到专卖店、专柜的过程中，却常常发生问题。

究其原因，雅芳公司发现是经销商的满意度发生了偏移，而这种偏移主要是物流不畅导致的。雅芳公司规定经销商必须到各地分公司取货，但由于经销商分布很广，取货时，有的经销商常常要坐一整天车才能到达分公司仓库，有些没车的经销商拿到货物后还要租车运回、自行装卸，这给他们造成了很大困难。

不仅经销商感到吃力，雅芳公司也感到运作成本太高。雅芳采用这种方式通过长途陆运或空运将货物从广州工厂运到各地分公司的仓库，然后通知经销商到各分公司提货。要配合这种物流模式，雅芳在中国的75家分公司就要建75个大大小小的仓库，分散的库存导致信息的不畅通，雅芳销售额流失巨大。加上多个环节操作使雅芳不得不投入大量的人力成本，这种消耗大、速度慢、管理难的物流模式严重阻碍了雅芳的发展。

为了解决这一问题，2001年初，雅芳公司决心重组在中国的供应链体系。经过将近一年的考察、研究，雅芳公司最终拿出了一套名为"直达配送"的物流解决方案。雅芳在北京、上海、广州、重庆、沈阳、郑州、西安、武汉等城市共设立了8个物流中心，取消了原来在各分公司设立的几十个大大小小的仓库。雅芳生产出的货物直接运输到 8 个物流中心，各地经销商、专卖店通过上网直接向雅芳总部订购货物，然后由总部将这些订货信息发到所分管的物流中心，物流中心据此将经销商所订货物分拣出来整理好，在规定的时间内送到经销商手中。

这其中涉及的运输、仓库管理、配送服务，雅芳全部交给专业的第三方物流（3PL）企业去打理。"直达配送"项目确定以后，雅芳公司还通过招标方式选择了中邮物流和大通国际运输为公司提供 3PL 服务。

2002 年 3 月，雅芳首先与大通国际运输在广州试点，随后又逐步覆盖广东其他城市，再到福建、广西、海南。以 2002 年 5 月，中国邮政物流开始为雅芳提供以北京为中心的华北地区直达配送业务，并逐步渗透到东北、西南等地。中邮物流重组了雅芳产品销售物流体系，并与雅芳实现了信息系统对接，还开通了网上代收货款服务。到目前为止，共速达与心盟物流也都成为雅芳的 3PL 提供商。

另外，在中邮物流与雅芳公司前期成功合作的基础上，国家邮政总局委托重庆市邮政管理局为雅芳产品在重庆市的指定专卖店、分公司所属专柜、经销商管理专柜进行"门对门"的产品配送服务，市邮管局指定邮区中心局全面负责并实施雅芳产品在"重庆分拨中心"的配送任务。这不仅仅是一次为邮政企业创造经济效益的绝好机会，也是邮政物流一次难得的锻炼机遇。中心局精心策划，周密安排，出台了一系列雅芳产品运输、配送、仓储及服务方案：改造整修 1100 平方米仓储库房，提供特殊产品恒温保存空间；选派经验丰富、业务素质好的司押人员担负配送任务；制订多种配送流程方案支持雅芳配送时限等。

中心局在运输、仓储、配送、信息服务和资金收付结算等物流环节均制定了科学、完善的操作规程和监管制度，确保在每个环节注入"精益意识"，以优质服务和良好信誉打造精益物流品牌。在雅芳一体化物流体系中，该局还指定专人负责网上数据信息管理，实现了数据信息管理的网络化。经过 3 个多月的初期运作，雅芳产品配送服务得到了国家邮政总局的肯定和雅芳公司的认可，配送准时率 99%，物品完好率 100%，信息反馈率 98%，客户满意率 99%，均达到国家邮政总局的要求。

目前，雅芳产品配送业务已辐射至四川省和贵州省，重庆邮政作为西南地区雅芳产品配送分拨中心的服务范围已覆盖川、黔、渝两省一市。近期，雅芳产品配送将辐射至云南，从而实现重庆邮政一体化物流向西南地区的顺利延伸。

可以说，大通国际运输和中邮物流已为雅芳公司提供了包括干线运输、仓储、配送、退货处理、信息服务、代收货款等多项服务，雅芳的供应链开始变得紧凑起来。重新调整物流系统给雅芳公司带来的最明显的变化是：过去70多家分公司仓库减少为8个区域分拨中心后；物流操作人员由过去的600人减少到182人，降低了物流成本和物流资产占用。

而且，在配送时间上，实行直达配送前，如果厦门的一家经销商要货，必须先通过雅芳厦门分公司订货，由分公司统计好各经销商的订单后给总部下订单，再由广州工厂将货物运到厦门分公司，分公司通知经销商自提。这样的过程通常需要5～10天左右。实行直达配送以后，从经销商上网订货到送达只需要2～3天时间，降低了缺货损失。

事实上，在将物流外包到物流公司以后，雅芳开始专注于企业产品的生产和销售方面的业务，各分公司也从过去的繁琐事务当中摆脱出来，专注于市场开拓，一年间产品销售量平均提高了45%，北京地区达到70%，市场份额不断扩大。通过雅芳物流转换的成功案例，可以看出物流对于企业，尤其是对于跨国企业的重要性。

（文章来源：物流天下，http://www.56885.net，2008-9-7）

案例分析

配送中心的核心价值在于让传统仓储的"成本中心"转化为现代企业的"利润中心"，将企业的关注从纷繁复杂的物流聚焦到核心竞争力中。雅芳8个物流中心的出现及多种配送模式实施后，更专注于企业产品的生产和销售方面业务的成长，体现了配送中心的真正价值。

配货是配送工作的第一步，根据各个用户的需求情况，首先确定需要配送货物的种类和数量，然后在配送中心将所需货物挑选出来，即是分拣。分拣工作可采用自动化的分拣设备，也可采用手工方法。这主要取决于配送中心的规模及其现代化程度。配货时要按照入库日期的"先进先出"原则进行。配货工作有两种基本形式：分货方式和拣选方式。

拣选方式（又称摘果式），是在配送中心分别为每个用户拣选其所需货物，此方法特点是配送中心的每种货物的位置是固定的，对于货物类型多、数量少的情况，这种配货方式便于管理和实现现代化。进行拣选式配货时，以出货单为准，每位拣货员按照品类顺序或储位顺序，到每种品类的储位下层拣货区按出货单内品类和数量拣取货物，码放在托盘上，再继续拣取下一个品类，一直到该出货单内货物拣完，然后将拣好的货品与出货单置放于待运区指定位置，由出货验放人员接手。这种方式好比农夫背个篓子在果园里摘水果，从果园的这一头一路走到另一头，沿途摘取所需要的水果。因此被称为摘果式。便利店的配送作业,就是摘果式配货作业的典范。摘果式优点:以出货单为单位,一人负责一单,出错的机会较少,而且易于追查。有些配送中心以摘取式进行配货,甚至省略了出货验放工作,而由拣货员兼任出货验放工作。摘果式缺点:作业重复太多——尤其是热销产品,几乎每一张出货单都要走一趟仓库,容易在这个地区造成进出交通堵塞,补货不及时等现象。人力负荷重——出货单的品类多,每单项数量少的时候,人力作业的负担很重,每人(分拣员)拣取单数随工作时间成反比。

分货方式(又称播种式),是将需配送的同一种货物,从配送中心集中搬运到发货场地,然后再根据各用户对该种货物的需求量进行二次分配,就像播种一样。这种方式适用货物易于集中移动且对同一种货物的需求量较大的情况。播种式配货的原理和采摘是完全不同,除了单一的出货单外,还需要有各个出库商品品类总数量。拣货员的工作,先是按照"拣货总表"的品类总量,到指定的储位下层的拣货区一次取一类货物。取完一个品类后,托至待验区,按照出货单的代码(位置编号)将该品类应出货的数量放下。播种式的配货法需要相当的空间为待验区,对于仓储空间有限的业者而言,有相当的困难。而且出货时间必须有一定的间隔(要等到这一批的出货单全部拣完、验完,不能像摘取式配货那样可以逐单、连续出货)。摘果式和播种式进行。比较的前提条件是:拣货员与出货验放员数量不变,出货单数量相同。播种式配货法在误差度上占了明显的优势,而且在大多数情况下,处理时间也比摘取式节省。如果转换成人力成本来计算,应可节省17%~25%的费用或是相当的工时。

摘果式配货法在某些情况下[例如出货数量少、频率少的商品品种(书籍);品种多、数量少,但识别条件多的品种(如成衣);体积小而单价高的品种(化妆品、药品、机械零件);牵涉到批号管制且每批数量不一定的品种等],仍然有它的适用性。

9.6 7-11的物流管理系统

继生产管理和营销管理外,物流管理因其能大幅度降低成本和各种与商品流动相关的费用,从而成为连锁企业创造利润的第三大源泉。全球最大的连锁便利店7-11就是通过其集中化的物流管理系统成功地削减了相当于商品原价10%的物流费用。目前,它共设立23000个零售点,业务遍及四大洲二十个国家及地区,每日为接近3000万的顾客服务,75年来一直稳踞全球最大连锁便利店的宝座。

7-11总部的战略经营目标是使7-11所有加盟单店成为"周围居民信赖的店铺"。一间普通的7-11连锁店一般只有100～200平方米大小，却要提供两三千种食品，不同的食品有可能来自不同的供应商，运送和保存的要求也各有不同，每一种食品又不能短缺或过剩，而且还要根据顾客的不同需要随时能调整货物的品种，种种要求给连锁店的物流配送提出了很高的要求。

一家便利店的成功，很大程度上取决于配送系统的成功。7-11便利店从一开始采用的就是在特定区域高密度集中开店的策略，在物流管理上也采用集中的物流配送方案。

一、物流路径集约化

对零售业而言，中国目前物流服务水准或多或少在短期内是由处于上游的商品生产商和经销商来决定的，要改变他们的经营意识和方法无疑要比企业自身的变革困难、复杂并漫长。这种情景与当初日本7-11在构筑物流体系所处的环境类似。为此，7-11改变了以往由多家特约批发商分别向店铺配送的物流经营方式，转为由各地区的窗口批发商来统一收集该地区各生产厂家生产的同类产品，并向所辖区内的店铺实行集中配送。

二、设立区域配送中心

对于盒饭、牛奶等需每日配送的商品，各产品窗口企业向各店铺的配送费用依然很高。对于这一点，7-11开始将物流路径集约化转变为物流共同配送系统，即按照不同的地区和商品群划分，组成共同配送中心，由该中心统一集货，再向各店铺配送。地域划分一般是在中心城市商圈附近35公里，其他地方市场为方圆60公里，各地区设立一个共同配送中心，以实现高频度、多品种、小单位配送。实施共同物流后，其店铺每日接待的运输车辆从数量看由70多辆下降为12辆。另外，这种做法令共同配送中心充分反映了商品销售、在途和库存的信息，7-11逐渐掌握了整个产业链的主导权。在连锁业价格竞争日渐激烈的情况下，7-11通过降低成本费用，为整体利润的提升争取了相当大的空间。

区域配送中心功能主要包括商品的集货和分散。首先由批发商将制造商的商品集中到配送中心，然后与零售商进行交易，就可以将多数制造商的商品进行调配，从而起到商品的集中和分散功能。同时，共同配送中心的建立，还可以使得商品的周转率达到极高的水平，大大提高单店商品的新鲜度。通过建立共同配送中心，7-11实现了拼箱化，提高了车辆的装载率和利用率，减少了车辆拥堵，减轻了配送成本。

另外，建立区域配送中心这种策略令7-11总部能充分了解商品销售、在途和库存的信息，使7-11逐渐掌握了整个产业链的主导权；同时也为7-11实现不同温度带物流战略、物流差异化战略等其他物流战略铺平了道路。

三、不同温度带物流战略

7-11为了加强对商品品质的管理，体现对顾客负责、顾客第一的企业精神，对物流实行必要的温度管理，按适合各个商品特性的温度配送，使各种商品在其最佳的品质管理温度下，按不同温度带进行物流，最终使畅销的商品以味道最鲜美的状态出现在商店货架上，这就是7-11的不同温度带物流战略。

7-11针对不同种类的商品设定了不同的配送温度，并使用与汽车生产厂家共同开发的专用运输车进行配送，如蔬菜的配送温度为5℃，牛奶的共同配送为5℃，加工肉类为5℃，杂货、加工食品为常温，冷冻食品为-20℃，冰激凌为-20℃，盒饭、饭团等米饭类食品为20℃恒温配送。7-11总部根据商品品质对温度的不同要求，一般情况下会建立三个配送中心系统，即冷冻配送中心系统、冷藏配送中心系统和常温商品配送中心系统。对于不同的配送中心系统，单店都会有不同的订货，这种做法也是为了尽可能地提高商品的新鲜度。

冷藏供货商运作方式有所不同，为保证商品新鲜度，配送中心没有库存，也不打印配送单据。由单店直接向供货商发送订货信息，然后由供货商打印送货单据，并根据订货信息安排生产。单店的订货原则同样也是每天上午10点结束。供货商会在当天下午4点前将货物与送货单据送至配送中心，接着配送中心再按不同单店的订货需求分装好货物并送至店铺。单店验收完货物后，再在配送单据上签字并盖章，配送过程结束。

除上述两点外，7-11在20世纪90年代还建立了独特的新鲜烤制面包物流配送体系。在此系统中，7-11首先需要建立若干个冷冻面包坯的工厂，同时还要根据区域，按每200间单店配一家面包烤制工厂的比例，建设几十家烤制工厂。首先，在面包的制造工序中，冷冻在发酵工序之前的面包坯，并送至冷冻面包坯的工厂，加以保存；接着，每200间单店向其指定的一家烤制面包工厂发送订货信息；其后，冷冻面包坯工厂将根据不同的订货量将冷冻的面包坯配送到不同的烤制工厂；最后，面包烤制工厂把烤好的面包送至共同配送中心。配送中心将会把烤好的面包与米饭类食品混载，向各个单铺进行每天3次的配送，以保证烤好的面包在3~5个小时内就可以陈列在货架上。

四、度身定造物流体系

当然，值得指出的是，经营规模的扩大以及集中化物流体制的确立虽然由7-11主导，但物流体系的建设却是由合作生产商和经销商根据7-11的网点扩张，根据其独特的业务流程与技术而量身打造的。这些技术有订发货在线网络、数码分拣技术、进货车辆标准化系统及专用物流条形码技术等。

在日本，7-11的点心配送都是由批发商A公司承担。起初，它们利用自己的一处闲置仓库为7-11从事物流活动，并安排了专门的经营管理人员。但随着7-11的急剧扩张，A公司为了确保它的商品供应权，加大了物流中心的建设和发展，在关东地区建立了四大配送中心。每个配送中心为其临近的500家左右店铺配送所有点心，品种大概在650～700个之间。每天早上，8点至10点半从生产企业进货，进货的商品在中午之前入库。为了保证稳定共货，每个配送中心拥有4天的安全库存，在库水准根据销售和生产情况及时补充。中午11点半左右配送中心开始安排第二天的发货，配送路线、配送店铺、配送品种、发货通知书等及时地打印出来，交给各相关部门。同时，通过计算机向备货部门发出数码备货要求。

五、设置配送流程以分钟计算

从一个配送小组的物流活动时间看，一个店铺的备货时间大约要65秒，货运搬运时间大约花费5～6分钟。从点头分拣到结束需要15分钟，所有170～180个店铺要4个多小时，即整个物流活动时间大约为4个小时（不算货车在配送中心停留等待出发的时间）。货车一般在配送中心停留一晚，第二天早上4点半到5点半，根据从远到近的原则配送到各店。最早一个到店的货车时间应该是上午6点钟，运行无误的话，店铺之间的运行为15分钟距离，加上15分钟的休息时间，每个店铺商品配送需要的时间为半个小时，也就是最迟在早上9点半或10点半左右，完成所有店铺的商品配送任务。从每辆车的配送效率看，除了气候等特殊原因，平均每辆车配送商品金额为75万日元，装载率能稳定达到80%。配送中心每月平均商品供应为50亿日元，相当于为每个店铺供应100万元的商品。货车运行费用每天为2.4万日元，相当于供应额的3.2%，处于成本目标管理值3.0%～3.5%范围之内，为7-11节省了大量的物流成本。

现在，7-11已经实现一日三次配送制度。其中包括一次特别配送，即当预计到第二天会发生天气变化时对追加商品进行配送。这些，使7-11及时向其所有网点店铺提供高鲜度、高附加值的产品，从而为消费者提供了更便利、新鲜的食品,实现了与其他便利店的经营差异化。

（文章来源：物流天下,http://www.56885.net,2008-9-7）

 案例分析

7-11采用共同配送中心模式,这种模式能满足跨区域、多品种、多储运方式、高频度、多品种、小单位配送。DC节约了大量库存和运输单位的同时能及时反映了商品销售、在途和库存的信息,通过该模式7-11逐渐掌握了整个产业链的主导权。7-11能够做到常温商品一日一配,低温商品一日多配是其DC合理化作业的重要标志。

不合理配送的表现形式包括以下几种。①资源筹措的不合理。如不是多客户多品种联合送货、配送量计划不准、资源过多或过少等。②库存决策不合理。如库存量没有控制、库存结构和库存量不合理。③价格不合理。如配送价格过高或过低。④配送与直达的决策不合理。如大批量用户不直送、小批量用户不配送等。⑤送货中不合理运输。如不联合送货,不科学计划配送路线等；此外,不合理运输的若干表现形式（如迂回运输）在配送中都可能出现,使配送变得不合理。

对于配送合理化与否的判断,是配送决策系统的重要内容,目前国内外尚无一定的技术经济指标体系和判断方法,按一般认识,以下若干标志是应当纳入的。①库存标志。库存是判断配送合理化与否的重要标志,一般以库存储备资金计算,而不以实际物资数量计算。②资金标志。总的来讲,实行配送应有利于资金占用降低及资金运用的科学化,具体判断标志包括：资金总量、资金周转、资金投向的改变。③成本和效益标志。总效益、宏观环境、微观环境、资源筹措成本都是判断配送合理化的重要标志。由于总效益及宏观效益难以计量,在实际判断时,常以按国家政策进行经营,完成国家税收及配送企业及用户的微观效益来判断。④供应保证标志。包括：缺货次数、配送企业集中库存量、即时配送的能力及速度。⑤社会运力节约标志。运力使用的合理化是依靠送货运力的规划和整个配送系统的合理流程及社会运输系统合理衔接实现的。⑥用户企业仓库、供应、进货人力物力节约标志。实行配送后,各用户库存量、仓库管理人员减少为合理；用于订货、接货、搞供应的人应减少为合理。⑦物流合理化标志。物流费用降低、物流损失减少、物流速度加快、各种物流方式有效、有效衔接了干线运输和末端运输、物流中转次数减少、采用了先进技术手段。

配送合理化的措施包括如下几项。①制订好配送计划。配送往往涉及多个品种、多个用户、多车辆、各种车的载重量不同等多种因素,所以需要认真制订配送计划，实行科学组织，调配资源，达到既满足客户要求又总费用最省、车辆充分利用、效益最好。配送计划方法主要有节约法、0-1规划法、邮递员模型法等。②一定综合程度的专业化配送。通过采用专业设备、设施和操作程序，降低配送过分综合化的复杂程度及难度，从而实现配送合理化。③推行加工配送。通过加工和配送的有机结合，实现配送增值。同时，加工借助于配送，加工目的更明确，和用户联系更紧密，更避免了盲目性。④推行共同配送。通过联合多个企业共同配送，可以以最近的路程、最低的配送成本完成配送，从而追求合理化。⑤实行送取结合。配送企业与用户建立稳定、密切的协作关系。配送企业不仅成为用户的供应代理人，而且还充当了用户储存据点，甚至成为产品代销人。⑥推行准时配送系统。配送做到了准时，客户才有资源把握，可以放心地实施低库存或零库存，可以有效地安排接活的人力、物力，以追求最高效率的工作。⑦推行即时配送。即时配送成本较高，但它是整个配送合理化的重要保证手段。此外，用户实行了零库存，即时配送也是重要手段保证。

第3篇 战略篇

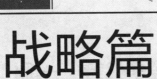

> 21世纪的竞争不再是企业与企业之间的竞争,而是供应链与供应链之间的竞争。
>
> ——马丁·克里斯托佛

第 10 章 物流信息系统

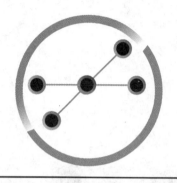

10.1 联邦快递核心竞争优势——现代物流信息技术

成立于 1907 年的美国联邦快递公司是世界上最大的配送公司。2000 年,联邦快递公司年收入接近 300 亿美元,其中包裹和单证流量大约 35 亿件,平均每天向遍布全球的顾客递送 1320 万件包裹。公司向制造商、批发商、零售商、服务公司以及个人提供各种范围的陆路和空运的包裹和单证的递送服务及大量的增值服务。表面上联邦快递公司的核心竞争优势来源于其由 15.25 万辆卡车和 560 架飞机组成的运输队伍,而实际上联邦快递公司今天的成功并非仅仅如此。

20 世纪 80 年代初,联邦快递公司以其大型的棕色卡车车队和及时的递送服务,控制了美国路面和陆路的包裹速递市场。然而,到了 80 年代后期,随着竞争对手利用不同的定价策略以及跟踪和开单的创新技术对联邦快递的市场进行蚕食,联邦快递公司的收入开始下滑。许多大型托运人希望通过单一服务来源提供全程的配送服务,顾客们还希望通过掌握更多的物流信息,以利于自身控制成本和提高效率。随着竞争的白热化,这种服务需求变得越来越迫切。正是基于这种服务需求,联邦快递公司从 20 世纪 90 年代初开始了致力于物流信息技术的广泛利用和不断升级。

联邦快递公司通过应用以下三项以物流信息技术为基础的服务提高了竞争能力。

第一，条形码和扫描仪使联邦快递公司能够有选择地每周七天、每天24小时地跟踪和报告装运状况，顾客只需拨个免费电话号码，即可获得"地面跟踪"和航空递送这样的增值服务。

第二，联邦快递公司的递送驾驶员现在携带着以数控技术为基础的笔记本电脑到排好顺序的线路上收集递送信息。这种笔记本电脑使驾驶员能够用数字记录装运接受者的签字，以提供收货核实。通过电脑协调驾驶员信息，减少了差错，加快了递送速度。

第三，联邦快递公司最先进的信息技术应用，是创建于1993年的一个全美无线通信网络，该网络使用了55个蜂窝状载波电话。蜂窝状载波电话技术使驾驶员能够把适时跟踪的信息从卡车上传送到联邦快递公司的中央电脑。无线移动技术和系统能够提供电子数据储存，并能恢复跟踪公司在全球范围内的数百万笔递送业务。通过安装卫星地面站和扩大系统，到1997年适时包裹跟踪成为了现实。

以联邦快递公司为代表的企业应用和推广的物流信息技术是现代物流的核心，是物流现代化的标志。尤其是飞速发展的计算机网络技术的应用使物流信息技术达到新的水平，物流信息技术也是物流技术中发展最快的领域，从数据采集的条形码系统，到办公自动化系统中的微机、互联网，各种终端设备等硬件以及计算机软件等都在日新月异地发展。同时，随着物流信息技术的不断发展，产生了一系列新的物流理念和新的物流经营方式，推进了物流的变革。

联邦快递公司通过上述三方面推广物流信息技术发挥了核心竞争优势。

在信息技术上，联邦快递已经配备了第三代速递资料收集器Ⅲ型DIAD，这是业界最先进的手提式计算机，可几乎同时收集和传输实时包裹传递信息，也可让客户及时了解包裹的传送现状。这台DIAD配置了一个内部无线装置，可在所有传递信息输入后立即向联邦快递数据中心发送信息。司机只需扫描包裹上的条形码，获得收件人的签字，输入收件人的姓名，并按动一个键，就可同时完成交易并送出数据。Ⅲ型DIAD的内部无线装置还在送货车司机和发货人之间建立了双向文本通信。专门负责某个办公大楼或商业中心的司机可缩短约30分钟的上门收货时间。每当接收到一个信息，DIAD角上的指示灯就会闪动，提醒司机注意。这对消费者来说，不仅意味着所寄送的物品能很快发送，还可随时"跟踪"到包裹的行踪。通过这一过程，速递业真正实现了从点到点、从户对户的单一速递模式，除为客户提供传统速递服务外，还包括库房、运输及售后服务等全方位物流服务的发展，从而大大地拓展了传统物流概念。

在信息系统上，联邦快递把美国国内运输货物的物流信息系统，扩展到了所有国际运输货物上。这些物流信息系统包括署名追踪系统及比率运算系统等，其解决方案包括：自动仓库、指纹扫描、光拣技术、产品跟踪和决策软件工具等。这些解决方案从商品原起点流向市场或者最终消费者的供应链上，帮助客户改进了业绩，真正实现了双赢。

在信息管理上，最典型的应用是联邦快递在美国国家半导体公司位于新加坡仓库的物流信息管理系统，该系统有效地减少了仓储量及节省货品运送时间。今天我们可以看到，在联邦快递物流管理体系中的美国国家半导体公司新加坡仓库，一位管理员手持扫描仪扫过一箱新制造的电脑芯片，随着这个简单的举动，他启动了高效和自动化、几乎像魔术般的送货程序。这座巨大仓库是由联邦快递的运输奇才们设计建造的。联邦快递的物流信息管理系统将这箱芯片发往码头，而后送上卡车和飞机，接着是卡车，在短短的12小时内，这些芯片就会被送到国家半导体公司的客户，远在万里之外硅谷的个人电脑制造商手中。在整个运输途中，芯片中嵌入的电子标签将让客户以高达3英尺的精确度跟踪所订的货物。

（来源：一诺钢铁物流网，http://www.yn56.com，2007-8-18）

 案例分析

以联邦快递为代表的企业应用和推广的物流信息技术是现代物流的核心，是物流现代化的标志，也是物流技术中发展最快的领域。同时，随着物流信息技术的不断发展，产生了一系列新的物流理念和新的物流经营方式，推进了物流的变革。

物流信息（Logistics Information）：反映物流各种活动内容的知识、资料、图像、数据、文件的总称。物流活动的管理和决策应建立在对信息准确与全面掌握的基础上，物流作业活动的效率化，如果离开了准确与全面的信息支持，则不可能实现。在物流活动中不论是运输工具的选择、运输路线的确定、运输途中货物的跟踪，还是订单处理、库存情况的掌握、配送计划的制订等，都需要详细与准确的物流信息。

物流信息技术主要由通信、软件、面向行业的业务管理系统三大部分组成，包括基于各种通信方式基础上的移动通信手段、全球卫星定位（GPS）技术、地理信息（GIS）技术、计算机网络技术、自动化仓库管理技术、智能标签技术、条形码及射频技术、信息交换技术等现代尖端科技。在这些尖端技术的支撑下，形成以移动通信、资源管理、监控调度管理、自动化仓储管理、业务管理、客户服务管理、财务处理等多种信息技术集成的一体化现代物流管理体系。

在现代物流管理活动中，物流信息与商品信息、市场信息相互交叉、配合，彼此联系密切，相关性强。不仅能够起到链接、整合从生产企业、经过批发商到零售商最终到使用者或消费者是整个供应链的作用，而且在充分利用现代信息技术的基础上，能够实现整个供应链活动的效率化。

10.2 海尔集团的物流信息系统建设

为了与国际接轨，建立起高效、迅速的现代物流系统，海尔集团采用了 SAP 公司的 ERP 系统（企业资源计划）和 BBP 系统（原材料网上采购系统），对企业进行流程改造。经过近两年的实施，海尔的现代物流管理系统不仅很好地提高了物流效率，而且将海尔的电子商务平台扩展到了包含客户和供应商在内的整个供应链管理，极大推动了海尔电子商务的发展。

海尔物流的 ERP 系统共包括五大模块，即 MM（物料管理）、PP（制造与计划）、SD（销售与订单管理）、FI/CO（财务管理与成本管理）。ERP 实施后，打破了原有的"信息孤岛"，使信息同步而集成，提高了信息的实时性与准确性，加快了对供应链的响应速度。如原来订单由客户下达传递到供应商需要 10 天以上的时间，而且准确率低，实施 ERP 后订单不但 1 天内完成"客户—商流—工厂计划—仓库—采购—供应商"的过程，而且准确率极高。

另外，对于每笔收货，扫描系统能够自动检验采购订单，防止暗箱收货，而财务在收货的同时自动生成入库凭证，使财务人员从繁重的记账工作中解放出来，发挥出真正的财务管理与财务监督职能，而且效率与准确性大大提高。

BBP 系统主要是建立了与供应商之间基于互联网的业务和信息协同平台。使用该平台既可以通过互联网进行招投标，又可以通过互联网将所有与供应商相关的物流管理业务信息，如采购计划、采购订单、库存信息、供应商供货清单、配额以及采购价格和计划交货时间等发布给供应商，使供应商可以足不出户就全面了解与自己相关的物流管理信息（根据采购计划备货，根据采购订单送货等）。

实施和完善后的海尔物流管理系统，可以用"一流三网"来概括。这充分体现了现代物流的特征："一流"是指以订单信息流为中心；"三网"分别是全球供应链资源网络、全球用户资源网络和计算机信息网络。整个系统围绕订单信息流这一中心，将海尔遍布全球的分支机构整合之后的物流平台使供应商和客户、企业内部信息网络这"三网"同时开始执行，同步运动，为订单信息流的增值提供支持。

案例分析

海尔的物流系统实现了即时采购、即时配送和即时分拨物流的同步流程。100%的采购订单由网上下达，提高了劳动效率，以信息代替库存商品。系统不仅实现了"零库存"、"零距离"和"零营运资本"，而且整合了内部，协同了供货商，提高了企业效益和生产力，方便了使用者。这得益于海尔集团建立并应用了现代物流信息管理体系，其中主要是建立和应用了在Internet信息传输基础上的ERP系统和BBP系统，将物流、信息流、资金流全面统一在计算机网络的智能化管理之下。

物流信息的特征包括如下几种。①信息量大。物流活动是一个大范围的活动，物流信息源也分布于大范围内。而物流的对象是商品，随着使用与消费需求的多样化，企业生产销售证逐步朝着多品种、小批量方向发展，使用者或消费者对物流服务的需求也呈现出小批量、多频率的特征，这将无疑加大了物流信息处理的数量。②信息更新快。多品种、小批量、多频率的配送技术与现代数据收集技术的不断应用，以及商品更新换代速度的加快、周转速度的提高、订货次数的增加，使得物流作业活动频率也大幅度地提高，从而要求物流信息不断更新，而且更新的速度越来越快，物流信息的及时收集、动态分析、快速响应已成为预示现代物流活动成功与否的关键之一。③信息来源多样化。物流信息来源多，物流信息不仅来自企业内部，而且还包括企业之间的物流信息，以及与物流信息相关的信息，涉及到从生产到消费，从国民经济到财政信贷等各个方面，展现信息来源广泛多样化。

10.3 华联超市腾飞的双翼——物流技术与信息技术

华联超市成立于1992年。多年来，公司以连锁经营为特征，以开拓全国市场为目标，不断提高集约化水平和自我滚动发展的扩张能力。2000年10月，上海华联超市公司借壳上市，更名为华联超市股份有限公司，成为中国第一家上市的连锁超市公司。

一、把配送中心建成多功能集约化的供货枢纽

（1）华联物流配送服务的宗旨是让门店满意

华联超市非常注重配送中心的建设和配送体系的构筑。伴随经营规模的不断扩大，不断增强配送中心的供货能力和服务水准。在华联超市创业初期，配送仓库仅仅2500平方米，主要靠人力装卸搬运，配货仓库的功能也很简单，主要是收货、储存、配货和送货。随着华联超市的不断壮大，公司向当地租用了三四万平方米仓库，并自建了占地28000多平方米的现代化配送中心。

物流系统构筑的目的就是要向目的客户提供满意的物流服务，据此做了大量工作。如：采用机械化作业与合理规划，减少搬运次数，防止商品保管与配送过程中破损和差错；通过科学、合理地调度，提高送货的准点率；通过计算机信息管理系统等手段控制商品的保质期；通过调查，制订门店加减货条件，增加配送系统"紧急加减货功能"；根据门店的销售实绩、要货截止时间、门店周围的交通状况、门店的规模大小以及节假日等来确定配送时间。

目前，华联超市的绝大多数门店已实现"网上点菜"要货，门店店长坐在办公室，便可向距离几百公里的上海总部配送中心点菜要货，非常方便、快捷。公司在物流二期工程中，将把这种电子订货提升为"智能化的自动点菜系统"，将门店的商品管理水平提高到一个新的台阶。此外，华联配送的拆零商品已达2500个品种，正在研究采用现代化的"电子标签拆零商品拣选系统"，进一步扩大拆零商品的品种数，提高拆零商品的拣选速度和准确率，以满足加盟店的需要。

（2）现代化的配送中心离不开高科技

新建的配送中心具有较高的科技含量。

第一是仓储立体化。配送中心采用高层立体货架和拆零商品拣选货架相结合的仓储系统，大大提高了仓库空间的利用率。在整托盘（或整箱）水平储存区，底层为配货区，存放7000种整箱出货的商品，上面四层为储存区，用于向配货区补货；在拆零商品配货区，拆零货架上放置2500种已打开物流包装箱的商品，供拆零商品拣选用。

第二是装卸搬运机械化。配送中心采用前移式蓄电池叉车、电动搬运车、电动拣选车和托盘，实现装卸搬运作业机械化。此外，原先每辆送货卡车配备装卸工3人，现在，采用了笼车，卡车开到门店，由门店人员自己把笼车卸下来、推到店内。既减轻劳动强度，又大大缩短了卸车的速度，提高

了卡车的运输效率；既降低了物流成本，还使物流配送过程中的货损、货差大幅度下降。

第三是拆零商品配货电子化。近年来，连锁超市对商品的"拆零"作业需求越来越强烈，国外同行业配送中心拣货、拆零的劳动已占整个配送中心劳动的70%。华联超市配送中心拆零商品的配送作业正准备采用电子标签拣选系统。届时，只要把门店的订单输入电脑，作业人员便可按照货位指示灯和品种显示器的指示，从货格里取出商品，放入拣货周转箱，然后揿动按钮，货位指示灯和品种显示器熄灭，订单商品配齐后进入理货环节。电子标签拣货系统大大提高商品处理速度，减轻作业强度，大幅度降低差错率。

第四是物流管理条码化与配送过程无纸化。采用无线通信的电脑终端，开发了条码技术，从收货验货、入库到拆零、配货，全面实现条码、无纸化。

第五是组织好"越库中转型物流"、"直送型物流"和"配送中心内的储存型物流"，完善"虚拟配送中心"技术在连锁超市商品配送体系中的应用。

二、把提升信息管理水平作为赶超国际巨头的利器

华联超市敏锐地意识到信息化对企业竞争力的巨大影响，借助信息技术来重建经营业务流程已成为华联经营管理层的共识，公司投注全力开发和全面推广计算机信息网络系统。迄今，信息系统已经历了几代：最初是辅助开列单证的单板机数据库系统；很快又建立了基于 Novell II 操作系统的企业内联网，实现了信息共享和初步的网络化管理；1999年，华联超市开发了第三代企业型的计算机信息网络系统和电子商务平台。

几年来，华联超市投资8000多万元，开发和建设了庞大的计算机网络系统。公司总部的工作站已达400台，计算机中心与各分公司、配送中心通过专线实时联网，与800家门店通过拨号联网，实现企业型联机事务处理。

（1）门店实现了计算机联网

公司的大量业务指令，如促销活动、调价信息、新品介绍、退调通知，都通过企业网及时传输到门店。特别是"调价"，计算机系统是自动进行调价处理的，给门店带来了极大的便利，而"网上点菜"，不但能点商品，而且能点"材物料"，给门店的经营管理创造了巨大的动力。店长们已能熟练地动态查阅门店的各项经营实绩，根据商品销售排行榜，分析市场的商品结构，研究门店经营的毛利润水平，预测市场销售的新动向，让门店由感性管理变为理性管理，使管理成为实实在在的有据可依、有章可循、有的放矢，即数字化、规范化、目标化管理。

（2）降低商品的缺品率，提高门店销售额

计算机系统能根据门店的点菜记录和配货实绩，统计出门店验货的缺品情况。计算机系统还可以根据需要，按大类商品、按某小类商品或按采购员分别统计商品的周转期，从而有利于采购人员及时采购，做到既压缩商品周转期又降低商品的缺品率。计算机系统还设计了"20商品"、"新品"、"商品的上月配送中心出货量"等信息，提供门店店长和业务人员组织销售。公司还与供应商实施了EDI自动补货，电脑系统中还设置了最高和最低库存量两项指标，并根据需要，按大类商品、按某小类商品或按采购员分别统计商品的周转期。

2000年，华联超市与上海捷强集团公司以及宝洁公司建立了自动补货系统，将"连锁超市补货"转变为"供应商补货"。这样做可以把流通业者与制造业者紧密结合；双方不只是追求自身企业的效率化，还得以削减整体成本、库存与有形的资产投资，并使消费者能够买到高品质、高新鲜度、价格便宜的食品。目前，华联超市已与200多家供应商实现了自动补货。这对公司降低缺品率、合理库存水平、压缩库存金额，起到十分积极的作用。

（3）配送中心全面采用计算机管理

华联超市在上海、南京和北京共建成了五座现代化管理的配送中心。特别是上海新建的占地2.8万平方米的桃浦配送中心全面采用了计算机管理，并应用先进的无线网技术，实现了无纸化收货验货、拣货理货、仓储保管盘点，成为上海乃至全国最先进的配送中心。例如，为了有效地管控库存，快速支持配货作业，建立了条码化的储位管理系统。当商品入库时，只要扫描一下箱码，无线手掌机马上会告诉你，该托盘商品应该放在哪里；一旦商品就位，手掌机又马上通过无线网把入库信息传输给主计算机，配送中心的库存数据立刻得到了更新。

（4）在建设现代化配送中心的同时，积极带头推广物流条码

先是由华联超市出钱推广物流条码，自编箱码、自贴箱码；随后要求供应商在半年内实施箱码。目前，实现了送货验货、仓储保管、拣货配货物流全过程的无纸化。

（5）科学辅助决策

为总经理室、部门经理、店长提供辅助决策依据和指导业务人员，计算机还提供了大量的业务分析界面。如按月、按日、按门店、按供应商统计"销售实绩"；分析配送中心的"出货情况"；还有更多的是根据业务员的需要，编制的大量统计分析报表。例如，过去供应商来了解其商品在华联超市门店和配送中心的库存情况，往往需要花费半天时间，现在只要几分钟就可

以解决。迄今，华联超市已经成功地利用信息技术重组了自己的业务流程，减少了不必要的环节，加快了总部、配送中心、门店和供应商之间的信息流动。并通过建立企业内部网、导入型管理信息系统，实现了连锁超市供应链的网上管理。

三、开创新纪元

2000年8月28日，华联超市新一代的电话呼叫中心正式投放试运行。它通过"85828"热线电话为全市居民提供订购服务。标志着华联超市的物流信息技术进入了有形超市与"虚拟超市"相结合、地理网络与信息网络相结合的新阶段。

公司正建立基于CTI技术（通信网、计算机网络集成技术）的呼叫中心，尝试将通信网、计算机网和信息领域最新技术功能集成融合，与企业连成一体，建立一个完整的综合信息服务系统。消费者可以选用电话、Web或电子邮件方式与中心联系，进行商品订货和信息咨询。由于呼叫中心的交换机扩展性能强，足以支持今后业务量的快速增长。

中国是21世纪国际超市的主战场。国内商业企业与国外大商业集团的差距并不仅仅存在于经营规模，关键是支撑运营的核心技术。对于连锁商业企业来说，就是采购、配送、信息和营销技术。要缩短与洋超市的差距，还需我们加倍努力。

（来源：一诺钢铁物流网，http://www.yn56.com，2007-8-22）

 案例分析

华联超市的实践证明，把配送中心建成多功能、集约化、低成本的供货枢纽，以及运用信息技术来重组和提升超市的供应链管理，是连锁经营的核心战略，也是支撑连锁超市超常规发展的重要条件。

物流信息在物流活动中具有十分重要的作用，物流信息的收集、传送，存储处理与研究分析，都为物流管理决策提供依据，对整个物流起着指挥、协调、支持和保障的作用。概括起来物流信息的作用主要有以下几点。

（1）沟通联系作用。物流信息是沟通物流活动各个环节之间的纽带。物流系统是由各个子系统组成的一个大系统。物流系统与社会经济运行中许多行业、部门以及众多的企业群体之间有着十分密切的关系，无论是物流系统内部的各种指令、计划、数据、报表等，还是其他的方方面面，都依靠物流信息建立起各种纵向和横向的联系，沟通生产企业、批发商、零售商、消费者，满足各方面的需求。

（2）引导和协调作用。物流贯穿于物流活动的全过程，物流活动中的各个环节依靠物流信息及其反馈引导与协调物流活动的优化，既协调供需之间的平衡，又协调过程中的人、财、物等物流资源的配置，促进物流资源的整合与合理利用。

（3）管理控制作用。物流信息通过通信技术、网络技术、电子数据交换和全球定位系统等先进技术实现物流活动的电子化，做到货物实时跟踪、车辆的实时跟踪、库存的自动补货等，实现物流作业、服务质量和成本费用等方面飞管理控制。

（4）支持决策分析作用。物流信息是制订决策方案的重要基础和依据。物流管理的决策过程本身就是对物流信息的分析处理和研究加工的过程，是对物流活动的发展变化规律性的认识过程，因此，物流管理人员只有在科学分析物流信息的基础上，才能做到正确地决策。

（5）价值增值的作用。物流信息本身是有其一定价值的，而在物流活动中，物流信息在实现其使用价值的同时，其自身的价值也随之增长，这就说明了物流信息本身具有增值的特征。物流信息将物流中的各个环节有机地连接起来，企业通过有效地利用物流信息，组织和协调物流活动，创造经济效益。例如，最佳方案的制订、最优路线的选择，都必须依据物流信息的准确、及时，因此，物流信息对物流经济效益的提高起着重要的作用。

10.4 杭烟的物流信息系统

一、杭烟物流送货服务现状

浙江省烟草公司杭州分公司（以下称"杭烟"）目前在杭州城区共有6400多家经烟零售网点，下属物流中心现有20多辆送货面包车、100多条送货线路。2002年10月，杭烟原吴山批发部实现了访（销）送（货）分离，标志着杭烟物流真正实现"访送分离、集中配送、信息管理、定时到户"的开端。

杭烟物流通过功能强大的信息集成平台，实现了卷烟仓储管理、库存控制、订单处理、分拣配货、送货管理、结算交接等功能的一体化计算机信息集成，以低成本的设备投入、高效率的流程化管理，实现了从传统仓库向现代物流配送中心的转变。

二、线路优化问题的难点分析

（1）地理信息系统（GIS）问题

众所周知，车辆优化调度需要一套详尽丰富同时实时更新的地理信息系统（GIS）支持。杭烟车辆送货线路优化面临的最大问题是 GIS 建设问题。虽然目前杭烟物流已有一套电子地图，但从使用结果来看，该电子地图明显存在不足，不适合用于杭烟物流送货线路优化。主要问题有两点：一是信息量太少，许多街道没有标出，无法量化衡量，尤其是城区小街小道或者郊区线路；二是系统更新速度太慢，维护跟不上，许多街道早在 1～2 年前就已经变化，或改造或新建或更名，而电子地图却还是老样子。

（2）部分车辆更新问题

① 物流配送中心位于杭州市区北郊皋亭坝，离市区经烟户所在地较远，物流中心由北向南"扇形"辐射 6400 家经烟户，按目前运载力和工作分配，车载量偏低，逢节假日，送货量稍有增加，部分送货车必须跑 2 次，造成来回"跑空车"，严重加长了送货时间，降低了效率，又浪费汽油。

② 部分车辆超龄服役，车身破旧，发动机底盘等许多零部件已磨损失灵，不仅影响杭烟物流在客户中的形象，也给送货本身带来安全隐患。其中 3 辆江西五十铃面包车已运行 8 年之久，属于国家强制报废年限。

③ 部分送货车辆因本身质量、老化、油耗高、性能落后等原因，年均维修费用非常之高，与车辆自身价值相比早已不成比例，且有逐年增加态势。其中一辆"松花江"面包车 2001 年维修费用高达 8258 元。

④ 车辆容载量偏低，造成配送成本升高。车辆优化调整系统除了要求送货线路最短，还要求车载尽可能大，尽可能满载。目前杭烟物流送货车辆容载量普遍偏低，其中 16 辆长安之星面包车容载量不到 30 件。

根据以上情况杭烟计划进行运输车辆的更新配制，近期采取报废 10 辆超龄服役车，换成 8 辆容载量 50 件的面包车的措施。可减少 2 辆车和 2 名驾驶员，同时经烟户送货面包车运载力整体增加 18%，以适应杭烟配送车辆优化调度的需要。

（3）现有送货线路划分方案的缺陷分析

① 存在不同的访销员对应的经烟户在同一送货区域。

② 以前所属某访销员经烟户搬迁后，为不减少总量，仍保留在原访销员辖区内，给送货造成不便。

③ 部分访销员所属经烟户跨度太大，造成送货集中度降低。

要实现杭烟物流线路优化，必须打破原来按照访销线路确定送货线路的弊端，然后初步圈定优化对象范围，对访销员所管经烟户的调整只是缓解矛盾的暂时阶段，因为访销员所辖经烟户的划分有销售工作的实际原因，根本的方法是进行物流内部操作流程的再造，加入排单系统，从信息流程上真正实现访送分离。

（4）经烟户网点布局问题

① 一条路（街）经烟户位置相临过密，有的经烟户一家挨着一家。

② 有的网点位于农村，分散在很窄的巷里，只有微型面包车才能通行。

③ 有个别网点即使是微型面包车也不能送到，送货员来回走较长距离，严重影响了送货效率。

对此杭烟抓住现存专卖体制的有利时机，利用年检和市区归划的变动，对杭州市卷烟零售网点布局进行较大范围的排查和调整。如城郊结合部和农村可以取消小零售户，开"连锁加盟店"，而零售网点的位置最好尽可能在道路上相隔一定距离。实践证明，零售网点的布局调整既有利于经烟户的生存和发展，也能大大节约物流的成本。

三、杭烟物流线路优化调度的实施

（1）线路优化调度最终实现的目标

线路优化调度最终目标是实现物流中心操作流程改造，真正实现访送分离。

① 目前的操作流程。目前车辆的送货清单生成完全是按照访销线路来确定的，很难从整体上优化，提高送货效率。

② 改造后的操作流程。改造后的操作流程在零售网点布局的地理信息系统（GIS）和决策支持系统（DSS）作用下，根据电子排单系统，生成优化后的送货清单，改变了原有按访销线路定送货线路的缺陷，在操作流程上真正实现访送分离。

（2）GIS 开发设计

一套功能完善、使用方便、信息量丰富细致、实时反应城区交通网络变化的 GIS 平台是实现杭烟物流送货线路优化的先决条件，同时为杭州烟草的城网建设也提供了一个基础信息平台。

杭烟物流配送 GIS 必须具备下述目标。

① 电子地图的基本操作功能，包括视图的放大、缩小、平移，6400 家或主要经烟户位置的标注（打点），鼠标交互的距离和面积的量算，查询地理对象的属性信息等。

② 经烟网络分析功能。如经烟网点之间最短路径查询、经济距离计算、最近设施查找，辐射区域分析。

③ 提供地理信息的维护功能，包括基础地理信息和专题信息的维护，

如设置修改驾驶员的信息（包括姓名、编号、待命状态、送货区域等参数），车辆的信息（包括车型、车牌、编号、容载量、车龄、待命状态等参数）。

④ 交通道路信息设置，主要是指从物流中心到各经烟网点的道路情况，主要设置线路编号、派车时间、各街道距离（要精确到1米）、始发点、终端点等参数。

⑤ 对经烟网点主要设置，包括序号、名称、客户级别、联系方式等数据的设置修改。

目前杭烟上下已形成一个共识：要想实现送货线路优化设置，必须首先有一个切实可行的GIS应用平台。

（3）电子排单系统的开发

建立杭烟物流线路优化调度决策支持系统模型，采用先进可靠的求解算法（如节约算法、遗传算法等），同时把该模型和算法融入到计算机应用软件中，输入各种限制边界条件和目标函数，最终输出每天每次每辆车的电子送货清单，改变以原批发部为轴心的与访销线路对应的送货线路模式，实现以高亭坝为中心、由北向南辐射6400家零售网点的、工作量相对均衡的送货安排。

① 模型和算法分析。杭烟物流线路优化打破了原来按照访销线路确定送货线路的弊端，圈定优化对象为整个城区6400多家经烟网点，由物流中心统一调度车辆，集中车次送货。采用节约算法或遗传算法，制订每次送货线路车辆调度的动态优化方案。

② 线路优化软硬件平台。在系统编码之前，为建立开发和测试环境，需要安装数据库服务器、WEB服务器、应用服务器和其他一些相关的支撑软件。

四、系统展望

线路优化设计后，主要有以下几点明显优势：①使杭烟物流送货派单系统的应用达到国内现代物流发展同步水平；②划分后的各个区域布局将更合理、地理位置相对集中，预计可减少总的送货车辆数10%以上，耗油量送货里程减少20%左右；③各条路线工作量大体平衡，可减少一线员工的抱怨，提高员工满意度，从而更好地完成工作；④流程改造以后，将在信息流上真正实现访送分离。

（来源：中国大物流网，http://www.all56.com，2009-02-01）

案例分析

在货物运输中，合理选择送货线路是极其重要的，它不仅可以加快配送速度，提高服务质量，还可以有效地降低配送成本，增加经济效益。杭州烟草充分运用现代物流技术，依靠卷烟流通电子商务系统的有力支持，通过合理设计地理信息系统（GIS）进行线路优化设计，有效地达到了满足市场需求、降低物流成本、提高管理效率的目标。

物流信息系统（Logistics Information System，LIS）是由人员、计算机硬件、软件、网络通信设备及其他办公设备组成的人机交互系统，其主要功能是进行物流信息的收集、存储、传输、加工整理、维护和输出，为物流管理者及其他组织管理人员提供战略、战术及运作决策的支持，以达到组织的战略竞优，提高物流运作的效率与效益。

物流信息系统应用范围广泛，实用价值很高。物流信息系统通过对信息的收集、分析，能够实测物流活动各环节的运行情况，预测未来可能出现的问题，对物流管理提供辅助性的决策，帮助企业实现物流规划目标。物流信息系统最重要的作用或者最根本的目标是实现物流过程中各个环节的有机衔接与合作，实现物流资源的最优化配置，以实现以客户为中心的物流服务目标。

物流信息系统的特征如下。①不同地域对象之间的系统。物流活动从出发和接受订货开始，发出订货的部门与接受订货的部门并不在同一个场所。这种场所上相分离的企业或人之间的信息传送，就要借助于数据通信手段来完成。②不同企业之间的系统。物流系统涉及到企业内部和外部的很多部门，是由这些企业内外的相关部门和相关企业共同构成的。使用电子数据交换（EDI），能够实现不同企业之间数据交换的标准化。③大量信息的实时处理。物流系统在大多数情况下需要一件一件处理信息。即便是中等规模的批发商，一天要处理的订货票据也会超过1000件，而且在接受订单后的订单检查、信用检查、库存核对、出库指令、运输指示等都需要及时处理；如果发现信息不全面或有错误，需要与客户及时联系。④对于波动的适应性。物流活动的一个特点是波动性较大，一天内的不同时间段，一周内的不同日期，物流作业量均有较大的差别。物流系统要具备适应能力，还必须要有对于波动性的预测能力。物流信息系统与生产管理等其他系统不同，即使事先可以预测到高峰期，但是无法事先处理。物流作业服务本身是及时性产品，生产过程也是消费过程，无法进行事前储备。⑤与作业现场密切联系的系统。物流现场作业需要从物流信息系统获取信息，用以指导作业活动。信息系统与作业系统紧密结合，可以改变传统的作业方式，大大提高作业效率和准确性，例如，在使用条形码的基础上，利用条形码读入系统读取包装上的条形码信息，在手持末端机上就会立刻显示出该类商品的订货数量，检验员根据屏幕显示的订货数量，核对到货数量。省去查找数据的时间或查找商品的时间，检验员可以根据商品的码放顺序逐一检验。

10.5 双汇集团的信息化物流

双汇软件公司总裁刘小兵说："没有信息化物流系统，你就不要说自己是卖鲜肉的。"

拥有中国最大的肉类加工基地的双汇集团，从20世纪90年代起家以来，已经拥有了40多家国内外子公司，有600多种产品通过双汇连锁店向消费者直接销售。2000年双汇食品城二期工程的竣工投产，使双汇集团肉制品日生产能力由1000吨增加到1500吨。根据双汇集团的最新统计数据，它在全国肉制品市场占有率已达到42%以上。

生意做大了，难题也来了，那就是物流问题。"每天杀一万头猪不是难事，趁着新鲜把它们都卖出去可就没那么容易了。"双汇软件公司总裁刘小兵说，"没有信息化物流系统，你就不要说自己是卖鲜肉的。"

一、信息瓶颈

双汇集团的不断扩张，在提高市场占有率的同时，也把企业收集和处理信息能力的横杆不断抬高。由于在信息把握上的力不从心，管理者感觉企业运作的阻力越来越大。

首先是分销体系。双汇集团外部采购的商品上万种，生产的产品也有上千种，绝大部分通过遍布全国的销售网络销售出去。双汇在全国开设了几十家连锁店，遍布各地的分公司、办事处也有150多个，但销售分支机构与总部还要通过电话、传真、电子邮件来传递销售、库存、财务等信息和管理指令。

建立在传真电邮基础上的信息渠道做不到及时、准确，也无法进行有效控制，各个分支机构缺货、断货、压货、串货等现象时有发生。有一次长春的客户订购了20吨货，当地连锁店缺货，而附近的沈阳则有库存。但由于当时总部并不了解这些情况，直接从骡河运货补齐，不但运输成本很大，沈阳的那批货也因未能及时销售而过期了。

连锁店管理也是个头疼的问题。集团对连锁店的要求是生鲜肉销售不过夜——凌晨由总部把当天的生鲜肉送达各门店，未售完的晚上拉回总部另行处理。随着连锁店的迅速扩张，尤其是生鲜制品对配送时效性要求非常严格，为保证肉质的新鲜，连锁店与配送中心之间的订单传送时间不得超过一天，当天的订单前一天下午必须传过来。配送中心每天有70多个人接收传真，然后手工统计，4～5个小时以后，统计结果终于从堆积如山的传真纸中算出来，再报给生产厂，按单生产。

配送单接着被抄送给送货的班组，由他们负责把货从生产厂提出来，按单分配，装车送货。到了晚上，配送中心再负责把各门店没有卖出的货物拉回生产厂。有时候因为手工统计出错，工作人员为了对账、对数字忙上大半夜，叫苦不迭。按照双汇的计划，在"十五"期间要发展到2000家分店，现在几十家分店已经有70多个人在忙活，到时得有多少人统计数据？况且数据也不够准确和及时。如日中天的双汇集团对信息化的需求越来越迫切了。

二、空降兵

从1994年开始策划到1998年正式招标，双汇集团踏上了信息化的摸索之路。和许多国内企业一样，这个过程并不顺利。双汇曾与当时国内一家知名软件公司合作，投入巨额资金，却收效甚微。原因是国内管理软件的设计水平，根本达不到双汇集团工商一体化的要求。

与其他制造企业相比，双汇集团的生产过程相对简单，而流通环节则至关重要。这种"小生产、大流通"式的集团企业，在经营上是分散的，而在管理上却要求相对集中。适应这种模式要求的软件最好为B/S结构，而当时国内管理软件的结构多为C/S结构，因此失败在所难免。于是双汇集团董事长万隆不得不远渡海外考察，以求良方。

铁鞋踏破之际，在加拿大安大略湖的游船上，万隆遇到了当地一家供应链管理软件公司的总裁刘小兵。二人一拍即合，刘小兵成了双汇集团信息化的把关人。

在遍访国内软件公司后，刘小兵亦忧亦喜：要为体形庞大的双汇买件合适的衣服实在太难，但他同时也发现了国内一个巨大的市场空白——为企业量体定做管理软件。2000年10月，双汇软件公司正式成立。刘小兵为双汇选择了一种当时还没有被国内管理软件普遍使用的先进软件技术——基于J2EE技术架构、100％纯Java代码、EJB的异构系统集成能力，它可实现数据层、应用层、管理层的集成，并完全支持企业的客户化修改要求和ASP运行模式。

这些技术术语听起来枯燥，但它们却代表了当时管理软件的发展趋势，能够有效整合整个供应链的外部资源，而且具有足够的成熟性和实际的成功应用案例。适度超前的技术，开始让双汇尝到了甜头。

三、如鱼得水

经过多年局部信息化实践,再结合企业发展战略研究信息化的总体方案,双汇软件公司提出了以双汇集成智能信息系统(Shineway Integrated Intelligent Information System,简称SHINEWAY-I3S)为核心的双汇集团信息化总体建设方案。

所谓集成智能信息系统,就是大型集团类企业的完整、强健的数字神经系统。它以基于数据仓库的分析系统为大脑,以计算机网络为信息传输神经,连接企业的各个管理单元,形成一个和谐运转、反应敏捷的有机体。

针对双汇的产业链特征,这套系统规划了四个至关重要的应用子系统,它们是ERP系统、CRM系统、物流管理系统和供应链管理系统。由于采用100%纯Java技术,系统将可以轻松地运行于各种操作系统和浏览器平台。现在,客户已经可以通过手机、PDA以及其他任何移动数字终端与系统对话。

另外,整个系统被设计为B/S运行模式的四层架构体系,可以随意扩展服务器,满足不断开店的要求。而采用其他架构的管理软件则无法做到这点,在安全性上也无法与之相提并论。当双汇集团的业务量增长到一定程度时,只需增加应用服务器,借助负载均衡系统即可提升系统吞吐量,提高响应速度。数据库服务器也可以在需要时加以扩展,提高处理能力。

这样一来,业务部门的工作量、管理力度、细度和效率都有了很大提高。以前70多人管几十个门店还忙得焦头烂额,现在4个人管近300家门店却井井有条。目前双汇集团的近300家连锁店已全部实现了订单自动生成、自动上传、自动分类汇总、自动配货处理、网上盘点等,以往每月一次的盘点现在可以随时进行。这为"十五"末双汇商业公司扩张到2000家连锁店、建设七大区域配送中心的规划,在管理技术方面提供了支撑。

而基于互联网的分销管理系统,使双汇实现了网上订单处理和自动汇总,时间由原来的1天缩短为几分钟,配送周期缩短了2天,提高了产品新鲜度。而且还能摸清各地实时库存,避免盲目订货造成的损失,库存积压也大大减少了。此外,集团总部对各个分公司、办事处的财务控制加强了,管理效果非常明显。

2001年双汇软件公司设计开发的"双汇生猪屠宰线实时质量跟踪监控系统",实现了屠宰线全程质量监控和跟踪,使每头猪平均降低采购成本约6元。按每天屠宰量5000头的保守估计,每年节约成本约1080万元。系统提供的管理监控功能,也使屠宰生产线的计算机管理水平大大提高,平均损耗至少降低了1%。

实施双汇软件,使双汇集团的扩张之路走得格外轻松。刘小兵对万隆的"信息化战略"佩服有加,而万隆庆幸的则是选对了伙伴。任何信息化项目都不是一次性的投入,系统维护、服务的费用等不可预计的成本,会随着项目实施的不断深入而增加。因此,实施信息化一定要选择成熟的团队,得到的产品应是供应商信息技术和管理技术的结晶。

(来源:中国物流与采购网,http://www.chinawuliu.com.cn,2007-3-23)

 案例分析

双汇集成智能信息系统显著降低了双汇集团运营管理的各项成本,大大提高了工作效率,为双汇集团搭建了一个实时的、统一的、集中的管理平台,有力支持了企业集约化、规模化、连锁化快速发展战略的顺利实施。借助该平台,集团不仅实现了72小时订单化生产,大大减少了无效库存,也实现了对内部成员企业的高效管理,而且把上游的供应商、下游的批发商、经销商、零售商甚至最终客户都全部纳入信息化管理视线内,从而让双汇集团可以建立快速供应体系,通过各节点的协同合作,实现快速的物流周转,降低供应链综合库存水平,降低综合物流成本,显著提高了整个供应链的竞争实力。

库存管理系统是为了满足销售在必要的场所备齐所需商品,为保证制造活动顺利进行储备原材料和零部件,以最少的数量满足需求,防止库存陈腐化浪费和保管费用增加的系统。为了有效地进行库存管理,需要确定在哪个阶段设置物流据点、设置多少、备货保持在什么服务水平上,以及在哪个物流据点配置什么样的货物、配备多少货物等库存分配计划。库存管理包含两个方面的含义:一是正确把握库存数量的"库存管理";二是按照正确的数量补充库存的"库存控制",为了避免与前面的"库存管理"相混淆,也可称为补充订货。建立库存控制信息系统的目的是为了防止出现库存不足,维持正常库存量,决定补充库存的数量。每一种商品都需要补充库存,采用手工作业效率低下,利用信息库存管理系统作业非常必要。

仓库管理信息系统包括固定场所管理系统、自由场所系统、订货拣选系统等几个部分。通过对仓库货物保管位置表明区位号码,来提高保管场所使用效率的方式称为保管场所系统。这种系统包括保管位置与保管物品相对一致的固定场所系统和保管位置与保管物品经常变动的自由场所系统两大类。订货拣选系统分为全自动系统和人工半自动系统。全自动系统从全自动流动货架将必要的商品移送到传送带的拣选系统。半自动拣选系统是在计算机的辅助下实现高效率拣选的系统,例如电子标签拣选系统等。

具有代表性的配送管理信息系统有固定时刻表系统和变动时刻表系统两种。固定时刻表系统根据日常业务的经验和客户要求的配送时间事先按照不同方向类别、不同配送对象群设定配送线路和配送时刻、安排车辆，根据当日的订货状况，进行细微调整的配送组织方式。变动时刻表系统根据当日的配送客户群的商品总量，结合客户的配送时间要求和配送车辆的状况，按照可以调配客户群的商品总量，结合客户的配送时间要求和配送车辆的状况，按照可以调配车辆的容积和车辆数量，有计算机选出成本最低的组合方式的系统。

货物追踪信息系统是指在货物流的范围内，可以对货物的状态进行实时掌握的信息系统。物流业的货物追踪信息系统的对象主要是零担货物。货物追踪信息系统开始是服务于利用它进行大批量货物配送的客户，通过货主的计算机与物流业者的信息系统连接，提供货物动态信息。随着互联网的普及，一般消费者的个人包裹配送信息也可以通过计算机终端进行直接查询。货物跟踪信息系统还可以利用 GPS，即全球定位技术对运输中的货物进行实时的监控。在运输货物中，利用 GPS 技术可以时刻记录和传递货物位置等数据到控制中心，及时地获取运输途中货物的情况。

物流信息系统各个环节的高效化地运转，能有效地在物流活动中为各项作业管理提供决策支持，对物流活动中每一个方案的各个方面提供预测和分析，优选出最佳方案，保证决策的科学性和成功率。

10.6 纯净水突破了瓶颈

城市物流配送的难点之一是订单的用户比较分散。客户可能分布在城市的每一个角落，一笔数量比较小的订单，要保证它的配送，相应的成本怎样降低？商品的数量非常多，城市交通非常拥挤，很难保证及时到货。电子商务的快速发展，要求与城市物流配送有关的体系都必须建立起来，商品流、信息流和资金流三者必须做到非常好的组合。

一、纯水之疾

城市物流配送既然是电子商务发展的一个瓶颈，它就一定要被打破，这是个挑战，但同时也给物流配送企业带来发展机遇。

成立于 1995 年的北京唯真纯水饮料公司，在北京市拥有长期客户近 1 万家，送水站 40 多个，日销水量 3000 多桶。但是近年来北京地区的纯净水企业发展很快，目前在管理部门登记注册的企业就有 260 多家，激烈的竞争使这个行业迅速进入买方市场，利润很低。

唯真公司在经营中感到了巨大的竞争压力。首先，由于目前客户服务中心的工作流程全部是手工操作，企业要直接与近万家客户开展业务，工作人员的劳动量大、工作效率低，同时管理者也无法及时掌握企业的生产、销售状况。其次，纯净水的配送成本太高，由于不能充分掌握客户的需求信息，经常为了某个客户的两三桶水而单独运送，加大了运费。第三，一些竞争对手已经开始进行配送商品多元化，以唯真目前的管理水平，要实现配送商品多元化管理成本太高了。

因此，唯真的管理层希望通过计算机管理系统提高工作效率，降低运营成本，增强企业的竞争力。

二、制胜之物

唯真公司在选择解决方案时提出了四项要求：第一，该系统要能够明显改善客户服务中心的工作质量与效率；第二，能够有效解决运力资源管理问题；第三，能解决进、销、存等管理问题；第四，操作简便，易学易用。

经过比较，唯真选择了北京杰合伟业软件技术有限公司的配送管理系统——Lulusoft eFulfillment1.5 版本，这是杰合伟业在充分研究了配送销售行业现状及发展趋势的基础上，将最新的 IT 技术与最新的电子化物流理念相结合，于 2008 年 10 月正式公布的专业物流配送管理系统。

该系统强调以客户为中心，充分体现了现代化配送的理念。系统根据物流配送企业的特点，从横向上将物流企业的实际业务流程分为四个业务模块：客户联络中心、营销中心、配送调度中心和供应中心。它们之间既紧密联系，也可以相互独立，自成一体。从纵向上看，每个模块又可以分为三个层次：数据管理层、业务处理层、决策分析层。

Lulusoft eFulfillment 综合运用了客户关系管理（CRM）、商业智能（BI）、地理信息系统（GIS）、计算机电话集成（CTI）和全球定位系统（GPS）多项先进技术。Lulusoft eFulfillment 与外部系统的结合采用接口部件实现，保证系统与用户企业原有的信息系统、ERP 以及 WMS 等整合。

它的地理信息系统将 GIS/GPS 和数据库技术融合在一起，对某个城市或地区按管理要求建立电子地图，对客户位置信息进行科学管理，使企业能够精确地确定配送点和客户的位置。客户关系管理（CRM）可以把企业的销售、市场、客户服务等各个部门协调起来，使企业最大限度地利用客户资源，从而缩减销售周期和销售成本，提高企业的盈利能力。计算机电话集成（CTI）可根据客户的常用电话识别出客户，并同时从数据库中调出该用户的相关资料，大大提高了工作人员的服务质量和工作效率。商业智能化（BI）可根据客户分布和需求自动安排运输线路、优先级，对交叉地段动态调整服务区。

唯真纯水饮料公司在使用 Lulusoft eFulfillment 之前，接线员每次接听客户电话，都需要了解客户的位置，记录客户的信息。每个客户的基本资料都记录在卡片上，但由于客户太多，要找出指定客户的卡片，耗时耗力。此外，由于水站和客户的数量众多，要将客户的订单合理分配到相应的水站，工作量很大，常常发生错误，而且客户的满意度还不高。

使用 Lulusoft eFulfillment 后，接线员只要输入客户的档案号、名称或者地址，系统就自动显示该客户的基本信息，再输入客户的订货信息，一张打印好的配送任务单很快就能传到相应的水站。现在，客户普遍反映唯真的服务水平提高了很多。

唯真公司发现，Lulusoft eFulfillment 的配送调度中心还可以对系统优化生成的任务进行调度安排，并对整个任务的实施过程进行实时跟踪，使企业的运力资源得到充分利用。当某一条送货路线的运力不饱和时，管理系统就对该路线上的长期客户进行智能分析，并根据客户的消费规律提供一份客户名单，列出很可能会接受提前送水建议的客户。这样，唯真公司与这些客户主动联络提前送水，以充分利用送货的人车运力，有效解决了运力不饱和造成的成本问题。

唯真采用了杰合配送管理系统 Lulusoft eFulfillment 后，使企业的资源得到了充分的利用，很好地解决了企业客户资源管理、库房管理、员工绩效考核、企业经营状况评估等问题，以前很烦琐的工作，现在进行得非常轻松。唯真管理层认为在这种条件下，即使每天的出水量再增加一倍，以现有的人力，也可以完成。唯真已着手准备"在明年大干一场"。

唯真公司的成功尝试，让人们对"突破瓶颈"增添了信心。

三、突破之道

城市物流配送是指物流配送企业采用网络化的信息技术，现代化的物流设备和先进的管理手段，针对城市区域内客户的需要，严格、守信用地按照客户订货的要求，通过备货、存储、分拣、包装、信息处理和增值服务等作业，定时、定点、定量地将商品、信息、服务交给用户。

城市物流配送要达到一定的水平，有四个最基本的要求：在配送的速度方面，要达到最快；要从商品、管理、加工、运力等各方面节省成本；信息处理应用到每一个商店和库房；还需要提供很多服务内容。

著名的物流行业专家、第一位将现代物流概念引入中国的学者王之泰教授说，物流的灵魂在于系统，系统的灵魂在于软件。城市物流配送应用解决方案现在和中国、世界最新的发展态势即电子商务有非常密切的关系。电子商务是一种网络连接，连接用户、生产商和销售商。在美国、欧洲，电子商务是非常成功的，主要是因为这些欧美国家拥有非常完善的社会物流系统，只要能够实现这些网络连接，电子商务就算成功了一大半。但是，在中国却行不通，因为中国物流的社会化步伐太慢，配送工作跟不上。

美国新闻媒体曾经报道，中国加入国际贸易组织（WTO）最薄弱的环节是物流业。这是有道理的。我国物流系统建设涉及很多因素，包括观念转变、人才培训、系统开发、物流网络建设等。

软件应用到传统行业往往带来很大的价值——北大方正的排版系统让出版业告别了铅与火，进入光与电的时代；用友的财务软件让财务工作由手工劳动转变为电子化作业。但愿杰合伟业配送管理系统的应用能够使国内城市物流配送行业发生真正的变革。

（来源：中国大物流网，http://www.56885.net，2009-02-02）

 案例分析

目前的电子商务企业大多只解决了商品信息流的网上传递，缺乏高效、快捷的物流配送系统成了电子商务发展的瓶颈。唯真利用杰合配送管理系统（Lulusoft eFullfillment）使企业的资源得到了充分的利用，很好地解决了企业客户资源管理、库房管理、员工绩效考核、企业经营状况评估等问题。

物流信息技术的发展趋势特点如下。

（1）视频识别（RFID）将成为未来物流领域的关键技术。RFID技术应用于物流行业，可大幅提高物流管理与运作效率，降低物流成本。另外，从全球发展趋势来看，随着RFID相关技术的不断完善和成熟，RFID产业将成为一个新兴的高技术产业群，成为国民经济新的增长点。因此，RFID技术有望成为推动现代物流加速发展的新品润滑剂。

（2）物流动态信息采集技术将成为物流发展的突破点。在全球供应链管理趋势下，及时掌握货物的动态信息和品质信息已成为企业盈利的关键因素。但是由于受到自然、天气、通信、技术、法规等方面的影响，物流动态信息采集技术的发展一直受到很大制约，远远不能满足现代物流发展的需求。借助新的科技手段，完善物流动态信息采集技术，成为物流领域下一个技术突破点。

（3）物流信息安全技术将日益被重视。借助网络技术发展起来的物流信息技术，在享受网络飞速发展带来巨大好处的同时，也时刻提防着随时可能出现的安全危机，例如网络黑客无孔不入地恶意攻击、病毒的肆虐、信息的泄密等。应用安全防范技术，保障企业的物流信息系统或平台安全、稳定地运行，是企业长期将面临的一项重大挑战。

第11章 第三方物流

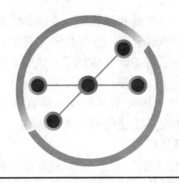

Chapter 11

11.1 联邦快递发展之路

一、每分钟都有联邦快递的飞机在天上飞

20世纪70年代以前,美国孟菲斯并不是一个令人熟知的地方,如今,这座美国中南部的城市因为猫王和联邦快递的出现而变得不再冷清。

每天晚上,夜深人静的时候,孟菲斯机场却总是灯火通明。尤其是凌晨一二点的时候,联邦快递在这里的转运中心开始高速运转。机场被大量拥有相同紫橙相间机尾的白色飞机占据。飞机降落、卸货,然后被送上传送带的包裹开始进行分拣。从前没有全货机集中送货的时候,商用航班腹仓带货,点对点直飞,再加上中转,效率极低。

而利用全球转运中心这一模式,则能够更加高效快速地把包裹运送到目的地,后来成为国际快递巨头的共同选择。在30多年前,人们还不相信这样的场景会出现。

二、论文和越战的灵感

大学三年级时的施伟德(Frederick W. Smith)写了篇20页左右的学期论文,在论文中,他构想了以航空中心为基础的空运配送模式。"由于当时从事投递业务的邮局和铁路等很少把包裹直接送到目的地,这为快递创造了巨大的市场空间。"施伟德进而分析，美国工业革命第三次浪潮将靠电脑、微处理机及电子装备来维系，而这些装备的维修则要靠量少价昂的组件和零件及时供应，而有关信件、包裹、存货清单也需要在尽快的时间内获得，因此，传统物流运输将无法胜任计算机化的商业社会。而为了能够直接运输这些"非常重要、时间紧迫"的货物，也许应该有自己的飞机。这是一个来自拓扑学的灵感——如果将网络中的所有点通过一个中心连起来，就像票据交换所那样，效率会非常高。不过，他的论文只得了C，刚及格。因为教授认为买飞机专门用来送货的想法是荒谬的，但这个受到冷落的创意却并没有被它的主人放弃。

大学毕业后，施伟德成了美国海军陆战队的一员，并到越南战场服兵役，美国军队通过集中一点然后分散调配军用物品和粮食的模式，也使他的航空快递构想走得更远，他计划建立一个类似的配送体系，设置很多个点连成一个网络，然后全部通过一个中央控制室来周转。这就是联邦快递转运中心运营模式的雏形。

回到美国后，施伟德开始将大学和越战时的设想付诸实施。他变卖了他父亲分给他的遗产——迪克西长途汽车公司的股份，获得了75万美元流动资产，并通过家族信托基金的担保，从孟菲斯国民商业银行获得360万美元贷款。1971年6月18日，在施伟德27岁那年，他在特拉华州注册了新公司——联邦快递公司（Fedex），于是，联邦快递这个名字就创造了一个新行业——通过转运中心及航线网络系统进行隔夜交货的速递方式。

这样的商业模式，需要一开始时就要有足够的飞机，并建立起一个覆盖多个城市的航空网络。为此，施伟德竭力奔走游说华尔街，募集到了9600万美元，购买了23架"隼式"喷气机。

1973年4月17日，联邦快递在22个城市同时展开了业务，1975年底就开始扭转亏损，翌年营业额为1.09亿美元，纯收入为810万美元。1983年的时候，联邦快递的年营业收入已经达到10亿美元，成为美国历史上第一家创办不足10年、不靠收购或合并而超过10亿美元营业额的公司。

三、超级转运中心

事实上，在1973年联邦快递开始业务操作的第一个晚上，公司是用14架小型飞机，将186个包裹运送到美国的25个城市，当时只是在一些临时的牌桌上进行包裹分拣。

35年前施伟德之所以首先选择了美国田纳西州的孟菲斯作为其"中心辐射式"运输的中心，不仅因为该市位于美国中南部，地理位置比较理想，气候条件适于飞行，还在于该机场入夜后很少有旅客航班，而且当地政府也很支持。

如今，在孟菲斯机场，每天晚上都有上百架联邦快递的飞机在这里起落。每天夜里，在联邦快递面积达 364 公顷的超级转运中心，长达 300 多英里的传送带平均每小时处理 95000 个包裹。来自世界各地的不同物品，小至电子产品、香水，大至发动机源源不断地被运来，经分拣后再迅捷、精确地送到目的地。

每天晚上 22 时 30 分左右，上晚班的工人陆续到达，联邦快递从全球各地飞来的飞机也陆续开始降落，每一分半钟就有一架飞机停靠在指定的位置，远望天空还可以看到星光点点排成一线，那些也大都是联邦快递的飞机。

货物从飞机上载、下载的时间都不超过 30 分钟，货物卸下来后就会进行第一次扫描，每个包裹上都已经由发货人贴上了数据码，上面有运单号码、货物重量等，然后各种拖车就拖着整托盘的进港货物进入分拣中心，当包裹在传送带上运送时，传送带上的传感器就立刻可以捕捉到这个电子"身份证"，经过无数的扫描机，包裹也就被自动送到不同的传送带，然后被自动机械手推至不同的目的地托盘上。

由于联邦快递实行的是精细化管理，每个员工都只负责包裹的一段旅程，他们主要是负责扫描、防止包裹从自动分拣机上滑落，以及将新的托盘整理好，准确无误地送到离港飞机的位置，依次装机。到凌晨 4 时，孟菲斯机场的飞机开始起飞向目的地进发，飞机到达各个目的地后，还需要再分拣，然后装上不同路线的送货卡车。

自 2007 年 5 月 28 日起，联邦快递位于浙江省杭州市萧山国际机场的中国区转运中心也正式启用，联邦快递把孟菲斯转运中心的成功开始复制到中国的国内快递市场。到 2008 年年底，在中国广州白云机场还将有一处转运中心开展与孟菲斯机场和杭州萧山机场的转运中心相似的活动：停机坪上、传送机中、转运中心内，1200 名员工将静候着指挥中心的信号。亚洲 24 个主要城市的货物，将聚集在广州新白云机场，分拣后运送到世界各地；而全球 220 多个国家及地区运往亚洲的货物，也将来这里"驻足"。这也将是联邦快递在美国本土外最大级别的国际转运中心。

（来源：物流天下，http://www.56885.net，2008-5-26）

 案例分析

今天的联邦快递为什么会有这样的成绩？不仅与领导者有关系，而且还与它的企业文化有很大关联。联邦快递有自己的大文化，它的文化在于时间观念；在于软件的创新和创意；它强调的是顾客满意的企业文化。

随着现代企业生产经营方式的变革和市场外部条件的变化，"第三方物流"这种物流形态开始引起人们的重视，并对此表现出极大的兴趣。1988

年美国物流管理委员会的一项顾客服务调查中,首次提到"第三方服务提供者"一词,很快这种新思维被纳入到顾客服务职能中。

第三方物流(Third Party Logistics,简称3PL或TPL):接受客户委托为其提供专项或全面的物流系统设计以及系统运营的物流服务模式。第三方物流的概念源自于管理学中的Out-Souring,意指企业动态地配置自身和其他企业的功能和服务,利用外部的资源为企业内部的生产经营服务。将Out-Souring引入物流管理领域,就产生了第三方物流的概念。目前对于第三方物流解释很多,国外还没有一个统一的定义。

根据运作主体的不同,可将物流的运作模式划分为第一方物流、第二方物流以及第三方物流。第一方物流是由卖方、生产者或供应方组织的物流;第二方物流是由买方、销售者组织的物流;第三方物流则是专业的物流组织进行的物流。第三方物流实际是相对于第一方和第二方物流而言的。

第三方物流可以理解成是由供方和需方外的物流企业提供物流服务、承担部分或全部物流运作的业务模式,是在特定的时间段内按照特定的价格为使用者提供的个性化的系列物流服务,是专业化、社会化和合同化的物流。

11.2 第三方物流企业对制造商的"零库存"管理

"迟到10分钟,罚款1.8万美元。"这可不是用来约束员工上班的考勤制度,而是德尔福(中国)公司(DELLPHI)用来约束其合作伙伴第三方物流企业供货的。而上海实业外联发国际物流有限公司(SLC)作为第三方物流企业,敢承接条件如此苛刻的业务,是因为其创建了基于EC(Electronic Commerce)的看板拉动管理模式,为生产制造商、供应商、3PL提供了一个作业衔接和业务协同的平台,并有效地实行了看板拉动管理。

看板管理的核心是追求一种"零库存"或库存达到最小的生产系统。"零库存"并不是要求库存的商品数量为"零",而是将供应节拍加快后,节拍间歇期缩短,每种商品的备货数量相应减少。由于每种商品的备货数量降低,因市场变化而导致商品损失的可能性越来越小,并趋于"零"。信息增值、以信息替代存货是"零库存"的核心。上海实业外联发充分认识到信息在供应链整合中的作用,成功创建了基于EC的看板拉动管理模式。

上海实业外联发公司与德尔福公司之间创建了基于EC的业务系统。通过该系统,SLC不仅管理DELPHI的物流,而且还扮演DELPHI的制造供应商。在这个不同寻常的安排中,SLC向DELPHI位于上海市的工厂提供产品生产组件，按照生产线的需要在准确时间供货，一般45分钟一次。尽管 DELPHI 选择材料供应商，但由 SLC 签发采购单并从这些供应商处购买材料。SLC 接受到这些材料后，进行配送分拨，运往 DELPHI 的生产线。DELPHI 收到 SLC 的发票，发票包括所有的作业成本、产品成本和边际利润。为使该系统有效运作，DELPHI 和 SLC 共享了大量的生产数据。SLC 与 DELPHI 的实时生产系统连接，从而了解产品处于生产过程的哪个环节，即时查询 DELPHI 生产线上的库存信息。尽管 SLC 的任务包括物流和运输，但它远远超出了传统 3PLs 的责任范围，它管理库存，承担产品过时和损坏的损失，承担装配任务。这满足了 DELPHI 减少库存，管理资产的要求。

（来源：《3PLS 推动下的看板拉动管理》，朱惠君，《物流技术》，2007.7）

 案例分析

上海外联发作为第三方物流企业，其为制造商提供的服务已远超传统的 3PLs 的责任范畴，它通过成功运用信息技术创建针对服务对象的业务协作平台，实现了生产制造商、供应商、3PLs 之间的信息共享，并对来自合作伙伴发出的业务请求信息随时进行响应和反馈，将三者紧密地联系在一起，成为第三方物流企业的典范。

第三方物流对于所服务企业起到了降低成本、提高效率的重要作用，其特征如下：

（1）第三方物流是社会化、专业化的物流。第三方物流是企业生产和销售外的专业化物流组织提供的物流，第三方物流服务不是某一企业内部专享的服务，第三方物流供应商是面向社会众多企业来提供专业服务，因此具有社会化性质，可以说是物流专业化的一种形式。

（2）第三方物流是合同化、系列化的服务。第三方物流则根据合同条款规定的要求，而不是临时需要，提供多功能，甚至全方位的物流服务。第三方物流服务内容如下：基本业务（货物集运、仓储、配送、装卸、搬运）；开发物流系统；附加值业务（订单、运费支付、运费谈判、货物验收、包装、加工、代理货物保险、代收款、货物回收等）；高级物流服务（库存分析报告、库存控制、分销中心、管理表现汇报、信息管理、电子数据交换能力、开发物流策略、系统等）。

（3）第三方物流是"三流"合一的物流。在商流、物流、信息流、资金流四大流中，第三方物流至少应集后三大流于一身。现代企业的规模在扩大，企业对物流控制的要求也越来越高。要满足企业对物流服务的需求，仅仅依靠手工、人力是不可能的，第三方物流的运作必须建立在现代电子信息技术基础上，具有将物流、信息流和资金流有机结合的能力。常用于支撑第三方物流的信息技术有：实现信息快速交换的 EDI 技术、实现资金快速支付的新技术、实现信息快速输入的条形码技术和实现网上交易的电子商务技术等。

（4）第三方物流是集成化、系统化的服务。第三方物流是从系统角度统筹规划一个公司整体的各种物流活动，处理好物流与商流及公司目标与物流目标之间的关系，不求单个活动的最优化，但求整体活动的最优化。集成化、系统化就是将运输、仓储、装卸搬运、配送、流通加工、包装、信息处理等物流诸要素有机结合起来，借助现代物流设施和技术及信息、通讯等技术使子系统协调运作，实现客户以较少成本快速、安全交付货物的要求，同时能够为客户提供物流系统设计、运营、物流计划、物流管理及咨询等延伸服务，达到帮助顾客使自身物流要素趋向完备、物流系统化的目的。

（5）第三方物流是个性化或客户定制化服务。尽管第三方物流服务是由社会化的物流企业来提供的，面向社会经济活动中的生产、销售企业，但其服务对象相对来说都比较少，只有数家甚至一家。这是因为需求方的业务流程各不相同，而物流、信息流是随价值流流动的，第三方物流企业需要按照客户要求进行投资，按客户的业务流程来确定和调整服务方案，针对特定的顾客设计合适的物流服务，以满足不同客户的不同需求。这也表明物流服务从"产品推销"（Sales）阶段发展到了"市场营销"（Marketing）阶段。

11.3 宝洁公司成功应用第三方物流

美国宝洁公司是世界最大的日用消费品生产企业。1992 年，宝洁公司进入中国市场，并在广东地区建立了大型生产基地。对于刚刚进入中国市场的宝洁公司，产品能否及时、快速地运送到全国各地是其能否迅速抢占中国市场的重要环节。宝洁公司为了节省运输成本，在公路运输之外，寻求铁路解决方案，具有运输物流服务需求。

一、背景分析

作为日用产品生产商，宝洁公司的物流服务需求对响应时间、服务可靠性以及质量保护体系具有很高的要求。根据物流服务需求和服务要求，进入宝洁公司视野的物流企业主要有两类：占据物流行业主导地位的国有企业和民营储运企业。经过调查评估，宝洁公司认为当时国有物流企业业务单一，要么只管仓库储存，要么只负责联系铁路运输，而且储存的仓库设备落后,质量保护体系不完善,运输中信息技术落后,员工缺乏服务意识,响应时间和服务可靠性得不到保证。于是,宝洁公司把目光投向了民营储运企业。

二、实施方案

在筛选第三方物流企业时,宝洁公司发现宝供承包铁路货运转运站,以"质量第一、顾客至上、24小时服务"的经营特色,提供"门到门"的服务。于是,宝洁公司将物流需求建议书提交给宝供,对宝供的物流能力和服务水平进行试探性考察。

围绕着宝洁公司的物流需求,宝供设计了业务流程和发展方向,制定严格的流程管理制度,对宝洁公司产品"呵护倍至",达到了宝洁公司的要求,同时宝供长期良好合作的愿望以及认真负责的合作态度,受到了宝洁公司的欢迎,使得宝供顺利通过了考察。宝洁公司最终选择了宝供作为自己的合作伙伴,双方签订了铁路运输的总代理合同,开始了正式的合作。

在实施第三方物流服务过程中,宝供针对宝洁公司的物流服务需求,建立遍布全国的物流运作网络,为宝洁公司提供全过程的增值服务,在运输过程中保证货物按照同样的操作方法、模式和标准来操作,将货物运送到目的地后,由受过专门统一培训的宝供储运的员工进行接货、卸货、运货,为宝洁公司提供门到门的"一条龙"服务,并按照严格的GMP质量管理标准和SOP运作管理程序,将宝洁公司的产品快速、准确、及时地送到全国各地的销售网点。双方的初步合作取得了相当好的成效,宝供帮助宝洁公司在一年内节省成本达600万美元,宝洁公司高质量、高标准的物流服务需求也极大提高了宝供的服务水平。

随着宝洁公司在中国业务的增长,仓库存储需求大幅度增加,宝供良好的运作绩效得到了宝洁公司的认同,进一步外包其仓储业务给宝供。针对宝洁公司的物流需求,宝供规划设计和实施物流管理系统,优化业务流程,整合物流供应链,以"量身定做、一体化运作、个性化服务"模式满足宝洁公司的个性化需求,提高物流的可靠性,降低物流总成本。在双方合作关系推动下,宝供建立高水准的信息技术系统以帮助管理和提供全面、有效的信息平台,实现仓储、运输等关键物流信息的实时网上跟踪,实现与宝洁公司电子数据的无缝衔接,使宝洁公司和宝供作业流程与信息有效整合,从而使物流更加高效化、合理化、系统化。宝供严格和高质量的物流服务,极大地降低了宝洁公司的物流成本,缩短订单周期和运输时间,提高了宝洁公司的客户服务水平;而宝洁公司促使宝供的物流服务水平不断提升,成为当今国内领先的第三方物流企业。

宝洁公司针对自身需求选择宝供作为第三方物流服务提供商，开展了合作伙伴关系，在这种合作模式下，实现了"双赢"的目标。在物流市场需求日益增长和国际国内激烈的市场竞争环境下，宝洁公司应用第三方物流的成功，将为中国工商企业采购第三方物流服务、选择物流服务提供商树立标杆。

（来源：物流天下网，http://www.56885.net，2008-3-31）

案例分析

第三方物流企业能降低物流成本，缩短订单周期和运输时间，改善客户响应能力；也能为客户创造价值。工商企业选择合适的第三方物流服务提供商，首先需要准确界定自身的物流需求，然后选择能够满足企业需求和目标的提供商，最后对提供商进行关系管理和绩效评估。企业应用第三方物流在改善服务绩效的同时，能显著降低物流总成本。

第三方物流之所以能够发挥如此重要的作用，是因为其具有以下的优势：

（1）集中主业。企业能够实现资源优化配置，将有限的人力、财力集中于核心业务，进行重点研究，发展基本技术，开发出新产品参与市场竞争。

（2）节省费用，减少资本积压。专业的第三方物流提供者利用规模生产的专业优势和成本优势，通过提高各环节能力的利用率实现费用节省，使企业能从分离费用结构中获益。根据对工业用车的调查结果，企业解散自有车队而代之以公共运输服务的主要原因就是为了减少固定费用，这不仅包括购买车辆的投资，还包括和车间仓库、发货设施、包装器械以及员工有关的开支。

（3）减少库存。企业不能承担多种原料和产品库存的无限增长，尤其是高价值的部件要被及时送往装配点，实现零库存，以保证库存的最小量。第三方物流提供者借助精心策划的物流计划和适时运送手段，最大限度地减少库存，改善了企业的现金流量，实现成本优势。

（4）提升企业形象。第三方物流提供者是物流专家，他们利用完备的设施和训练有素的员工对整个供应链实现完全的控制，减少物流的复杂性；他们通过遍布全球的运送网络和服务提供者（分承包方）大大缩短了交货期，帮助顾客改进服务，树立自己的品牌形象。第三方物流提供者通过"量体裁衣"式的设计，制订出以顾客为导向、低成本高效率的物流方案，使顾客在同行者中脱颖而出，为企业在竞争中取胜创造了有利条件。

（5）有利于提高企业经营效率。首先，可以使企业专心致志地从事自己所熟悉的业务，将资源配置在核心事业上。其次，第三方物流企业作为专门从事物流工作的行家里手具有丰富的专业知识和经验，有利于提高货主企业的物流水平。第三方物流企业是面向社会众多企业提供物流服务，可以站在比单一企业更高的角度、在更大范围扩大优势。第三方物流企业通过其掌握的物流系统开发设计能力、信息技术能力，成为建立企业间物流系统网络的组织者，完成个别企业，特别是中小企业所无法实现的工作。

11.4 冠生园集团的物流外包

冠生园集团是国内唯一一家拥有"冠生园"、"大白兔"两个驰名商标的老字号食品集团。近几年该集团生产的糖果、蜂制品系列、酒类、冷冻微波食品、面制品、海鲜等新产品市场需求逐步增加，集团生产的食品总计达到了2000多个品种，其中糖果销售近4亿元。市场需求增大了，但运输配送却跟不上。集团拥有的货运车辆近100辆，要承担上海市3000多家大小超市和门店的配送，还有北京、太原、深圳等地的运输。由于长期计划经济体制造成运输配送效率低下，出现淡季运力空放，旺季忙不过来的现象，加上车辆的维修更新，每年维持车队运行的成本费用要上百万元。为此集团专门召开会议，研究如何改革运输体制，降低企业成本。

冠生园集团作为在上海市拥有3000多家网点并经营市外运输的大型生产企业，物流管理工作是十分重要的一项。他们通过采用第三方物流，克服了自己的搞运输配送带来的弊端，加快了产品流通速度，增强了企业的效益，使冠生园集团产品更多、更快地进入了千家万户。

2002年初，冠生园集团下属合资企业达能饼干公司率先做出探索，将公司产品配送运输全部交给第三方物流。物流外包实施之后，不仅配送准时准点，而且费用要比自己搞节省许多。达能公司把节约下来的资金投入到开发新品与改进包装上，使企业又上了一个新台阶。为此，集团销售部门专门组织各企业到达能公司去学习，决定在集团系统推广达能公司的做法。经过选择比较，集团委托上海虹鑫物流有限公司作为第三方物流机构。

虹鑫物流与冠生园签约后，通过集约化配送，极大地提高了效率。每天一早，他们在电脑上输入冠生园相关的配送数据，制订出货最佳搭配装车作业图，安排准时、合理的车流路线，绝不让车辆走回头路。货物不管多少，就是二三箱也送。此外按照签约要求，遇到货物损坏，按规定赔偿。一次，整整一车糖果在运往河北途中翻入河中，司机掏出5万元，将掉入河中损耗的糖果全部"买下"做赔。

据统计，冠生园集团自2003年8月起委托第三方物流以来，产品的流通速度加快，原来铁路运输发往北京的货途中需7天，现在虹鑫物流运输只需2~3天,而且实行的是门对门的配送服务。由于第三方物流配送及时周到、保质保量,使商品的流通速度加快,使集团的销售额有了较大增长。此外,更重要的是能使企业的领导从非生产性的后道工序,包装、运输中解脱出来,集中精力抓好生产这个产业,完好地开发新品、提高质量、改进包装。

第三方物流机构能为企业节约物流成本,提高物流效率,这已被越来越多的企业,物品是中小企业所认识。据悉,美国波士顿东北大学供应链管理系统调查,2004年《财富》500强中的企业有六成半都使用了第三方物流服务。在欧洲,很多仓储和运输业务也都是由第三方物流来完成。

作为老字号企业的冠生园集团,产品规格品种多、市场辐射面大,靠自己配送运输成本高、浪费大。为此,集团实行物流外包战略。签约虹鑫公司,搞门对门物流配送。结果5个月就节约了40万元的费用,产品流通速度加快,销售额和利润有了较大增长。

按照供应链的理论来说,当今企业之间的竞争实际上是供应链之间的竞争,企业之间的产品、规模,谁的成本低、流通速度快,谁就能更快赢得市场,因此,物流外包充分利用外部资源,也是当今增强企业核心竞争力的一个有效的举措。

(来源:中国物流与采购网,http://www.chinawuliu.com.cn,2006-12-21)

案例分析

第三方物流系统(3PL)是一种实现物流供应链集成的有效方法和策略,它通过协调企业之间的物流运输和提供后勤服务,把企业的物流业务外包给专门的物流管理部门来承担,特别是一些特殊的物流运输业务。通过外包给第三方物流承包者,企业能够把时间和精力放在自己的核心业务上,提高了供应链管理和运作的效率。

传统的对外委托形态只是将企业物流活动的一部分,主要是物流作业活动,如货物运输、货物保管交由外部的物流企业去做,而库存管理、物流系统设计等物流管理活动以及一部分企业内物流活动仍然保留在本企业。物流企业是站在自己物流业务经营的角度,被动地接受货主企业的业务委托,以费用加利润的方式定价,收取服务费。

第三方物流企业则是站在货主的立场上,以货主企业的物流合理化为设计物流系统运营的目标。而且,第三方物流企业不一定要有物流作业能力,也就是说可以没有物流设施和运输工具,不直接从事运输、保管等作业活动,只是负责物流系统设计并对物流系统经营承担责任,具体的作业活动可以再采取对外委托的方式由专业的运输、仓库企业等去完成。第三方物流企业的经营效益直接同货主企业的物流效率、物流服务水平以及物流效果紧密联系在一起。第三方物流与传统物流的区别见表11-1。

表 11-1 第三方物流与传统物流的区别

功能要素	第三方物流	传统物流
合约关系	一对多	一对一
法人构成	数量少（对用户）	数量多（对用户）
业务关系	一对一	多对一
服务功能	多功能	单功能
物流成本	较低	较高
增值服务	较多	较少
质量控制	难	易
运营风险	大	小
供应链因素	多	少

第三方物流管理是通过物流管理组织对整个物流活动进行的有计划、有组织的控制工作。主要内容包括物流合同管理、物流能力管理、物流设备管理、物流安全管理、物流费用管理、物流信息管理等。

11.5 美国通用汽车公司的物流业务外包

美国通用汽车在美国的14个州中，大约有400个供应商负责把各自的产品送到30个装配工厂进行组装，由于卡车满载率很低，使得库存和配送成本急剧上升，为了降低成本，改进内部物流管理，提高信息处理能力，委托Penske专业物流公司为它提供第三方物流服务。

调查了解半成品的配送路线之后，Penske公司建议通用汽车公司在克利夫兰使用一家有战略意义的配送中心，配送中心负责接受、处理、组配半成品，由Penske派员工管理，同时Penske也提供60辆卡车和72辆拖车，除此之外，还通过EOI系统帮助通用汽车公司调度供应商的运输车辆以便实现JIT送货，为此，Penske设计了一套最优送货路线，增加供应商的送货频率，减少库存水平，改进外部物流活动，运用全球卫星定位技术，使供应商随时了解行驶中的送货车辆的方位。与此同时，Penske通过在配送中心组配半成品后，对装配工厂实施共同配送的方式，既降低卡车空载率，也减少通用汽车公司的运输车辆，只保留了一些对 Penske 所提供的车队有必要补充作用的车辆，这样也减少了通用汽车公司的运输单据处理费用。

另外，美国通用汽车公司选择目前国际上最大的第三方物流公司 Ryder 负责其土星和凯迪拉克两个事业部的全部物流业务，选择 Allied Holdings 负责北美陆上车辆运输任务，选择 APL 公司、WWL 公司负责产品的洲际运输。

  案例分析

现代企业的竞争更多地表现为核心业务能力的竞争，制造企业将非核心业务外包，可以实现经济上的双赢。本案例中，第三方物流提供者借助精心策划的物流计划和适时运送手段，不仅可以提供更专业的服务，还可以实现规模经济所带来的低成本和高效率。而通用公司通过物流外包，降低物流成本的同时也使企业更专注于核心业务，提高了企业的竞争力。

现代意义上的第三方物流是一个约有 10～15 年历史的行业。在美国，第三方物流业被认为尚处于产品生命周期的发展期；在欧洲，尤其在英国，普遍认为第三方物流市场有一定的成熟程度。欧洲目前使用第三方物流服务的比例约为 76%，美国约为 58%，且其需求仍在增长。研究表明，欧洲 24% 和美国 33% 的非第三方物流服务用户正积极考虑使用第三方物流服务；欧洲 62% 和美国 72% 的第三方物流服务用户认为他们有可能在 3 年内增加对第三方物流服务的运用。一些行业观察家已对市场的规模作出估计，整个美国第三方物流业有相当于 4200 亿美元的市场规模，欧洲最近的潜在物流市场的规模估计约为 9500 亿美元。

由此可见，全世界的第三方物流市场具有潜力大、渐进性和高增长率的特征。这种状况使第三方物流业拥有大量服务提供者，大多数第三方物流服务公司是从传统的"内物流业"为起点而发展起来的，如仓储业、运输业、空运、海运、货运代理和企业内的物流部等，他们根据顾客的不同需要，通过提供各具特色的服务取得成功。美国目前有几百家第三方物流供应商，其中大多数公司开始时并不是第三方物流服务公司，而是逐渐发展进入该行业的。第三方物流的服务内容现在大都集中于传统意义上的运输、仓储范畴之内，运输、仓储企业对这些服务内容有着比较深刻的理解，对每个单项的服务内容都有一定的经验，关键是如何将这些单项的服务内容有机地组合起来，提供物流运输的整体方案。

在西方发达国家第三方物流的实践中，有以下几点值得注意。第一，物流业务的范围不断扩大。商业机构和各大公司面对日趋激烈的竞争不得不将主要精力放在核心业务，将运输、仓储等相关业务环节交由更专业的物流企业进行操作，以求节约和高效；另一方面物流企业为提高服务质量，也在不断拓宽业务范围，提供配套服务。第二，很多成功的物流企业根据第一方、第二方的谈判条款，分析比较自理的操作成本和代理费用，灵活运用自理和代理两种方式，提供客户定制的物流服务。第三，物流产业的发展潜力巨大，具有广阔的发展前景。

11.6 某箱包企业的物流管理

一家销售额近 6000 万元的箱包企业工厂总部位于北京，全国有九家分公司，距北京平均距离 1200 公里。10 家城市均摊，月均 50 万元销售额。设标准包装箱为 45cm×33cm×60cm，约 0.09 立方米，15 千克，每箱 30 只。平均计价 144 元／只，每箱货值 0.432 万元。每城市每月销售 126 箱，约 11.34 立方米。计费吨数为 3.4 吨。设该公司于每城市有 100 家销售网点，每个网点销售 1.26 箱，计 0.5 万元／家，约 38 只箱包。送货 3800 只／月／城，10 城市总送货 38000 只，全年送货 45.6 万只。设每家销售网点布货品种 20 种，30% 为畅销品占销量的 70%，即 6 种箱包的每月的送货量为 26 只，其余 14 种每月送货量为 12 只，分 3 次送完。记每城市每月送货 300 次，10 城市送货 3000 次，全年送货 3.6 万次。该公司的物流比率为 1.8%。

该箱包企业为了完成原料采购和产品分销的等物流功能可以有两种选择：采用第三方物流和企业自营物流。企业自行承担物流功能需要车辆、仓库、办公用房等固定资产占用，要负担相应的维修及折旧费用，要负担有关人员的工资及奖金费用，年物流费用为 277 万元，约占销售额的 4.62%。而采用委托第三方，采购全套物流服务，所需物流费用为 200 万元，约占销售额的 3.33%。

由此可见，利用第三方物流服务比本公司自营节省可见成本 28%。实践证明，采用第三方物流服务可为公司解决以下烦恼：降低物流成本；扩大公司业务能力；集中精力，强化主业；缩短出货至交货时间；增加车辆效率和减少油耗费用；彻底实施品质管理。

案例分析

在竞争激烈的市场上，降低成本、提高利润率往往是企业追求的首选目标。箱包企业通过采用第三方物流，一方面解决了本企业资源有限的问题，更专注于核心业务的发展；更重要的是使企业得到更加专业化的服务，从而降低营运成本，提高服务质量。

第三方物流实现了现代物流的诸多功能,并且有着良好的发展趋势。

(1) 实现规模化经营。在激烈的市场竞争中,第三方物流要想取得生存、发展,只有具备一定的规模和实力,才能有资信保证,才能取信于人,才能提供全方位的服务,才能降低成本,才能对客户需求有较快的反应能力,实现规模效益。

(2) 物流功能多元化。传统的物流管理只局限于运输、仓储和市内配送,服务项目比较单一,不能完全满足客户的需求,要想在竞争中求得生存、发展,服务项目必须从单一功能服务转向全方位物流服务。在原有服务项目基础上发展货物集运、条码标签、延后服务、订单执行、货运付费、零件成套、退货、更换修理、咨询服务及售后服务等服务,满足不同客户的需求,取得竞争优势。

(3) 第三方物流成为物流集成商。任何一个客户都希望用一个计算机接口,一个联系界面,一份合同,一份集单,就能解决所有问题,客户把有关的物流业务交给第三方物流企业全权代理,这样迫使第三方物流公司与其他物流公司建立联盟合作关系,提高了作业效率,降低了成本,扩大了业务服务范围,保证了物流服务质量。

(4) 优秀管理团队的建设。物流技术是不断发展的,第三方物流企业在运用物流技术的过程中要不断地创新和发展,同时现代的第三方物流要求有高素质的管理团队与之相适应。他们应该在为顾客提供最满意的服务方面达成共识,树立与顾客达到共赢而不是零和博弈的思想。

11.7 宝供集团发展第三方物流的做法

宝供物流企业集团有限公司创建于1994年,总部设于广州,1999年经国家工商总局批准,成为国内第一家以物流名称注册的企业集团。目前已在全国46个城市建立了7个分公司、48个办事处,形成了一个覆盖全国,并向美国、澳大利亚、泰国、中国香港等地延伸的物流运作网络。企业拥有先进的物流信息平台,为全球500强中50多家大型跨国企业及国内一批大型制造企业提供物流服务,是当今国内领先的第三方物流企业。

宝供集团业务范围包括物流规划、货物运输、分销配送、储存、信息处理、流通加工、国际货代、增值服务等一系列专业物流服务。

一、不断创新经营理念,促进物流经营的现代化

现代物流业是一门新兴产业,现代物流不同于传统意义上的仓库、运

输,而是集各种现代高科技手段、网络信息通信技术以满足客户的需要建立起来的供应链一体化物流服务。

因此,宝供集团自成立之日起,就不断汲取国外先进物流理念,大胆探索和创新。集团成立初期,基于对市场的敏锐观察和分析,率先打破传统的分块经营、多头负责的储运模式,建立门对门的物流服务方式。从生产中心到销售末端,无论中间经过多少环节,采用多少运输方式,一概实施全过程负责。集团首先采用这种方式为宝洁公司服务,使宝洁公司在中国的分销业务得以顺利开展,市场不断扩大,收到了良好的经济效益和社会效益。

1994年起至今,随着客户分销网络的拓展,宝供集团逐渐建立起覆盖全国的分支机构体系,并向境外延伸,形成了国内第一个覆盖全国、提供物流全过程服务的物流运作网络,业务蒸蒸日上,声誉不断提高。在为客户提供服务的过程中,宝供集团始终秉承"为客户创造价值"的经营理念,不断优化客户服务模式、提高服务质量、降低物流成本。从2000年至今,宝供已先后完成了红牛、联合利华、飞利浦、TCL等客户的物流系统整合优化,使客户分销中心数量、库存水平明显降低,服务质量也得到了很大改善,创造了巨大的整合价值。2000年起宝供参与了TCL的物流系统的改造,在广泛调研的基础上提出了改进方案,该方案的实施使TCL每年节省大量的物流费用。宝供在为飞利浦公司提供的两年多的服务时间里,通过信息技术的运用和运作模式的改变,使其从几十万台的电视机库存下降到几万台,利润直线上升。1997年,宝供集团建成国内第一个INTERNET(国际互联网络)/INTRANET(企业内部互联网络)的物流信息系统,在与客户进行电子数据交换方面取得重大突破,并在此基础上,实现了企业间物流、资金流、信息流的流程整合,优化了客户供应链,标志着第三方物流服务供应链体系的形成。

二、充分发挥第三方物流服务的优势,增强企业的市场竞争力

所谓第三方物流服务,是指相对于生产、消费的"第三方"为生产和消费双方提供的专业化的物流服务。宝供集团第三方物流经营模式,是以市场需求为导向,物流系统优化为基础,信息技术和管理技术为手段,推动资源的合理配置和社会优势资源的整合,构筑完整的综合价值链,为客户提供一体化、专业化、全过程的物流服务。

主要服务内容:一是物流策划,包括物流规划与模式设计;二是物流运作管理,包括运输、仓储、装卸、包装、分拣和理货等管理;三是物流信息,包括信息系统规划、信息技术支持、信息管理,为公司和客户双方监控

物流过程提供实时、准确的信息服务。

宝供集团计划在全国沿海以及内地重要城市兴建十五个面积在20万至60万平方米的高效、大型现代化物流基地，建成后的物流基地不仅仅是现代化的储存、运输、分拨、配送、多种运输交叉作业的中心，同时也是加工增值服务中心、商品展示中心、贸易集散中心、金融结算中心、信息枢纽及发布中心，并提供"一关三检"、物流科研培训服务，为生产制造及流通产品、进出口产品提供全球供应链一体化的服务。

三、建立先进的物流信息系统和运作网络，不断提高物流服务效率

采用信息网络技术，构建现代物流业体系发达的神经系统，是提高物流服务效率的重要保障。宝供集团从1997年开始，累计投了数千万元资金、建设了基于INTERNET/INTRANET的功能强大的物流信息管理系统，实现对全国各地物流运作信息实时动态的跟踪管理，确保信息处理的及时性、准确性和有效性。这个系统也向客户开放，客户可通过INTERNET或其它网络方式，利用该系统实时了解自己货物的运作信息，确保对货物的有效管理控制。

2001年，借助VPN平台、XML技术，宝供集团实现了与飞利浦、宝洁、红牛等客户电子数据的无缝链接，全面代替了传真、输单等手工操作，摆脱了落后的手工对账方法，而代之以利用数据库、网络传递等计算机辅助手段来实现数据的核对、归类、整理，极大地提高了工作效率。这一技术的采用，给客户的库存管理提供了很大便利，也促使形成了一种新的管理模式，促进了客户成品管理水平的提高。宝供集团这套信息化应用系统被英特尔公司誉为目前国际上先进的物流信息系统，也是全国最早以信息服务驱动提供物流全面解决方案的第三方专业物流公司。

TOMS（全面订单管理系统）与WMS（仓库管理系统）的采用使整个运作过程更加可视化、可控化，最终实现物流信息在一个高效系统内闭环管理。同时，宝供集团建立了覆盖全国的物流运作网络，从根本上改变了传统储运存货、接货、发货、送货多头负责、责任相互推诿以及多环节、高费用、低效率、难以监控的被动局面，确保了面向客户一致性、一体化的全程服务，实现了对物流运作网络的集中监控管理。物流运作网络的建立为大型制造企业在全国范围内的分销提供了高效、可控、透明的物流支持体系，是促进制造业企业拓展市场，提高资源利用率、降低成本的有效途径。建立规范的操作程序，是提高服务效率和质量的重要保证。宝供集团的整个物流运作自始至终处于严密的质量跟踪及控制之下，确保了物流服务的可靠性、稳

定性和准确性。2004年，宝供集团的货物运作可靠性达到98%，运输残损率为万分之一，远远优于国家有关货物运输标准。

四、宝供未来的发展目标和战略

（1）发展目标

成为国际上较具影响的中国第三方物流企业。运作和管理达到国际先进水平。

（2）宝供的战略

① 供应链一体化发展战略。基于对未来市场变化的判断，宝供集团决定在未来的三至五年间，投入较大的资源，通过与铁路、航空、港口等社会机构的合作，致力于形成包括供应链物流、快运业务、流通配送为主体的三大物流体系和服务网络，以提升宝供集团的整体竞争力和企业价值。

② 网络战略。为了更好地适应市场发展以及客户的需求，发挥宝供全国运作网络的作用，提高物流运作水平，宝供集团拟在全国20条主要干线构造一个安全、稳定、准时、可靠的快速通道，最后将形成一个快速的干线运输网络；在全国10个主要城市开展深度分销配送业务，构建一个B2B，B2C的运作网络，形成一个以干线运输（大动脉）和区域配送（血管）和城市配送（毛细血管）三级连动的运输配送体系。

③ 基地战略。为适应中国加入WTO所带来的机遇以及生产模式、营销模式的变化，宝供集团拟在全国15个经济发达城市投资建设大型现代化的基于支持全球供应链一体化的综合性物流服务平台（每个服务平台占地面积20万～60万平方米），形成一个以现代化物流服务平台为节点的运作网络。

④ 科技战略。为了更好地服务于客户，向客户提供更多、更好、更快的物流服务，促使物流生产模式由人力密集型向技术密集型转变，不断提高运作效率和管理水平，宝供加大了技术开发力度，以科技促发展，逐步提高公司的技术水平。宝供不仅加大力度完善、提升宝供现有物流信息管理系统的服务能力，还也与全球著名的IBM公司签订有关引进国外先进信息技术的合同，以及共同联手打造一个基于支持全球供应链一体化的信息服务平台；同时，还将引进国外先进成熟的适应中国物流状况的部分信息系统和软硬件技术，也将引进国外先进的运作设备及运作技术。

⑤ 人才战略。宝供将坚定不移地推行自己的人才战略，从国外、国内各方面吸收优秀人才充实到公司各岗位。宝供在吸纳人才的同时，将更加注重对他们的培养，不断完善自身的培训机制，为公司参与未来的全球竞争奠定基础。

（来源：物流天下，http://www.56885.net）

案例分析

宝供集团第三方物流经营模式，是以市场需求为导向，物流系统优化为基础，信息技术和管理技术为手段，为自己的客户提供仓储、配送、信息管理、订单管理等一体化、专业化、全过程的物流服务，在整个供应链管理过程中起着至关重要的作用。

在关注第三方物流快速发展的同时，值得注意的是，第四方物流正在兴起。近年来，在现代物流的基础上，衍生出了一种新型社会化物流形式——第四方物流（FPL）。在这种模式下，专业物流公司依靠复杂的信息技术与客户的制造、分销、数据进行在线连接，对客户的供应链业务从事专业化管理。第四方物流不仅对特定物流活动进行控制和管理，而且对整个物流过程提出策划方案，并通过电子商务将这个过程集成起来。这种新业态的出现可以有效地实现对企业供应链的全方位管理，使物流企业与客户之间的战略伙伴关系得以有效建立和稳固。

著名的管理咨询公司埃森哲公司首先提出第四方物流的概念。埃森哲认为："第四方物流供应商是一个供应链的集成商，它对公司内部和具有互补性的服务供应商所拥有的不同资源、能力和技术进行整合和管理，提供一整套供应链解决方案。"它的主要作用是：对制造企业或分销企业的供应链进行监控，在客户和物流信息供应商之间充当唯一"联系人"的角色。同时，我们还可以从这个定义中看出，第四方物流是有领导力量的物流提供商，它通过提高整个供应链的影响力，提供综合的供应链解决方案，为其顾客带来更大的价值。显然，第四方物流是在解决企业物流的基础上，整合社会资源，解决物流信息充分共享、社会物流资源充分利用的问题。

第四方物流（Fourth Party Logistics）是一个供应链集成商，它调集和管理组织自己的以及具有互补的服务提供商的资源、能力和技术，以提供一个综合的供应链解决方案。第四方物流不仅控制和管理特定的物流服务，而且对整个物流过程提出策划方案，并通过电子商务这个过程集成起来。第四方物流可以使迅速、高质量、低成本的产品运送服务得以实现。

综上所述，第四方物流是比第三方物流更进一步的物流服务形态，它是从整个供应链的角度出发，为整个供应链提供物流解决方案。而在物流服务上，第四方物流与第三方物流应该互补合作，达到物流成本的最小化。通过对第四方物流概念的分析可以发现，第四方物流集成了管理咨询和第三方物流服务商的能力，它为客户提供一整套完善的供应链解决方案。

第12章 现代物流的发展趋势

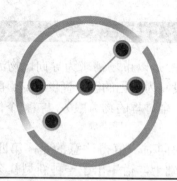

12.1 三个国家的绿色物流对比

一、德国

船舶运输是贝克啤酒出口业务的最重要运输方式。贝克啤酒厂毗邻德国不来梅港,是其采取海运的最大优势。凭借全自动化设备,标准集装箱可在8分钟内罐满啤酒,15分钟内完成一切发运手续。每年,贝克啤酒通过海运方式发往美国一地的啤酒就达9000TEU(为货柜容量的计算基础)。之所以选择铁路运输和海运方式,贝克啤酒解释为两个字——环保。欧洲乃至世界范围陆运运输的堵塞和污染日益严重,贝克啤酒选择环保的方式不仅节约了运输成本,还为自己贴上了环保的金色印记。

二、日本

日本地下物流技术在相对人口集中、国土狭小的日本得到了广泛的关注。2000年,日本将地下物流技术列为未来10年政府重点研发的高新技术领域之一,主要致力于研究开通物流专用隧道并实现网络化,建立集散中心,形成地下物流系统。日本建设厅的公共设施研究院对东京的地下物流系统进行了二十多年的研究,研究内容涉及了东京地区地下物流系统的交通模拟、经济环境因素的作用分析以及地下物流系统的构建方式等诸多方面。拟建系统地下通道总长度达到 201 公里，设有 106 个仓储设施，通过这些设施可以将地下物流系统与地上物流系统连接起来。系统建成之后能承担整个东京地区将近 36% 的货运，地面车辆运行速度提高 30% 左右；运输网络分析结果显示每天将会有超过 32 万辆的车辆使用该系统，成本效益分析预计系统每年的总收益能达到 12 亿日元，其中包括降低车辆运行成本、行驶时间和事故发生率以及减少二氧化碳和氮化物的排放量带来的综合效益。该系统规模大、涵盖范围广，它的优点在于综合运用各学科知识，并与地理信息系统（GIS）紧密结合，前期研究深入、透彻，保证了地下物流系统的高效率、高质量、高经济效益以及高社会效益。

三、荷兰

建立专业的地下物流系统是荷兰发展城市地下物流系统的显著特点。在荷兰首都阿姆斯特丹有着世界上最大的花卉供应市场，往返在机场和花卉市场的货物供应与配送完全依靠公路，对于一些时间性很高的货物（如空运货物、鲜花、水果等），拥挤的公路交通将是巨大的威胁，供应和配送的滞期会严重影响货物的质量（鲜花耽搁 1 天贬值 15%）因此，人们计划在机场和花卉市场之间建立一个专业的地下物流系统，整个花卉的运输过程全部在地下进行，只在目的地才露出地面，以期达到快捷、安全的运输效果。它的特点是服务对象明确，针对性强，因此要求系统设计、构建和运行等过程必须全部按照货物质量要求的标准来规划；其局限性在于建造费用高，工程量大。

（来源：中国物流与采购网，http://www.chinawuliu.com.cn，2008-09-26）

案例分析

物流在促进列了经济发展的同时，也会给城市环境带来负面的影响。因此，21 世纪对物流提出了新的要求，即绿色物流。实施绿色物流的核心是理念，先进的物流技术是保障。借鉴其他国家的成功经验，系统设计并发展我国的绿色物流，对于我国经济的可持续发展具有非常重要的意义。

绿色物流（Environmental Logistics）是指在物流过程中抑制物流对环境造成危害的同时，实现对物流环境的净化，使物流资源得到最充分利用。绿色物流也是一种以降低对环境的污染、减少资源消耗为目标，利用先进物流技术，规划和实施的运输、储存、包装、装卸、流通加工等物流活动。

绿色物流是经济可持续发展的必然结果，对社会经济的不断发展和人类生活质量的提高具有重要意义，物流企业必须将其经营战略与环境保护有机联系起来，而且要有整个供应链上的企业协同建立广泛的废弃物物流。

绿色物流是以经济学一般原理为基础，建立在可持续发展理论、生态经济学理论、生态伦理学理论、外部成本内部化理论和物流绩效评估的基础上的物流科学发展观。它包括物流作业环节和物流管理全过程的绿色化。从物流作业环节来看，包括绿色运输、绿色包装、绿色流通加工等。从物流管理过程来看，主要是从环境保护和节约资源的目标出发，改进物流体系，既要考虑正向物流环节的绿色化，又要考虑供应链上的逆向物流体系的绿色化。绿色物流的最终目标是可持续性发展，实现该目标的准则是经济利益、社会利益和环境利益的统一。集约资源是绿色物流的本质内容，也是物流业发展的主要指导思想之一。通过整合现有资源，优化资源配置，企业可以提高资源利用率，减少资源浪费。

12.2 让公路水路走上"环保路"

6月的天津港晴空万里，阵阵海风袭来。在北方多风干燥的春夏之季，记者来到天津港南疆港区，这里的散货物流中心是目前国内最大的煤炭集散中心。

散货物流中心货场内堆放了数堆十几米高的大煤垛，在六七级风力下，煤垛上却煤尘不起。"扬尘控制主要是依靠覆盖膜技术，这种方法已经在天津港得到有效应用。"天津港环保中心负责人介绍说，"另外，通过使用污水循环水进行作业同步喷淋，也能有效防止扬尘。"目前，长3000米、高9米的南疆防风网墙正在建设之中。

港口环保建设只是交通环保的一个缩影。目前，交通环保已经深入公路、水路建设和运营的各个环节，基本形成了较为完善的机构体系、法规标准体系、环境监测和环保科研体系等。

"三十多年来，交通环保已经发展成为了覆盖公路、水路各方面的综合环保体系。"原交通部环境保护中心主任高洁说，"每年公路、水路环境保护投资占当年交通建设总投资的1.5%，2006年达100亿元左右。"

交通环保已经成为行业共识。2006年交通部召开了建设创新型交通行业工作会议，特别强调了要坚持交通与自然的和谐发展，建设资源节约型、环境友好型交通行业。交通部部长李盛霖提出，到"十一五"末，我国每亿车公里公路用地面积将力争与2005年相比下降20%，沿海港口每万吨吞吐量占用码头泊位长度下降25%，营运车辆、船舶百吨公里能耗下降20%。2007年全国交通工作会议再次强调加快推进"资源节约型、环境友好型交通行业"。

公路环保理念从当初的"先破坏后恢复"已发展到坚持预防为主，管治结合，谁污染谁治理，谁开发谁保护。交通部门提出了"不破坏就是最好的保护，在设计上最大限度地保护生态环境，在施工中最小程度地破坏和最大限度地恢复生态环境"的交通建设新理念。

在水运方面，我国在大连、天津、上海、宁波、广州等港口，先后建立了一批先进的油污水、生活污水、化学废水、垃圾接收处理等污染处理设施，大大提高了港口污染处理能力。每年港口接收处理船舶油污水400余万吨，回收污油3万多吨。

截至2006年底，我国公路通车总里程达348万公里。公路建设过程中的环保对交通环保至关重要，涉及生态环境保护、水土保持、污染防治等方面。交通行业不断进行技术创新，利用工业固体废料作为筑路材料。据统计，公路建设使用粉煤灰2亿多吨，节省粉煤灰占地5万亩，节约取土占地25万亩。

随着航运业的迅速发展，全国各港口散装油类和危险品运输吞吐量日益增长，并呈现油轮运输大型化、液态化学品运输散装化等特点，发生重大突发性污染事故的风险不断加剧。而且一旦发生就将对附近水域、滩涂和岸线造成严重污染。据统计，1973～2006年，我国沿海共发生溢油50吨以上的重大船舶溢油事故达69起，总溢油量就达37000多吨。

参照国际标准，我国正在加大船舶油污损害赔偿机制建设，建立船舶油污强制保险制度，以提高船舶污染事故赔付能力，同时发起建立国家油污基金，对船舶油污强制保险制度进行补充。"油污强制保险和油污基金制度的建立，将使我国船舶污染受害人的权益受到更好的保护。"高洁说。

（来源：人民网，《人民日报》，欧阳洁，2007-06-04）

案例分析

公路环保理念从当初的"先破坏后恢复"已发展到坚持预防为主，管治结合，谁污染谁治理，谁开发谁保护。全面落实交通环保的理念，可以避免走"先污染再治理"的教训，是保障我国经济可持续发展的重要举措。

应该看到，我国在绿色物流发展上还存在一定差距，主要表现如下。(1) 观念上的差距。一方面，有些决策者的观念仍未转变，绿色物流的思想还没确立，缺乏发展的前瞻性，与时代的步伐存在差距；另一方面，经营者和消费者对域外物流绿色经营消费理念仍非常淡薄，绿色物流的思想几乎为零。(2) 政策性的差距。尽管我国自20世纪90年代以来，也一直在致力于环境污染方面的政策和法规的制定和颁布，但针对物流行业的还不是很多。同时，由于物流涉及的有关行业、部门、系统过多，而这些部门又都自成体系、独立运作，因此，打破地区、部门和行业的局限，按照大流通、绿色化的思路来进行全国的物流规划整体设计，是我国发展物流在政策性问题上必须正视的大事情。(3)技术上的差距。绿色物流的关键所在，不仅依赖物流绿色思想的建立，物流政策的制定和遵循，更离不开绿色技术的掌握和应用。而我们的物流技术和绿色要求有较大的差距。在机械化方面，物流机械化的程度和先进性与绿色物流要求还有距离；物流材料的使用上，与绿色物流倡导的可重用性、可降解性也存在巨大的差距；另外，在物流自动化、信息化和网络化环节上，绿色物流更是无从谈起。

我国必须采取可行的绿色物流的实施策略。(1)树立绿色物流观念。随着社会经济的迅猛发展，越来越多的生态灾难，使人们开始意识到：一切经济活动都离不开大自然，取之于大自然，复归于大自然。于是，循环经济或绿色经济应运而生，引起人们经济行为的变化，甚至社会经济结构的转变，一系列新的市场制度和经济法规，迫使企业降低环境成本而采用绿色技术，进行绿色生产、绿色营销及绿色物流等经济活动。许多专家认为，21世纪是绿色世纪。(2)推行绿色物流经营。物流企业要从保护环境的角度制订其绿色经营管理策略，以推动绿色物流进一步发展。绿色物流要求搜集、整理、储存的都是各种绿色信息，并及时运用于物流中，促进物流的进一步绿色化。积极推行绿色仓储、绿色运输、绿色包装、绿色流通加工等。(3)开发绿色物流技术。绿色物流的关键所在，不仅依赖绿色物流观念的树立、绿色物流经营的推行，更离不开绿色物流技术的应用和开发。没有先进物流技术的发展，就没有现代物流的立身之地；同样，没有先进绿色物流技术的发展，就没有绿色物流的立身之地。(4)制定绿色物流法规。绿色物流是当今经济可持续发展的一个重要组成部分，它对社会经济的不断发展和人类生活质量的不断提高具有重要的意义。因此，绿色物流的实施不仅是企业的事情，而且还必须从政府约束的角度，对现有的物流体制强化管理，构筑绿色物流建立与发展的框架，做好绿色物流的政策性建设。制定和颁布相关的环保政策或法规，既可以成为企业的压力，又可以为企业提供发展的机会，物流企业经营者进行分析研究，以便明确方向，克服障碍，推动绿色物流的顺利发展。

12.3 亚马逊为何物流促销纵横天下

全球最大的网上书店亚马逊网上书店2002年底开始盈利，这是全球电子商务发展的福音。美国亚马逊网上书店自1995年7月在美国开业以来，到 2002 年底全球已有 220 个国家和地区的 4000 万网民在亚马逊书店购买了商品，亚马逊为消费者提供的商品总数已达到 40 多万种。随着近几年来在电子商务发展受挫，许多追随者纷纷倒地落马之时，亚马逊却顽强地活了下来并脱颖而出，创造了令人振奋的业绩。亚马逊的扭亏为盈无疑是对 B2C 电子商务公司的巨大鼓舞。

人们经过研究后惊奇地发现，正是被许多人称为是电子商务发展"瓶颈"和最大障碍的物流拯救了亚马逊，是物流创造了亚马逊今天的业绩。

一、物流是亚马逊促销的手段

在电子商务举步维艰的日子里，亚马逊推出了创新、大胆的促销策略——为顾客提供免费的送货服务，并且不断降低免费送货服务的门槛。到目前为止，亚马逊已经三次采取此种促销手段。前两次免费送货服务的门槛分别为 99 美元和 49 美元，2002 年 8 月亚马逊又将免费送货的门槛降低一半，开始对购物总价超过 25 美元的顾客实行免费送货服务，以此来促进销售业务的增长。免费送货极大地激发了人们的消费热情，使那些对电子商务心存疑虑、担心网上购物价格昂贵的网民们迅速加入亚马逊消费者的行列，从而使亚马逊的客户群扩大到了 4000 万人。由此产生了巨大的经济效益：2002 年第三季度书籍、音乐和影视产品的销量较上年同期增长了 17%。物流对销售的促进和影响在亚马逊的经营实践中得到了最好的诠释。

很多年来，网上购物价格昂贵的现实是使消费者摒弃电子商务而坚持选择实体商店购物的主要因素，也是导致电子商务公司失去顾客、经营失败的重要原因。在电子商务经营处于"高天滚滚寒流急"的危难时刻，亚马逊独辟蹊径，大胆地将物流作为促销手段，薄利多销、低价竞争，以物流的代价去占领市场、招揽顾客、扩大市场份额。显然此项策略是正确的，因为抓住了问题的实质。据某市场调查公司最近一项消费者调查显示，网上顾客认为，在节假日期间送货费折扣的吸引力远远超过其他任何促销手段。同时这一策略也被证实是成功的，自 2001 年以来，亚马逊把在线商品的价格普遍降低了 10% 左右，从而使其客户群达到了 4000 万人次，其中通过网上消费的达 3000 万人次左右。当然，这项经营策略也是有风险的。因为如果不能消化由此产生的成本，转移沉重的财务负担，则将功亏一篑。那么亚马逊是如何解决这些问题的呢？

二、开源节流是亚马逊促销成功的保证

如前所述，亚马逊盈利的秘诀在于给顾客提供的大额购买折扣及免费

送货服务。然而此种促销策略也是一柄双刃剑：在增加销售的同时产生巨大的成本。如何消化由此而带来的成本呢？亚马逊的做法是在财务管理上不遗余力地削减成本：减少开支、裁减人员，使用先进便捷的订单处理系统降低错误率，整合送货和节约库存成本……通过降低物流成本，相当于以较少的促销成本获得更大的销售收益，再将之回馈于消费者，以此来争取更多的顾客，形成有效的良性循环。当然这对亚马逊的成本控制能力和物流系统都提出了很高的要求。

此外，亚马逊在节流的同时也积极寻找新的利润增长点，比如为其他商户在网上出售新旧商品和与众多商家合作，向亚马逊的客户出售这些商家的品牌产品，从中收取佣金。有效的开源节流措施是亚马逊低价促销成功的重要保证。

三、完善的物流系统是电子商务生存与发展的命脉

在电子商务中，如果物流滞后、效率低、质量差，则电子商务经济、方便、快捷的优势就不复存在。所以完善的物流系统是决定电子商务生存与发展的命脉。分析众多电子商务企业经营失败的原因，在很大程度上是缘于物流上的失败。而亚马逊的成功也正是得益于其在物流上的成功。亚马逊虽然是一个电子商务公司，但其物流系统十分完善，一点也不逊色于实体公司。由于有完善、优化的物流系统作为保障，它才能将物流作为促销的手段，并有能力严格地控制物流成本和有效地进行物流过程的组织运作。在这些方面亚马逊同样有许多独到之处。

① 在配送模式的选择上采取外包的方式。在电子商务中，亚马逊将其国内的配送业务委托给美国邮政和 UPS，将国际物流委托给国际海运公司等专业物流公司，自己则集中精力去发展主营和核心业务。这样可以减少投资，降低经营风险，又能充分利用专业物流公司的优势，节约物流成本。

② 将库存控制在最低水平，实行零库存运转。亚马逊通过与供应商建立良好的合作关系，实现了对库存的有效控制。亚马逊公司的库存图书很少，维持库存的只有 200 种最受欢迎的畅销书。一般情况下，亚马逊是在顾客买书下了订单后，才从出版商那里进货。购书者以信用卡向亚马逊公司支付书款，而亚马逊却在图书售出 46 天后才向出版商付款，这就使得它的资金周转比传统书店要顺畅得多。由于保持了低库存，亚马逊的库存周转速度很快，并且从 2001 年以来越来越快。2002 年第三季度库存平均周转次数达到 19.4 次，而世界第一大零售企业沃尔玛的库存周转次数也不过在 7 次左右。

③ 降低退货比率。虽然亚马逊经营的商品种类很多，但由于对商品品

种选择适当，价格合理，商品质量和配送服务等能满足顾客需要，所以保持了很低的退货比率。传统书店的退书率一般为25%，高的可达40%，而亚马逊的退书率只有0.25%，远远低于传统的零售书店。

④ 为邮局发送商品提供便利，减少送货成本。在送货中亚马逊采取一种被称为"邮政注入"的方式减少送货成本。所谓"邮政注入"就是使用自己的货车或由独立的承运人将整卡车的订购商品从亚马逊的仓库送到当地邮局的库房，再由邮局向顾客送货。这样就可以免除邮局对商品的处理程序和步骤，为邮局发送商品提供便利条件，也为自己节省了资金。据一家与亚马逊合作的送货公司估计，靠此种"邮政注入"方式节省的资金相当于头等邮件普通价格的5%～17%，十分可观。

⑤ 根据不同商品类别建立不同的配送中心，提高配送中心作业效率。亚马逊的配送中心按商品类别设立，不同的商品由不同的配送中心进行配送。这样做有利于提高配送中心的专业化作业程度，使作业组织简单化、规范化，既能提高配送中心作业的效率，又可降低配送中心的管理和运转费用。

⑥ 采取"组合包装"技术，扩大运输批量。当顾客在亚马逊的网站上确认订单后，就可以立即看到亚马逊销售系统根据顾客所订商品发出的是否有现货，以及选择的发运方式、估计的发货日期和送货日期等信息。如前所述，亚马逊根据商品类别建立不同配送中心，所以顾客订购的不同商品是从位于美国不同地点的不同的配送中心发出的。由于亚马逊的配送中心只保持少量的库存，所以在接到顾客订货后，亚马逊需要查询配送中心的库存，如果配送中心没有现货，就要向供应商订货。因此会造成同一张订单上商品有的可以立即发货，有的则需要等待。为了节省顾客等待的时间，亚马逊建议顾客在订货时不要将需要等待的商品和有现货的商品放在同一张订单中。这样在发运时，承运人就可以将来自不同顾客、相同类别、而且配送中心也有现货的商品配装在同一货车内发运，从而缩短顾客订货后的等待时间，也扩大了运输批量，提高运输效率，降低运输成本。

⑦ 完善的发货条款、灵活多样的送货方式及精确合理的收费标准体现出亚马逊配送管理的科学化与规范化。

所有这些都表明亚马逊配送管理上的科学化、法制化和运作组织上的规范化、精细化，为顾客提供了方便、周到、灵活的配送服务，满足了消费者多样化需求。亚马逊以其低廉的价格、便利的服务在顾客心中树立起良好的形象，增加了顾客的信任度，并增强了其对未来发展的信心。

（来源：大物流网，http://www.all56.com，2008-06-25）

案例分析

亚马逊带给我们的启示很多,其中最重要的一点就是物流在电子商务发展中起着至关重要的作用。有人将亚马逊的快速发展称为"亚马逊神话",如果中国的电子商务企业在经营发展中能将物流作为企业的发展战略,合理地规划企业的物流系统,制定正确的物流目标,有效地进行物流的组织和运作,那么对中国的电子商务企业来讲,"亚马逊神话"将不再遥远。

电子商务(E-Commerce,EC):在互联网开放的网络环境下,基于Browser/Server的应用方式,实现消费者的网上购物(B2C),企业之间的网上交易(B2B)和在线电子支付的一种新型的交易方式。电子商务的是20~21世纪信息化、网络化的产物,从广义上去理解,电子商务是指企业内部员工之间的信息交流、供应链上商业伙伴之间的交易,以及一切与之相关的网上事务和相关的经济活动;换言之,电子商务是指买卖双方之间利用计算机网络、按照一定标准所进行的各类商务活动。

在当今的电子商务时代,全球物流产业有了新的发展趋势。电子商务的不断发展使物流行业所提供的服务内容已远远超过了仓储、分拨和运送等服务。物流公司提供的仓储、分拨设施、维修服务、电子跟踪和其他具有附加值的服务日益增加。物流服务商正在变为客户服务中心、加工和维修中心、信息处理中心和金融中心。

电子商务是在计算机技术、网络通信技术的互动发展中产生和不断完善的。特别是近年来随着不断涌现的新信息技术,众多公司能够更好、更快捷、更廉价地实现电子商务功能。电子商务代表着未来贸易方式的发展方向,对现代物流业的发展起着积极的推动作用。电子商务为物流企业提供了良好的运作平台,大大节约了社会总交易成本;同时,电子商务极大地方便了物流信息的收集和传递。

随着电子商务的进一步推广与应用,物流的重要性对电子商务活动影响日益明显。在电子商务中,一些电子出版物,如软件、CD等可以通过网络以电子的方式送给购买者,但绝大多数商品仍要通过其他各种方式完成从供应商到购买者的物流过程。试想,在电子商务下,消费者网上浏览后,通过轻松点击完成了网上购物,但所购货物迟迟不能送到手中,甚至出现了买电视机送茶叶的情况,其结果可想而知,消费者势必会放弃电子商务,选择更为安全、可靠的传统购物方式。由此可见,物流是电子商务重要的组成部分。我们必须摒弃原有的"重信息流、商流和资金流的电子化,而忽视物流电子化"的观念,大力发展现代化物流,以进一步推广电子商务。

电子商务现在已经成为21世纪的商务工具，而现代物流产业将成为它的支点。一方面，物流能力可以成为核心竞争力。另一方面，现代物流应运而生。可以用"成也配送，败也配送"来形容电子商务与物流的关系。从企业的供应链角度来看，电子商务是信息传送的保证，物流是执行的保证。没有物流，电子商务只能是空头支票。

物流是实现电子商务跨区域配送的重点。在B2B电子商务交易模式中，如果出现跨区域物流，物流费用将会大大增加。在B2B电子商务交易模式中，物流成本在商品交易成本中占很大的比重，尤其是在跨国交易中，没有良好的物流系统为双方服务，这种成本增加的幅度会更大。因此，最理想的解决方法就是借助于第三方物流来完成商品的配送。

12.4 惠普——供应链上的巨人

对于一家每星期有10多亿美元产品销往世界各地的巨型公司来说，供应链有多么复杂可想而知。惠普负责全球供应链运营的高级副总裁Edward F.Pensel先生说，10亿美元相当于很多公司全年的生意额，这就是惠普公司供应链最为独到的地方，因为，惠普能够把如此复杂的需求处理得非常好。

一、独一无二的供应链

如果说10年以前，要做到及时供应还很难，但是10年以后的今天，惠普已经可以轻易实现。这很大程度上得益于一套先进的供应链管理模式以及强大的供应链管理信息系统。惠普之所以能够达到一流的成本结构，主要是因为它有独一无二的供应链管理模式。

目前，惠普有五种不同的供应链模式，每一种都可以与其最强劲的竞争对手媲美。第一种是高速供应链模式。通过一些外部的合作伙伴，例如ODM合作伙伴、合作供应商、制造商等，直接把货物送到世界各地，并通过它们把货物传递给惠普合作伙伴的合作伙伴。这就是惠普的零库存模式。第二种是打印机业务的供应链模式。这个模式主要是把打印机的制造时间延迟到尽可能晚，这样就有更充分的时间准备库存，再以最短的路径进行运输。这种方式不仅使运输成本很低，同时又不会像PC一样在运输途中造成折旧的问题。第三种是简单配置的供应方式，通过不断地提高这种模式的速度与周期，惠普在与康柏合并之后的前6个月，把每一台PC机供应链成本降低了26%。第四种是高附加值产品的供应链模式，主要是把存储以及服务器、超级计算机系统进行整合。这一套系统主要是为 UNIX 系统和一些关键任务的系统所使用的。第五种是零部件的供应链管理。对于那些关键任务，客户的系统不允许任何的死机情况发生，所以及时为客户提供零部件的备件就非常重要。目前，这五种不同的供应链当中要做的一点就是进行采购的合理化，对物流、运输、分销以及订单管理都进行合理化处理，对于客户来说，可以通过一种界面，同时能够很好地利用这五种供应链的优势。

二、可以借鉴的经验

在惠普的供应链中，信息系统担任着至关重要的角色。电子采购系统是惠普供应链信息系统中重要的一部分，目前这套系统已经在发挥重要的作用。为了建设这套系统，惠普已经投入了上千万美元。2003 年 4 月，惠普的电子采购系统全部完成，所有的采购都在这套系统上进行。通过这种电子采购系统，惠普能够很好地把订单和预测，以一种更加准确的方式结合在一起，对供应链从开始到结束的整个过程都进行很好的控制，通过它，每一笔在网络上进行的交易都能够节约 36 美元。

在供应链中很重要的一点是，能很准确地知道客户的需求以及估计的量。惠普每一天都在不断地往外运送产品，例如惠普在全球有超过百万的打印机用户，为了保证全世界的用户在需要这些耗材的时候都可以买到，惠普对供应链管理中的供货地点、所需的量都做了很好的计算和安排。为了做到这一点，每一星期以及每一天，惠普都会从客户那里得到很多不同的需求，然后分析这些需求。除了看短期的需求以外，还要看长期的需求。如果从长远的角度来看，需求量的偏差也只在正负 5% 左右。

在惠普与康柏的合并过程中，如何整合两家公司的供应链系统是一个不小的挑战。从采购方面看，两家公司有两套完全不一样的系统，不一样的供应链管理方式，所以 IT 系统的融合是在合并前 6 个月花精力最多的一个部分。合并后，惠普需要把和供应链有关的所有系统进行整合，例如订单的管理、供应链的管理、供应商的管理，甚至供应商的供应商的管理。虽然惠普的这套系统目前还不能管到其供应商的供应商，但是这是惠普的目标，相信不久就可以实现。

因为在采购和供应链方面的这些特长，所以惠普也把这些经验和知识转化成解决方案，来帮助本地的企业优化自己的供应链系统。一个典型的例子是，惠普正在帮助国内著名的制造企业联想实施供应链管理系统。除此之外，上海贝尔等很多本地公司也得到了惠普的帮助。

（来源：中国物流与采购网，http://www.chinawuliu.com.cn，2004-9-27）

案例分析

惠普公司在采购和供应链方面的特长，促进其不断优化供应链系统。现代化信息系统的应用促进了采购合理化的实现，并对物流、运输、分销以及订单管理都进行了合理化处理，从而为客户提供了优质的服务。

物流贯穿整个供应链，它连接供应链的各个企业，是企业间相互合作的纽带。供应链管理赋予物流与采购管理新的意义和作用，如何有效地管理供应链的物流过程，使供应链将商流、物流、信息流和资金流有效集成并保持高效运作，是供应链管理要解决的一个重要问题。

供应链（Supply Chain）：生产及流通过程中，为了将产品或服务交付给最终用户，由上游与下游企业共同建立的网链状组织。供应链管理（Supply Chain Management）：对供应链涉及的全部活动进行计划、组织、协调与控制。

供应链管理是一种集成的管理思想和方法，它执行供应链中从供应商到最终用户的物流的计划和控制等职能。供应链管理是跨企业范围的、比物料管理更广泛的管理，它从战略层次上把握最终用户的需求，通过企业之间的有效合作，获得从成本、时间、效率、柔性等的最佳效果。包括从原材料到最终用户的所有活动，是对整个链的过程管理。

供应链管理主要涉及四个主要领域：供应（Supply）、生产计划（Schedule Plan）、物流（Logistics）、需求（Demand）。由图 12-1 可见，供应链管理是以同步化、集成化生产计划为指导，以各种技术为支持，尤其以 Internet/Intranet 为依托，围绕供应、生产作业、物流（主要指制造过程）、满足需求来实施的。供应链管理主要包括计划、合作、控制从供应商到用户的物料（零部件和成品等）和信息。供应链管理的目标在于提高用户服务水平和降低总的交易成本，并且寻求两个目标之间的平衡（这两个目标往往有冲突）。

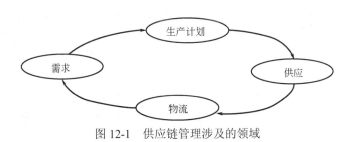

图 12-1　供应链管理涉及的领域

在以上四个领域的基础上,我们可以将供应链管理细分为职能领域和辅助领域。职能领域主要包括产品工程、产品技术保证、采购、生产控制、库存控制、仓储管理、分销管理。而辅助领域主要包括客户服务、制造、设计工程、会计核算、人力资源、市场营销。

12.5 麦当劳的冷链物流

"麦当劳不仅仅是一家餐厅。"麦当劳创始人雷·克洛克曾是一位奶昔机推销商,54岁开始了经营麦当劳的传奇事业。50年后的今天,麦当劳已经在全球120多个国家和地区拥有29000多家餐厅,居全球知名品牌的前十位。在这个群体力量的成功故事中,物流伴随"我就喜欢"的火热节奏行遍全球,在麦当劳品牌的成长中扮演了一个不可或缺的角色。

1990年,中国的第一家麦当劳餐厅在深圳开张。就在许多人还没听过"物流"这个词的时候,麦当劳已将世界上最先进的物流模式带进了中国。一整天的繁华喧嚣过后,来自麦当劳物流中心的大型白色冷藏车悄然泊在店门前,卸下货物后很快又开走。尽管一切近在眼前,但很少有人能透过这个场景,窥视到麦当劳每天所需原料所经历的复杂旅程,这些产品究竟如何保持新鲜,又是怎样在整条冷链中实现平滑无隙的流转呢?

在麦当劳的冷链物流中,质量永远是权重最大、被考虑最多的因素。麦当劳对于质量的敏感,源于其对市场走向的判断。消费者对食品安全的要求越来越高,低价竞争只能对供应链产生伤害,价格竞争将被质量竞争所取代。为此,麦当劳愿意在别人无暇顾及的领域付出额外的努力。比如,麦当劳要求,运输鸡块的冷冻车内温度需要达到-22℃,并为此统一配备价值53万元的8吨标准冷冻车,全程开机。正如餐厅并不是麦当劳的全部,运输中的质量控制,只是麦当劳冷链物流的冰山一角,在它的后面,有技术先进的食品加工制造商、包装供应商及分销商等构成的采购网络支撑,更有遍及世界各地的运销系统承载,还有准确快速的财务统计及分析软件助阵。

麦当劳对物流服务的要求是比较严格的。在食品供应中,除了基本的食品运输之外,麦当劳要求物流服务商提供其他服务,比如信息处理、存货控制、贴标签、生产和质量控制等诸多方面,这些"额外"的服务虽然成本比较高,但它使麦当劳在竞争中获得了优势。送货和接货有固定的程序和规范。在货物被装车之前,必须根据冷冻货对温度的敏感程度,按照由外向里分别是苹果派、鱼、鸡、牛肉、薯条的顺序装车;接货时,则要对这些情况进行核查。接货的检查项目包括，提前检查冷藏和冷冻库温是否正常，记录接货的时间和地点，检查单据是否齐全，抽查产品的接货温度，检验产品有效期（包括估计是否有足够的使用时间），检查包装是否有破损和污染，糖浆罐是否溢漏，二氧化碳罐压力是否正常，最后才是核对送货数量，签字接收。及时响应麦当劳餐厅的需求，则是物流供应商发挥的特有作用。物流中心的一切管理工作细致有序，先进的设备也为物流质量提供了必要的保障。麦当劳利用夏晖设立的物流中心，为其各个餐厅完成订货、储存、运输及分发等一系列工作。

（来源：锦程物流网，http://info.jctrans.com/xueyuan/czal/20122211195638.shtml）

 案例分析

对于餐饮业来说，食品安全至关重要。麦当劳通过实行冷链物流，为企业经营提供了重要的保障。麦当劳冷链物流的建立是供应链管理的一个成功案例。

在信息系统的支持下，把所有的供应商经过供应链整合系统进行整合之后，把供应商全部都集成在一起，在统一品牌的领导下，采用自动补货系统，供应商可以直接地了解到自己的货品目前在生产企业的库存，可随时根据生产的情况进行补货，整个流程变得更加透明，大大降低了物流成本，提高了效率和效益。

供应链管理的目标在于提高用户服务水平和降低供应链总成本，并且寻求两个目标之间的平衡，具体包括：第一，根据市场需求的扩大，提供完整的产品组合；第二，根据市场需求的多样化，缩短从生产到消费的周期；第三，根据市场需求的不确定性，缩短供给市场到需求市场的距离；第四，降低供应链的物流成本，提高供应链运作效率，增强供应链的竞争力。供应链成长过程体现在企业在市场竞争中的成熟与发展之中，通过供应链管理的合作机制、决策机制、激励机制和自律机制等来实现满足顾客需求、使顾客满意以及留住顾客等功能目标，从而实现供应链管理的最终目标。

（1）合作机制。供应链合作机制体现了战略伙伴关系和企业内外资源的集成与优化利用。基于这种企业环境的产品制造过程，从产品的研究开发到投放市场，周期大大地缩短，而且顾客导向化程度更高，模块化、简单化产品、标准化组件，使企业在多变的市场中柔性和敏捷性显著增强，虚拟制造与动态联盟提高了业务外包（Outsourcing）策略的利用程度。

（2）决策机制。由于供应链企业决策信息的来源不再仅限于一个企业内部，而是在开放的信息网络环境下，不断进行信息交换和共享，达到供应链企业同步化、集成化计划与控制的目的，而且随着 Internet/Intranet 发展成为新的企业决策支持系统，处于供应链中的任何企业决策模式应该是基于 Internet/Intranet 的开放性信息环境下的群体决策模式。

（3）激励机制。归根到底，供应链管理和任何其他的管理思想一样都是要使企业在 21 世纪的竞争中在"TQCSF"上有上佳表现（T 为时间，指反应快，如提前期短、交货迅速等；Q 指质量，控制产品、工作及服务质量高；C 为成本，企业要以更少的成本获取更大的收益；S 为服务，企业要不断提高用户服务水平，提高用户满意度；F 为柔性，企业要有较好的应变能力）。缺乏均衡一致的供应链管理业绩评价指标和评价方法是目前供应链管理研究的弱点和导致供应链管理实践效率不高的一个主要问题。为了掌握供应链管理的技术，必须建立、健全业绩评价和激励机制，使供应链管理沿着正确的轨道与方向发展，成为企业管理者乐于接受和实践的新的管理模式。

（4）自律机制。自律机制要求供应链企业向行业的领头企业或最具竞争力的竞争对手看齐，不断对产品、服务和供应链业绩进行评价，并不断地改进，以使企业能保持自己的竞争力和持续发展。自律机制主要包括企业内部的自律、对比竞争对手的自律、对比同行企业的自律和比较领头企业的自律。企业通过推行自律机制，可以降低成本，增加利润和销售量，更好地了解竞争对手，提高客户满意度，增加信誉，企业内部部门之间的业绩差距也可以得到缩小，提高企业的整体竞争力。

12.6 北京奥运食品物流冷链里程碑

百年奥运后的第一站——北京奥运不仅仅是世界体育的盛事，更是菜肴文化的典礼。中国菜素以色、香、味、形俱佳而闻名中外，北京奥运村里的美食一直让各国运动员赞不绝口，有报道说，如果菜肴也有奖牌榜的话，北京烤鸭一定高居榜首。澳大利亚的报纸甚至幽默地说，是北京烤鸭帮助澳大利亚选手特里克特赢得 100 米蝶泳金牌。

台上一分钟，台下十年功。在琳琅满目、花色多样的美食背后，活跃着大量负责奥运食品安全、食品物流的工作人员。2008 年北京奥运会食品物流体系由三个集合的交集涵盖而成，即奥运物流、食品物流和冷链物流，其中奥运物流是对物流时间的限定、食品物流是对物流类别的限定，而冷链物流则是实现奥运食品物流安全的核心保障。

冷链物流泛指冷藏冷冻类食品在生产、储藏运输、销售，到消费前的各个环节中始终处于规定的低温环境下，以保证食品质量，减少食品损耗的一项系统工程。它是随着科学技术的进步、制冷技术的发展而建立起来的，是以冷冻工艺学为基础、以制冷技术为手段的低温物流过程；是需要特别装置，需要注意运送过程、时间掌控、运输型态、物流成本所占成本比例非常高的特殊物流形式。

经过冷冻链运输的水果蔬菜在物流环节的损耗率仅有 1%～2%，能较大程度延长水果保鲜期。冷冻链物流以水产品、畜产品、果蔬及花卉为主，并在冷却肉、深海冻品、保鲜蔬菜、进口鱼肉等运输方式中有着极大的发展空间。目前，欧美发达国家已形成了从生产、加工、分拨、仓储、配送、售后等一整套完整的食品冷冻链体系。农产品冷链流程如图 12-2 所示。

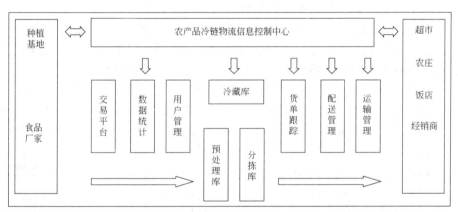

图 12-2　农产品冷链流程示意图

奥运会是典型的固定赛事日程的赛会，赛事对食品的需求非常严格，要求物品按照 4R（准确的品种、准确的数量、准确的时间和准确的地点）原则供应，同时保证食品的质量安全。要保证千万种各种温度要求的食品经过生产企业、物流分配、零售业态的交叉组合，最终到达食用者手中食品的品质是安全的，就要求食品物流在上述各种交叉组合的过程中始终保持着一定限值温度，同时必须有一套完整的冷链系统做保障。

冷链食品不但要求保鲜，还要特别注意安保环节，而奥运食品安全至关重要，一旦出现质量安全问题，就会危及参赛人员的身体健康，影响奥运会的正常进行，整个流程不能有丝毫松懈，这使得奥运冷链配送相比其他普通冷链配送，有更大的压力和更高的难度，对于参与奥运冷链配送的企业也有更高的要求。

"奥运期间主办及协办城市未发生重大食品安全事件。"在 9 月 3 日举行的国家食品药品监督管理局新闻发布会上,新闻发言人颜江瑛介绍说,奥运期间食品及药品实现了"零差错、零事故、零投诉",这一圆满结果来源于俏江南与冷链物流合作伙伴荣庆的合作,也来源于荣庆与其地理信息化合作伙伴博科资讯的合作。

为确保北京奥运食品供应的安全性,奥运会餐饮供应商"俏江南"携手中国第一冷链物流供应商山东荣庆物流,全面启用奥运食品、奥运冷链安全监控和追溯系统。将奥运食品备选供应基地、生产企业、物流配送中心、运输车辆、餐饮服务场所纳入监控范围,对奥运食品种植、养殖源头、食品原材料生产加工、配送到奥运餐桌,进行全过程监控和信息追溯。奥运食品冷链物流对流体的可溯源性要求高,实现奥运供给食品的可溯源,从供应源到消费地对食品实施全程监控,确保奥运食品安全。

为了提高服务品质,确保奥运冷链物流安全,荣庆公司邀请博科资讯帮助其整合物流管理流程,上线信息化物流管理系统。博科资讯通过物流供应链管理软件 MySCM 系统对荣庆的整个物流业务流程进行统一规划,建立起平台化信息系统,从订单管理开始,进行多样化物流订单处理,精细化自动化仓储作业管理,智能化运输调度及过程管控,配以个性化的计费规则设定,并装备奥组委配备的 GPS 定位系统,采用卫星全球定位系统进行奥运物流运输车辆的调度和跟踪,双重保障奥运食品安全。

和欧美国家相比,中国在冷链物流、食品物流硬件设备上、技术保障和管理水平上存在很大的差距。北京奥运食品物流系统的实践,对于我国食品冷链物流的发展而言,是一次绝佳的实战锻炼机会。近年来,我国冷链物流市场规模和需求增速不断加快,仅食品行业冷链物流的年需求量就在 1 亿吨左右,年增长率在 8% 以上。目前,国内有 1 万多家超市亟待引入冷冻技术和寻求合作伙伴,农业市场对其有更大的需求,而一些大城市则设想在 5 年内建立并完善食品冷链系统。

(来源:中国大物流网,http://www.all56.com,2009-02-25)

案例分析

冷链物流是实现奥运食品物流安全的核心保障,而其发展直接关系到人民生命安全和生活品质的提高。中国冷链产业的壮大,不仅需要借鉴欧美等国及企业带来的先进经验,更要尽早完善科学合理的政策和法规,还需要食品物流各环节协调机制的建立、食品物流技术的进一步提高等一系列条件的支持,才能撑起食品安全的"蓝天"。

目前有两种不同的供应链运作方式,一种称为推动式,一种称为拉动式，如图12-3所示。

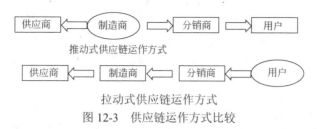

图12-3 供应链运作方式比较

推动式的供应链运作方式以制造商为核心，产品生产出来后从分销商逐级推向用户。分销商和零售商处于被动接受的地位，各个企业之间的集成度较低，通常采取提高安全库存量的办法应付需求变动，因此整个供应链上的库存量较高，对需求变动的响应能力较差。牵引式供应链的驱动力产生于最终用户，整个供应链的集成度较高，信息交换迅速，可以根据用户的需求实现定制化服务。采取这种运作方式的供应链系统库存量较低。

作为供应链管理战略内容之一，就是要选择适合于自己实际情况的运作方式。拉动式供应链虽然整体绩效表现出色，但对供应链上企业的要求较高，对供应链运作的技术基础要求也较高。而推动式供应链方式相对较为容易实施。企业采取什么样的供应链运行方式，与企业系统的基础管理水平有很大关系，切不可盲目模仿其他企业的成功做法，因为不同企业有不同的管理文化，盲目跟从反而会得不偿失。

参考文献

[1] 孟建华.现代物流概论.北京：清华大学出版社，2004.
[2] 汝宜红.现代物流.北京：清华大学出版社，2005.
[3] 刘来平.物流运输管理实务.北京：化学工业出版社，2007.
[4] 何倩茵.物流案例与实训.北京：机械工业出版社，2008.
[5] 靳伟.最新物流讲座.北京：中国物资出版社，2003.
[6] 郑彬.物流客户服务.北京：高等教育出版社，2005.
[7] 崔介何.物流学概论.北京：北京大学出版社，2004.
[8] 袁长明.物流管理概论.北京：化学工业出版社，2007.
[9] 曹前锋.物流管理案例与实训.北京：机械工业出版社，2007.
[10] [日] 川崎依邦.中小物流企业人员的培养.许京等译.北京：电子工业出版社，2005.
[11] 陈志群.物流与配送.北京：高等教育出版社，2006.
[12] 武晓钊.物流公司岗位综合实训.上海：上海财经大学出版社，2006.
[13] 牛鱼龙.中国物流百强案例.重庆：重庆大学出版社，2007.
[14] 孙秋菊.现代物流概论.北京：高等教育出版社，2003.
[15] 梁金萍.现代物流学.大连：东北财经大学出版社，2003.
[16] 方仲民.物流系统规划与设计.北京：机械工业出版社，2005.
[17] [日] 中田信哉等.物流入门.陶庭义译.深圳：海天出版社，2001.
[18] 杨春.沃尔玛采购与物流配送.深圳：海天出版社，2007.
[19] [美] Stanley E.Fawcett.供应链管理从理论到实践.北京：清华大学出版社，2009.
[20] 郝大鹏.第三方物流实务.武汉：武汉理工大学出版社，2007.
[21] 朱仕兄.物流运输管理实务.北京：北京交通大学出版社，2011.
[22] 苏玲利.运输组织与管理项目式教程.北京：北京大学出版社，2013.
[23] 陈明蔚.物流运输组织与实务.北京：清华大学出版社，2009.
[24] 杨永明.物流信息系统管理.北京：电子工业出版社，2010.
[25] 董铁.物流案例分析.北京：清华大学出版社，2012.
[26] 张鸣.公司财务理论与实务.北京：清华大学出版社，2005.